"广大新视野"传媒学术前沿丛书

“广大新视野”
传媒学术前沿丛书

本书为广东省哲学社会科学“十三五”规划项目《转型社会政务微信创新扩散的影响因素与机制研究——基于广东区县级政府的实证考察》的研究成果，项目编号：GD16XXW02。

转型社会政务微信创新扩散研究

基于广东区县级政府的实证考察

曾丽红　著

中国传媒大学出版社
·北京·

序一

隋岩

（教育部“长江学者”特聘教授、中国传媒大学新闻学院院长、《现代传播》主编、教育部人文社会科学重点研究基地中国传媒大学国家创新传播研究中心主任）

传媒是一门艺术，也是一门科学。传媒研究一直在“人文”“艺术”和“社会科学”之间游走，研究议题丰富，研究视角多元，体现出鲜明的跨学科特征。伴随新媒体技术的发展，新闻业、影视业正经历前所未有的剧烈变革，并为传媒研究提供了媒介生态变化、群体传播效应和治理体系建设等具有理论与现实双重价值的新议题。

以网络和新媒体技术为代表的媒介技术高歌猛进，所带来的传媒变革也是令人目不暇接，加之人工智能、大数据、5G技术等的促动，更使得传统的传媒理论面临失语的尴尬。如何回应网络社会提出的诸多“问题”，进而有效彰显新闻传播学、戏剧影视学等学科与社会的联动，已成当务之急。在此背景下，广州大学新闻与传播学院发挥自己学科和师资团队的优势，策划出版了“广大新视野”传媒学术前沿丛书。

丛书的特色之一是对新出现的社会群体、社会问题进行了较为系统的回应和探讨。《基础、逻辑与伦理：新媒体时代群体性事件传播研究》一书将弱势群体传播还原到整个社会结构中进行阐释，是国内首部系统研究新媒体背景下弱势群体传播的专著；《手机舆情形成及治理》将手机舆情治理视为移动传播时代搜集民意和干预舆论的整套机制，并提出政府主导、手机运营商和信息服务提供商协同、用户参与的“多利益攸关方”模式；《移动互联网视角下的城市老年居民与社会支持》一书选取老年人的主观视角，系统地描绘出“互联网 + 社会支持 + 积极老龄化”的发展途径。

丛书的特色之二在于对当下传媒变革的观照，停留于原先的思维框架下已经不足以支撑当下传媒的发展。《市场、技术、文化与新闻生产》一书以市场逻辑与技术逻辑交互博弈为背景，以如何形塑新闻生产为立足点；《中国动漫产业：政策、国家与市场》则从我国动漫产业政策国家性的角度和动漫产业本身意识形态性的角度，对我国 2004 年以来的相关产业政策展开剖析；《转型社会政务微信创新扩散的影响因素与机制研究——基于广东区县级政府的实证考察》一书采用了政治社会学的跨学科视角，回应了传播学研究的经典理论——创新扩散理论，探索利用本土化的经验材料解答转型中国的政治—技术关系命题；《探赜与思辨：电影创作类型、风格与观念阐释》充分阐明了当代中国电影的创作生态、叙事策略与文化症候，并探索其折射出的社会历史印记。

丛书的特色之三在于对转型期中国传媒未来走向的思考，如《源与变：中国电视原创文化节目发展史论》就将电视原创文化节目置于中国电视文艺节目发展史的坐标中予以分析，挖掘其传承的文化基因和创新精神；《责与利：中国电视的两难选择》建构了电视的媒体责任体系，试图全景式梳理当下中国电视的媒体责任担负样貌；《手机新闻的兴起与媒体融合创新》则对传播学研究中的媒体和用户理论进行补充和拓展。这几本专著立足当下，着眼传媒未来发展，对学界和业界都不无启示意义。

自 2016 年以来，广州大学新闻与传播学院扬帆南中国，“顶天立地”做学问，既有对前沿理论的探讨，又有对接中国大地的明显“问题”取向，引起了学界广泛关注。该套丛书就是显例，丛书的作者有的在学界已经有着广泛的影响，有的开始崭露头角，但他们有一点值得学界关注和借鉴：凝神聚力做学问，以“广大新视野”来回应学界的脉动。该丛书被命名为“广大新视野”，丛书内容既是作者视野广阔、观点新颖、前沿探索的结果，又不乏系统的、前瞻的视角应对未来新闻传媒的发展。

世事纷繁，开卷有益。“广大新视野”传媒学术前沿丛书的出版可谓恰逢其时。

2019 年 11 月于北京

序二

田秋生

（广州大学新闻与传播学院院长，广州大学粤港澳传媒研究中心主任）

丛书的策划起自2017年底，2018年初与出版社正式签订协议，并组织老师们进行书稿撰写。其时，心中是颇有些忐忑的。一是大家都忙，二是在当下的考评体系中，写书往往是吃力不讨好。没想到各位同事如此尽心尽力，没想到大家用了2年左右的时间就拿出了一本又一本沉甸甸的书稿，确实让人有些喜出望外之感。

我们将这套书命名为"'广大新视野'传媒学术前沿丛书"，其实有着双重的含义。一是在学术层面，希望能在新的理论视野中，观照新媒体环境下的传媒业前沿学术问题。二是在研究主体层面，也希望能借此发出广州大学新闻与传播学院的声音，呈现出新院的新气象。

作为一个进入学院近20年的"老人"，我深刻地体会到，自2016年下半年以来，我们跟整个广大一起，迎来了难得的发展机遇。这是我们的好时光，而这套丛书的出版，在某种意义上便是献给这段黄金岁月的礼物。

短短3年多，广州大学发生巨变，学院也展现出蒸蒸日上的态势，这种局面当然来之不易。2016年9月，广州大学开始全力推进高水平大学建设，得到广州市政府在政策与办学经费上的特别支持，实施"人才倍增计划"，以超强力度面向海内外延揽优秀人才。2017年9月起，广东省扩大部校共建范围，推动中共广州市委宣传部与广州大学共建新闻学院，为学院的人才培养与学科建设提供了宝贵的资源与平台。

跟随学校快速发展的步伐，依托高水平大学建设与部校共建的良机，学院也开启了新的征程。

自 2017 年以来，我们从国内外引进专任教师 20 人，包括百人计划学者 6 人，实质性优化了师资队伍结构。在招贤纳士的同时，举办了一系列有影响的学术活动。

其一，先后举办 8 场国内外有影响的学术会议：粤港澳大湾区电影发展战略高端论坛、“粤港台传媒转型”学术研讨会暨首届岭南传媒研究生系列论坛、“新时代繁荣哲学社会科学传媒期刊主编论坛暨岭南传媒研究生论文工作坊”“影像中的中国与世界”的首届青年学者工作坊、“中国高校影视学会 2018 媒介文化论坛”、中国高等院校影视学会第十八届年会暨第十一届中国影视高层论坛、第二届媒介法规与伦理学术年会、中国高校影视学会影视史学专业委员会成立大会暨第一届中国影视史学年会。其二，举办岭南传媒系列高端学术讲座。其三，邀请国务院学科评议组专家，举办两次学科建设研讨会。

上述学术活动使学院面貌为之一新，在营造良好学术氛围、提升教师科研能力的同时，也扩大了学院的影响力，而组织编撰“‘广大新视野’传媒学术前沿丛书”成了水到渠成的事情。我之所以在前面不厌其烦地将近年来举办的 8 场会议的具体名称一一列出，也是想借机将其记录下来，进入学院的办学历史。

具体到丛书在学术层面的建树与特色，隋岩老师已有中肯评价，在此不再赘言。

值此丛书出版之际，心中充满感激。丛书乃部校共建理论成果之一，其出版得到了部校共建经费的支持，特别感谢中共广州市委宣传部对学院人才培养与学科建设的支持；丛书的策划与组织得到了中国传媒大学出版社的指导与支持，尤其要感谢副社长张毓强教授、编辑黄松毅老师为丛书所倾注的心血；感谢中国社会科学院研究生院教授、国家督学姚喜双老师，中国传媒大学新闻学院院长、教育部“长江学者”特聘教授隋岩老师，复旦大学新闻学院执行院长、教育部“长江学者”特聘教授张涛甫老师，你们在百忙中屈尊担任丛书特邀编委，提供有力支持；感谢丛书的各位作者，使梦想终成现实。

期待丛书出版后能得到学界的关注与批评指正！在这个特殊的季节为未来献上祝福，面朝大海，春暖花开。

是为序。

2019 年 11 月于广州

目录

Contents

第一章　绪论

第二章　转型社会政务微信创新扩散的影响因素研究

第三章　转型社会政务微信创新扩散的影响机制研究

第四章　讨论与建议

第五章　结语

附录

第一章

绪论

第一节 研究问题

一、研究背景

信息技术的飞速发展对于当代社会政治生活的深刻影响早已成为不争的事实，而其产生的现实或潜在的影响，已经超越单纯的技术范围而波及社会和政治生活的各个层面。就政治效应论而言，信息技术的技术性能与特征为各种政治活动和社会行动找到了一个新的突破口，因此，在传统意义上的政治参与和政治控制模式上，也为之增添了一些新的制约面向和技术变量。当下世界各国都在积极利用社交媒体来寻找它们在市民社会网络中的定位，并将其行为嵌入到“新公共管理运动”和“数字化时代治理”的政治浪潮之中。循此逻辑，本书着力于探讨转型中国情境下的政治—技术关系命题：即在一个传统的行政主导型国家里，一种信息技术在何种条件下得以被政治权力捕获并与之结盟，继而有效进入到政治传播的机会结构和流通管道之中？是哪些因素在背后推动它？又是哪些因素在背后阻碍它？换言之，在一个行政主导型国家里，一种政治社会结构将会在何种条件下拥抱新媒体技术并渐次开放它的民主潜能？以及政治权力如何将信息技术纳入体制自上而下的顶层设计渠道之中？对此，学界亟待寻求答案。

本书认为，任何一种新媒体技术的创新和扩散都不应被看作是不证自明的，它都会被现存的制度实践和社会情境的棱镜折射出来。由于人类历史是合二为一的两个历史，“有人与人的关系史，还有人与物的关系史。前者是一种可逆反的强度，一种不分前后的重复空间；后者是一种积累性的延伸，一种发明与发现的开放空间。艺术、宗教、神话、政治属于第一个领域，科学和技术属于第二个”[①]。有鉴于此，本书的终极目标就在于探讨在某个特定的时间节点或某个关键的时间节段上两个空间之间的连接和共生关系，进而来考察一个政治结构和社会关系如何在一般意义上与影响传播的技术结构进行互动。继政务微博在中国滥觞之后，本书选择了一种新的政务社交媒体——政务微信及其在基层政府的创新扩散这样一个过程性的观测维度，希冀以此来解释柏拉图所谓的“永恒世界”（the world of being）中的“变化世界”（the world of becoming），并力图以此来管窥和透视当前中国转型社会情境下的驳杂政治生态和多重行动结构。

（一）理论背景

西方传统公共行政研究认为官僚制下的政府组织缺乏创新性，“创新”与“政府”是一对格格不入的矛盾词。政府及其官僚就应该循规蹈矩，在繁文缛节的约束下按部就班地执行政治家的各项决策（Wilson J Q.,2000）。但随着公共管理研究的深入，特别是20世纪末“新公共管理”运动和“重塑政府”浪潮席卷全球以来，人们对政府与创新的关系问题的认识有了深刻的变化（Osborne D., Gaebler T., 1992）。政府不再被视为封闭的堡垒，铁板一块，拒绝和抵制一切新观念和新做法；创新不再被政府视为洪水猛兽，政府被要求像企业一样运转，政府被认为完全可以接受并采纳创新。在这种理念的指引下，越来越多的学者开始对政府创新的规律进行研究（Borins S.,1998;Borins S., 2008）。

对政府过程和行为进行研究的学者们一直关注这样一个核心问题，即为什么政府及其组成部门在推陈出新和变革求新方面表现出非

① 德布雷．普通媒介学教程[M]．陈卫星，王杨，译．北京：清华大学出版社，2014：6.

常不同的态度和行为（Walker R M.,2008）。有些政府部门采纳了大量新的信息技术，创新管理实践和公共服务项目，极大地提高了政府的行政绩效并获得了公众信任和支持；而另一些政府部门则对创新处之漠然且反应冷淡，安于现状并裹足不前。那么，为什么不同的政府在面对创新时会表现出如此千差万别的态度？为什么不同政府之间创新的倾向、能力和结果存在如此显著的差异？相关问题的研究越来越多，主要受到来自三个方面理论视角的指导。

其一，组织创新视角。政府及其部门作为一个个组织，它的创新行为可以通过组织创新的理论视角来进行考察（Walker R M.,2006;Damanpour F,Schneider M.,2006）。这方面的研究关注组织内部结构与流程、组织领导者的特征、组织本身的特征（如规模）以及组织环境特征等对组织采用某项创新或其整体创新程度的影响（Mohr L B., 1969;Baldridge J V, Burnham R A., 1975; Kimberly J R, Evanisko M J., 1981）。

其二，政策扩散视角。对政策扩散的研究是探究政府创新扩散的另一个至关重要的理论视角（Walker J L., 1969; Berry F S, Berry W D., 1999）。该视角在考察政府自身及其辖区特征的同时，还特别注重考察府际关系（上级政府激励、同级临近政府学习和竞争等）对创新扩散的影响（Berry F S, Berry W D., 1990; Daley D M, Garand J C., 2005），因而在政府创新扩散领域对组织创新研究范式形成了较为有力的补充。

其三，创新特征视角。针对不同类型的政府创新，其所属的政策领域和技术范畴也会对其产生不容忽视的影响。如战略管理（Berry F S.,1994）、财政管理、人事管理、信息技术（Lee C-p, Chang K, Berry F S. T,2011）、法律规制（Daley D M, Garand J C.,2005）等方面的政府创新都会受到其所属业务领域特征的深刻影响，而政府创新的扩散显然离不开这些领域自身特征的作用。与之同时，创新的特征在前述两种理论视角中也有所涉及，但其重要性在最近的研究中才得到关注（Damanpour F,Schneider M.,2009）。

上述理论回顾表明，目前关于政府创新扩散的研究受到了学界越来越多的关注，并生发出许多新的值得进一步探讨的研究方向。然而总体来看，当下政府创新扩散的研究依然是一个值得挖掘的研究领域，有关政府创新及其扩散的影响因素和影响机制的研究尚待进一步深入和推进，具体表现为以下四点。

首先，针对政府创新扩散的解释要么简单聚焦于政府组织的外部属性，要么纯粹着眼于政府部门的内部特性，要么只是单一地考虑到创新特征的影响，而将上述因素通盘考虑的系统研究还不多见。系统性分析框架的缺失使得目前学术界对政府创新的解释难以尽如人意，也无法满足实践者对政府创新的认识和理解（Borins S., 2008）。

其次，即便一些研究探索性地将上述因素通盘加以考虑，但其研究场域仍然聚焦于西方民主联邦制国家，对于发展中国家和转型国家的研究较少。西方发达国家与发展中国家的主要区别在于其经济发展水平与政治体制的不同，而这两个要素会对政府创新的外部环境与内部特征产生不容忽视的重要影响（Borins S.,2001）。如果联邦制下的政府创新受到政府竞争和学习的深刻影响，那么单一制和其他体制下的政府可能会采取完全不同的创新策略和行为（Cai H, Treisman D.,2009）。

再次，当前大部分围绕政府创新扩散而做的实证研究都只是聚焦于国家和次国家层面（subnation，如州），对于基层地方政府的关注度还远为不够（Zhang Y,Yang K.,2008）。西方语境下的国家（次国家）具有独立的立法权，它们能够根据需要制定和颁布独立的法案，因此其政府创新的表现形式通常表现为成文的法案，方便于统计和识别。与之相比，行政主导型国家地方政府尤其是基层政府的创新则无法呈现为法案，而更多地表现为具体的行为和活动，通常难以被精确捕捉和全面覆盖。因此，不同国别和不同行政层级的政府可能面临不同的制度约束和扩散诱因，所采取的创新行为和扩散策略也不尽相同，若对此展开系统的实证研究，则有助于更加深入地揭示行政主导型国家政府内部创新扩散的深层规律和“神秘结构”。

最后，已有的政府创新扩散研究大多拘囿于web1.0时代传统电子政务的范畴，对web2.0时代政务社交媒体的创新扩散尚缺少系统和严密的实证研究。随着web2.0技术日渐成熟和广泛应用，社交媒体日益成为政府部门与公众互动的有效手段（Eggers,2007；Reddick & Wigand,2010）。社交媒体具有即时性、互动性和延展性较强的特点，因此迅速在各级政府普及，并且在很大程度上促成了政府的管理理念与行为方式的改变（Chavez,Repas, Stefaniak,2010）。由于社交媒体可以适时进行面对面的交流，不像电话和政府网站那样需要凭借亲密关系和内容来做出回应，因此，它极大地促进了政民之间沟通和交流的深度与广度（Choi et al. 2011），政务社交媒体日益被理解成为一个帮助政府提高透明度、可信性、参与性与协作度的服务性工具（Dawes et al.2009；Golbeck et al.2010；Hinchcliffe 2006；Mergel 2011）。

社交媒体在全球政府的创新扩散遵循内在的驱动逻辑。一方面，伴随着世界各国政府的可靠性和信任感知度的降低（Morgeson et al.2011；Nye，1997；Welch et al.，2005），政府需要稳定和持续的工具和公民之间保持沟通。一方面，世界各国政府意识到，政府部门与公民之间的沟通不仅能够营造开放的社会氛围，建立透明高效的政府，还能更直接地听取公民意见，体现国家治理的公民协作。于是，Facebook、Twitter、YouTube、Wiki等国际社交媒体工具的链接开始普遍出现在政府网站上。[①] 另一方面，伴随着移动接收端的迅速扩张，社交媒体的发展能够使人们以创新、快捷的方式随时、随地地

① LEE G, KWAK Y H. An open government maturity model for social media-based public engagement[J]. Government information quarterly, 2012, 29（4）: 492-503.

进行沟通与交流。当社交媒体成为大众媒体时，使用社交媒体与市民之间保持沟通对话的重要性增加了（Golbeck et al，2010）。当下，世界各国政府，如韩国，创建了 Twitter 账号来推进国家的政策（Park，2009）。通过在 Twitter 账号上的政策宣传，政府机构期待高效的信息发布和建立与公民之间的社交关系来降低管理风险（Cho and Park，2012）。在美国，奥巴马政府的例子足以表明社交媒体工具在公共部门创造了提高政府透明度、沟通度和协同度的机会，它们可以推进更深层次的公民参与（Hinchcliffe，2006）。政府利用 Twitter 不仅可以参与利益相关方的谈话，而且还能通过推进一种相关方的社会责任感来建立彼此之间的信任关系（Wiggand，2010）。

社交媒体在中国政府的创新扩散遵循着相似的驱动逻辑。一方面取决于政府所面临的治理问题的复杂性、动荡性和多元性环境。当前工业化和科技化的发展在促进社会进步的同时，引发了诸多的社会问题，这些问题均导致了政府不可治理性的增加，客观上引发了政府的信任危机。与此同时，当下社会转型期的社会矛盾日益凸显（钟智锦，曾繁旭，2014），社会冲突成为一种常态性的社会关系存在。社会冲突通常由利益对立而导致，尤其是经济利益的对立，而社会领域与经济领域的对立冲突必然始终存在。哈贝马斯指出，此类冲突在今天不应再趋向于发展成为分裂性的政治冲突，因为在社会日益发达的今天，政府已经褪去了统治职能转变成为社会职能（哈贝马斯，2002），社会发展总是朝着政治体系的统治职能不断弱化、社会职能不断增强的轨迹前行和推进的。在一个多元化社会中，每个群体的正当利益诉求都应该被包容，正因为如此，政治体系需要搭建平台以保障不同群体进行平等和畅通的利益表达（夏倩芳，强月新，张明新，2013）。对此，为破解政民之间的“塔西陀陷阱”并重新捕获政治信任，政府力主推行公民参与的民主实践，致力于重建公信力系统，以期为政民之间的刚性对抗与硬性冲突提供一个缓冲地带和弹性空间。

“政府公信力涉及公众与政府的本质关系，是政府公共治理的合法性的源泉，也即社会性秩序和权威被自觉认可和服从的性质和状态，若按照卢梭的契约理论，国家权力来源于人民与政府之间的协议或契约，政府公信力集中体现了政治合法性的实质内容。”① 公众参与是实现民主的前提，民主行政和公民参与密不可分，公民的参与度不但是衡量政府民主化程度的重要指标，也是实现“增量民主”的有效渠道。在寻求民主的路途上，“增量民主是在不损害人民群众原有政治利益的前提下，迅速、最大限度地增加新的政治利益”②。在一个行政主导型的国家里，“一个社会意识形态的本质存在于这个意识形态能够带来的一致和归属原则里，在它统一和整合的功能中”③。

政治逻辑和技术逻辑如影随形，其间隐含了一种“互激”模式，技术逻辑所带来的变革势能不容小觑。众所周知，媒体运营有两条轴线：一是接受成本低，二是技术效用好。而“新媒体的性能优势在于供给和需求之间点对点的接触效应创造了一种近似于零度的界面，重新定义了信息渠道”④。社交媒体的移动性、实时性、零资费、跨平台等优势带来的人际沟通和小众传播的极大便利，吸引了众多主流的核心人群采纳和使用。当前，社交媒体的广泛应用极大地改变了政治舆论生态，信息传播技术的变革势必倒逼政府做出回应和调控，反之，政府的管控和规约又不断地激发技术开发出新的潜能。于是，在政府、公众、技术三方力量之间形成了一个半圆形的闭环式锁链：公

① 郑方辉，卢扬帆，卞潇．中国政府绩效评价红皮书 [M]. 北京：新华出版社，2014：111.

② 俞可平．增量民主有三条现实路径 [N]. 南方都市报，2007-02-21（A10）.

③ 德布雷．普通媒介学教程 [M]. 陈卫星，王杨，译．北京：清华大学出版社，2014：16.

④ 陈卫星．新媒体的媒介学问题 [J]. 南京社会科学，2016（2）：119.

众追逐技术，政府追逐公众，这种由技术领跑和政治逐跑游戏所引发的“互激”模式较好地诠释了当下行政主导型国家的政治—技术关系命题。

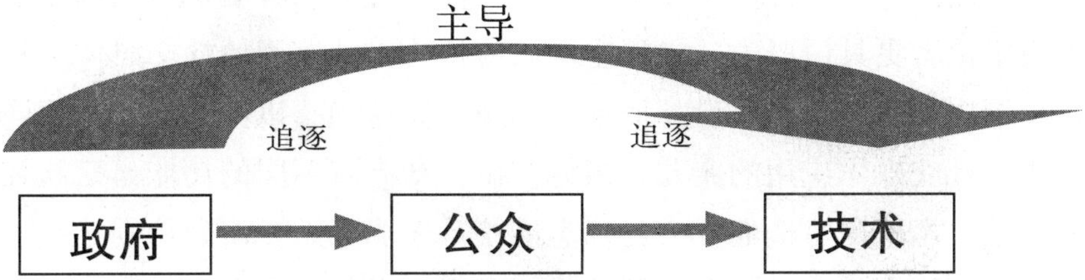

图 1–1 政治逻辑与技术逻辑的“互激”模式

“传媒的信息生产和行政权力的管制之间始终存在着一种相互追击的逻辑。”[①]表面上看来，这场逐跑游戏是由技术力量主导并驱动的，似乎“技术发展是内生动力的唯一结果而不被其他因素所影响，塑造社会来适应技术模式”[②]。尽管技术力量貌似游戏的最后主宰，然而我们却不能忽略游戏扎根的现实土壤。社会决定论者告诉我们，政治权力、社会阶层等非技术动力对技术的设计与控制具有独立的影响，而技术本身毕竟只是中立的工具。换言之，技术的政治属性不容忽视，更何况某些“政治技术与生俱来”[③]，是“社会塑造技术”[④]，技术的历史始终与社会、经济和政治纠缠在一起。正如相关学者的研究发现，

① 德布雷．普通媒介学教程 [M]．陈卫星，王杨，译．北京：清华大学出版社，2014：25.

② WINNER L. Do artifacts have politics[M]// KRAFT M E, VIG N J. Technology and politics, Durham,NC: Duke University Press,1988: 35.

③ WINNER L. Do artifacts have politics[M]// KRAFT M E, VIG N J. Technology and politics, Durham,NC: Duke University Press, 1988:36.

④ MACKENZIE D, WAJCMAN J, The social shaping of technology: 2nd[M].Buckingham: Open University Press, 1999.

"技术如何被使用不是由印刷技术本身决定的，而是取决于其他的因素，即某一特定技术能被发明、吸纳、推销、使用和抵制的生态、经济、社会与政治的条件，以及使用该技术之群体的特定态度"①。

显然，在一个行政主导型国家里，社会决定论者的学说远远比技术决定论者更具说服力。目前中国政府机构采纳使用的社交媒体工具均由国内技术团队研发设计而成，如新浪微博和腾讯微信等。尽管同为当下社交媒体应用的宠儿，微博与微信却有着不同的功能禀赋与媒介属性：微博所打造的社会化信息网络基于弱关系，而微信则是基于强关系；微博是海量信息的开放传播平台，微信则是私密的基于自主订阅和精选信息的闭路式传播。即使同样作为政务社交媒体，政务微博侧重信息公开，注重点到面的多向度关系；政务微信侧重功能服务，注重点到点的双向互动关系（张志安，曹艳辉，2014）。另外，美国传播学者詹姆斯·贝尼格的控制革命理论认为，危机与控制不可分离，有了危机就必须强化控制手段，新的信息传播技术是加强社会控制的重要手段。从信息技术与社会控制的关系来看，微博和微信及其可能引发的风险，是政务微博、政务微信兴起的原动力。②

此外，作为电子政务发展的高级形态——电子参与和交互形态，政务社交媒体的兴起还迎合了来自政府内部创新改革的需求。鉴于政府内部的机构林立、人浮于事、批文拖拉（朱坚强，2000）等导致的行政效能低下，政府加大了改革力度，全面推行电子政务新政。有研究显示，电子政务对服务创新、民主参与、公民信任都产生了重要影响（West D M.2004；Tolbert C J，Mossberger K.，2006），并为公共问责提供了新手段（Wong W，Welch E.，2004）。一项来自中国的实证研究发现，

① 杨国斌．连线力：中国网民在行动 [M]．邓燕华，译．广西师范大学出版社，2013：12.

② 张志安，曹艳辉．政务微博和政务微信：传承与协同 [J]．新闻与写作，2014（12）：57.

信息传播技术对于治理国内的腐败现象有积极作用，它通过帮助腐败案件曝光的方式最终减少了腐败（Ming-Hsuan Lee，Mon-Chi Lio，2014）。国内研究还发现，电子政务在降低行政成本、提高公共服务绩效、提升公众满意度方面取得了显著成效（郑方辉，张兴，2013）。

由于“早期电子政务的特点是单一性、单向性、封闭性、延时性、静态化。许多政府网站甚至只是充当‘电子公文’的角色，电子参与程度一直无法有效提升”①，政务社交媒体的出现弥补了传统电子政务互动性差等诸多不足，故而形成了当下“双微”（政务微博和政务微信）驱动的联动格局。然而，与政务微博相比，政务微信在舆情监测和在线办事等方面具备更加广阔的应用前景，有效地“弥补了政务微博办事功能弱、私密性差、不能支付的缺陷，解决了电子政务服务传递的‘最后一公里’问题”②。国内的既有研究显示，当前的政务微信具备多种表现功能，它让政府与公民之间的交流沟通更为顺畅，同时还保证了政府信息的精准传递（朱友红，2013），进而推动了社会的对话机制、动员机制与信任机制领域内的创新（郭泽德，2014）。夏保国、常亚平认为政务微信通过在线互动实现了信息公开和及时回应诉求的作用③。王少辉、高业庭提出，政务微信创新了电子化公共服务模式，微信支付、即时互动等功能使得服务更便捷、信息发布更精准、互动更即时④。总之，由于政务微信强化了公共服务和政民沟通

---

① DIXONBE.Towards E-government 2.0:an assessment of where e-government 2.0 is and where it is headed[J]. Public administration and management,2010,15（2）:41.

② 王芳，张璐阳.中国政务微信的功能定位及公众利用情况调查研究[J].电子政务，2014（10）：60.

③ 夏保国，常亚平.政务微信的沟通机制研究：基于技术接受模型视角[J].国家行政学院学报，2014（3）：106.

④ 王少辉，高业庭.基于微信平台的电子化公共服务模式创新研究：以“武汉交警”政务微信为例[J].电子政务，2014（8）：54-55.

的结果导向，给予了公众发声的机会，而且及时回应了公民的利益诉求，凸显出信息的透明性、互动性与公平性，故而在一定程度上缓解了社会结构中利益对立和利益冲突的风险问题，适当稀释了当前的政府公信力危机。

目前学界对于政务微信传播功能的认知和探讨主要基于以下三个方面理论资源的指导。

第一，信息不对称理论。该理论是指在市场交易中由于双方对信息的掌握程度不同，掌握信息较少的一方容易处于劣势，而占有信息较多的一方则处于有利地位，这种信息占有和利用的多寡将直接导致交易双方在买卖过程中的不平等地位。在传统的行政管理体制下，信息不对称主要表现为：一方面，由于传统行政信息传递手段的局限性，基层群众的想法和对政府的服务需求很难上升到决策者层面，这样一来导致高层决策者难以确切掌握社会成员的真正诉求。另一方面，政府由于掌握大量公共信息，因而在信息传递中处于有利的强势地位。但政府传达的信息往往要经过层层下达才能到达基层群众，而基层群众通常只关心与自己利益相关的信息，对于与自身利益不尽相关的公共信息不太关注，这样极容易导致信息失真和滞后，并且也会造成公众对政府的不了解（王则柯，2001）。

第二，信息化管理理论。信息化管理理论认为，当前已进入信息网络化的新时期，互联互通的信息网络改变了原有的信息传播方式，并使得其从纵向的等级传播进入到水平的自由传播状态，进而引起管理组织结构的嬗变，从传统的金字塔型结构变成扁平的矩阵型结构。利用信息技术，上下决策层之间可以直接联系，基层执行者也可根据自身的实际情况进行决策，这就使得彼此分工相互关联的各级组织，在变型中通过整合创新了机制（希汝，2010）。

第三，客户关系管理理论（简称 CRM 理论）。CRM 理论的基本理念是企业要以客户为中心（刘波，孙林岩，2005）。CRM 思想要求员工在跟客户打交道时，自觉地为客户着想，满足客户需求，根据客户的不同需求，采取客户喜欢的方式与客户加强沟通，进而有效提高员工与客户沟通的技巧与质量，以此树立良好的企业形象。在这一理论的指导下，政府的运作与管理模式都需要朝着现代化公司的服务理念转变，政府需要具备“企业家精神”，将公众当成政府的客户来看待，针对不同客户的需求，适时地提供个性化服务和解决方案，以增进政府与公众间的相互了解。

以上三种理论均为政务微信在中国情境下的创新扩散提供了有力的理论支撑。首先，政务微信的应用有利于解决政民之间的信息不对称问题，促使公共信息的利用朝着相对均衡的方向发展，并推动政府信息公开和决策的透明化。其次，信息技术的发展可以使政务微信在政府与公众间建立即时决策和反馈系统，在政府决策和公众利益间达成契合，以加强政府与公众之间的相互理解与信任（张志安，吴涛，2014）。最后，政务微信的媒介属性可以实现以客户为导向的服务功能，通过为公众提供功能化、个性化的自助式服务，可以满足公众的多元利益诉求。总之，政务微信的传播功能可以促进公共管理与服务由权力本位向社会本位的转化，使政府及其行政管理部门提高工作效率，优化服务质量，进而有效提升政府公信力与公民参与的民主程度。

综上，本书认为，在致力于提高政民沟通效率和公共服务的基础上，政务微信可视为中国情境下的行政主导型国家推行的一种社会治理策略与政治管理手段，其间隐含了技术治理的逻辑：即通过社交媒体的技术特性来加强政民之间的互动和联系，借此增强社会的凝聚力和向心力，最终达到意识形态整合的目的。以“行政管理（服务）”为手段，达到“技术治理”之功效目的，或将是政务微信在当前中国情境下的历史使命和价值定位。

尽管在理论上固然如此，然而在中国实践情境中，“上行未必下效”，国家和地方政府的“有效治理”之间存在着难以调和的制度矛盾（周雪光，2011），信息的不对等和不对称，使得中央政府塑造地方政府行为模式的渗透权力有限（郁建兴，高翔，2012）。当下，“行政发包”与“属地管理”是中国政府体系中行政管理体制设置的典型特征（周黎安，2008），这也意味着地方政府的职能履行不能受到中央政府的直接干预，中央政府只能采用委托—代理的方式将相关职能的履行授权给地方政府（郁建兴，高翔，2012）。也有研究者认为，地方政府在市场化进程中已经能够按照自主意志来实现其行政目标，因为它们在市场化进程中已经演变成为“具有特殊利益结构和效用偏好的行为主体”（何显明，2007）。郑永年指出，中央政府很难将自己单方面的意志强加于省并改变各级政府之间的权力分配，因为地方政府已经具备了与中央讨价还价的能力，各级政府之间的行政分权已经制度化，因此他将中国的央地关系概括为“事实上的联邦主义”（Yongnian Zheng, 2007）。可见，在当下行政分权的制度实践背景下，转型中国的政治诉求和治理意愿能否与地方政府的行政行为完美契合并无缝对接，仍然是一个有待观察和分析的经验命题。

曾经有专家断言，社交媒体所拥有的强大转换功能将导致不同国别的政府组织采用相似的传播策略（Albert Meijer, Marcel Thaen，2013）。然而，北美的经验研究却表明，政府组织采纳和使用社交媒体的策略和行为是大不相同的，除了要结合社会情境和路径依赖因素加以考量之外，社交媒体在政府中的采纳和扩散必然遵循着自身内在的逻辑，而这些逻辑则根植于政府官僚内部的肥沃土壤（Albert Meijer, Marcel Thaen，2013）。显然，任何研究都需要考虑到不同的社会文化脉络对理论与经验联结的实质影响，有鉴于中国的政治体制格局、经济发展水平、社会文化结构与西方国家不同，其社交媒体形态也有别于西方语境，那么，中国的政务社交媒体其创新扩散和传播规律是否遵循着与西方国家一样的规律和路径呢？它们之间有何异同？若回归到中国当下的政治语境和现实情境，我们还可继续追问：政治逻辑和技术逻辑在具体的政府信息技术扩散过程中发挥着什么样的作用？此外，还有哪些因素和力量在决定和影响着政务微信在地方政府中的创新扩散进程？媒介 / 中间人（agent）在这个过程中扮演了什么样的角色和身份？若想回答以上问题，我们需要得到中国本土性的经验证据和实证检验。

（二）现实背景

伴随着经济全球化与信息化浪潮席卷全球，中国社会从计划经济体制向市场经济体制转变转轨的过程中，作为社会掌舵者的各级政府需要通过自身转变和变革创新，来适应这一社会转轨和制度创新过程（杨雪冬，2008）。从中国的实际情况来看，整体环境和社会情境的变化要求政府创新，而政府需要在压力下和问题前对此作出应对（陈雪莲，杨雪冬，2009）。俞可平提出，“政府创新是社会创新的表率，建设创新型国家，要求我们有一个创新型的政府”；“创新型政府的主要特征，就是政府部门将创造性改革作为提高行政效率、改善服务质量、增进公共利益的基本手段”[①]。因为“政府创新不仅直接关系到行政效率和执政能力，也从根本上关系到经济发展、政治民主和社会稳定”[②]。从本质上来说，政府的创新是为了能获得更好的政治运行环境与效果，以资巩固执政的根基和民意基础。

在诸多政府创新活动中，信息技术（information technology）的引进被认为是极其关键的原驱力，也是政府创新的表现形式和主要功能载体（Fountain J E., 2001）。政府引入信息技术不仅仅是纯粹的技

① 俞可平 . 建设一个创新型政府 [J]. 人民论坛，2006（17）.

② 俞可平 . 大力建设创新型政府 [J]. 探索与争鸣，2013（5）.

术创新，还涌现出各种组织创新，信息技术使得业务流程再造、组织间关系重塑、组织结构变化等成为可能（Brynjolfsson E, Hitt L M., 2000）。信息技术的飞速发展和普及极大地拉近了政府与企业、公民以及各级政府间的距离，使“实时政府”“虚拟政府”“24 小时政府”成为可能（Eggers W D.,2007）。随着政府对于信息化建设的投入不断加大，政府层面的信息技术创新日益受到关注，对政府管理运作与绩效产生不可忽视的影响（West D M., 2005）。从最早的政府计算机化到办公自动化，再到“政府上网工程”、各种“金字工程”（如金税、金审、金保等）以及政府 2.0 技术应用，都极大地推动了中国政府信息化建设的步伐（Ma L, Chung J, 2005）。

当下，以 Web2.0 为代表的新一代信息技术席卷全球，这种由新技术驱动所带来的高效和即时的沟通方式被越来越多的企业和个体所接受（MCAFEE A.,2009），全世界各个国家的政府公共部门和政府官员都在积极使用这些技术来加强在线交流服务和网络信息公开，从而使得无处不在的“政府 2.0”呼之欲出（EGGERS W D.,2007; MERGEL I., 2012; ZAVATTARO S M.， 2013）。政府使用社交媒体可以增进政府信息公开的透明度，也有利于增强公信力和公民的信任感（BERTOT J C, Jaeger P T, Grimes J M., 2010）。社交媒体的出现为政府部门创新提供了技术支持，政府的服务可以在与公民进行社会互动时实现。比如政府的决策部门能够及时通过社交媒体来获取公民的某些提议，为政策的完善和修订提供广泛的民意。各级政府之间可以通过社交媒体渠道实现跨组织、跨部门的协作，通过信息互通、资源共享，为共同解决复杂问题提供技术上的支持（马亮，2014）。

社交媒体为中国政府的创新型管理提供了新的技术可能和实践途径。进入 Web2.0 时代，微博的井喷式发展带动各级政府和公共管理人员卷入这一浪潮，政务微博密集开通并呈现快速增长趋势。继政务微博在全国扩散之后，政务微信也得到了迅猛发展，人们将 2013 年视为“政务微信元年”，因为在这一年里，政务微信在全国范围内得到了数量上的规模增长。越来越多的党政机构开始接受并尝试微信技术所带来的高效、便利、即时的沟通模式，全国众多政府部门在微信上开通公众账号，将其作为政府信息发布渠道、行政办事在线服务平台和政民互动交流空间，政务微信成为政府继政府网站、政务微博之后采纳的又一项技术创新，在社会管理和公共服务方面发挥着越来越大的作用。当下，政务微信已经成为政府与民生、公众与服务之间的“连接器”，并成为政府施政的新平台。

由于政务微信顺应了中国建设服务型政府的理念与要求，于是从信息技术的后台逐渐走向了公共管理的“前台”。一方面，“各级政府机构运用政务微信平台，实现政府工作信息公开、政务服务透明化。政务微信被誉为‘指尖上的政能量’，其功能和价值也被不断挖掘和放大”[①]。另一方面，政务微信的发展也得到了国家层面的高度重视。2013 年 10 月 15 日，国务院办公厅下发了《关于进一步加强政府信息公开回应社会关切提升政府公信力的意见》，在文件中明确要求各地区各部门积极探索利用政务微博、微信等新媒体来及时发布各类权威政务信息，并且充分地利用新媒体的互动功能来加强与公众之间的互动交流。2014 年 8 月以来，为了进一步推动即时通信工具公众信息服务健康有序的发展，中宣部网信办发布了针对即时通信工具治理的“微信十条”，并且提出“力争今年年底，政务公众账号达到 6 万个”的发展目标。

当前，政务微信进入快速增长期。据腾讯研究院和腾讯开放平台行业运营中心公布的数据，截止到 2014 年年底，全国政务微信总量已超过 4 万个，覆盖了全国 31 个省、自治区、直辖市的党政部门、

① 徐晓蕾.政务微信的社会功能及影响因素研究：以广东地区为例[D].广州：中山大学，2015.

直属事业单位和社会团体，公安微信、医疗微信、交通微信、社保公积金微信等占比最多。在全国31个省、自治区、直辖市中，广东省以政务微信总量占比15.0%位列全国第一。在开设政务微信的不同行政层级部门中，省市级部门占总量的84.7%，区县级部门占总量的14.8%，国家中央部委级部门占总量的0.5%。其扩散规模呈现腰鼓状。

从2012年8月30日开通全国第一个政务微信“广州应急—白云”开始，经过两年多的发展，广东省政务微信的发展规模和扩散速度已经位居全国前列。在迅速扩散的同时，广东省政务微信的创新规模和扩散路径在不同地区和不同的行政层级上呈现出一种不均衡状态。从地域分布来看，珠三角地区政务微信开设数量较多，粤东、粤西地区开设政务微信数量较少，佛山、深圳、广州、东莞、江门等地市政务微信的扩散呈现出压倒性优势；从行政层级和扩散态势来看，广东省基层政府（区县、乡镇、街道等）政务微信的扩散速度最快，并呈现出一种不规律、不齐整的鲜明特征，纵观其扩散趋势与倾向，显然有悖于单一政治逻辑或技术逻辑主导下的整齐划一的气象与格局。

二、研究问题和切入点

一般说来，在一个行政主导型的单一制国家里，人们往往预期政治逻辑会在社会场域中以压倒性的优势主宰一切，即政治逻辑将成为支配行动者做出一切行为和决策的主导力量。然而，在中国具体的政府实践情境中，不同的政府组织对待信息技术创新扩散的态度却差异很大。为什么会出现这种理论和实践预期的巨大落差？这些问题让人感到困惑。

本书重点关注的是在转型中国的政治—技术关系命题下，基层政府的政治权力结构将会在何种现实情境与条件下吸纳创新技术结构，进而关注到一个行政主导型国家的政治诉求和治理意愿将会在何种条件下得到地方政府的贯彻落实和具体执行，又将会在何种条件下遭受阻碍而发生偏移。在前期经验研究的基础上，本书还将重点关注媒介 / 中间人（agent）要素在政府创新扩散过程中所发挥的独特作用。借此，本书着力于探讨研究以下两组问题。

第一组问题：在一个转型社会的政治场域里，影响政治行动者做出创新决策的主导因素有哪些？这组问题在本书研究中被操作化处理为一个经验层面的描述性问题和一个因果层面的解释性问题。

在具体的技术操作过程中这组问题被分解成为如下两个步骤。

首先，利用访谈数据进行质化研究。采用分层配额的抽样方法，先把广东省的地理区域划分成珠三角、粤东、粤西、粤北四个不同的层级，然后根据人口总数多少的比例对珠三角、粤东、粤西、粤北四个层级的区县级政府进行配额抽样，最终对抽取到的样本单位的政府机构政务微信负责人、管理者或运营者进行深度访谈（60分钟左右），获取影响基层政府政务微信创新扩散主要因素的质化信息，在此基础上进行质化的归纳和分析。

其次，在充分获取转型社会基层政府信息技术创新扩散经验依据的基础上提炼出鲜活的解释变量，然后立足于本土化政治场域，依据创新扩散理论、组织创新理论、政策扩散理论、社会学习理论、社会运动理论的理论逻辑摄取经典的解释变量，在本土化政治场域内初步建构出一个影响基层政府政务微信创新扩散影响因素的理论模型，并提出因果假设进行分析验证。

第二组问题：（建立在第一组研究问题的逻辑起点上）在前期统计分析的基础上，探寻影响转型社会基层政府政务微信创新扩散的外部机制和深层结构。探索在政务微信创新扩散的社会过程中，有哪些行动者参与连接了政府创新扩散的进程？探索媒介 / 中间人（agent）在其中起到了什么样的作用？探索多方行动者之间相互搭桥和借力的机制，这是一个揭示因果机制的解释性问题。本书力图通过案例分析的方法来探寻外生性的解释变量，最终讲清楚一个理论故事，并力图用事件—过程的逻辑和张力来探寻因果作用的外部机制。毋庸置疑，任何一个复杂的社会事件都是由许多社会机制有机地组合而成的，而社会科学研究的主要任务则是找出社会机制之间一些带有普遍意义的系统性关系。本书研究正是一项以探寻深层机制为主导的，在带有一定思辨色彩的理论的指导下进行的实证研究。

第二节　核心概念界定

一、转型社会

传统意义上的转型社会通常包括三个层面的内涵：第一，体制转型，由计划经济体制转型过渡到到市场经济体制；第二，社会结构转型，包括社会结构的转换、体制机制的转轨和人们观念的转变等；第三，社会形态变迁，包括从传统社会走向现代社会、从农业社会走向工业社会、从封闭性社会走向开放性社会等不同内蕴。当下信息技术对中国社会的影响，某种程度上可视为中国现代化转型的一个前奏。本书论述的“转型社会”正是依托于这样一个时代背景：20 世纪 90 年代互联网的出现，使得中国的现代化转型出现了新的契机和可能。一方面是因为互联网的普及，意味着中国作为一个发展中国家，有可能借助于这种新的信息传播技术而获得与发达国家同样的发展机会；另一方面则是因为这种新的信息传播技术从本质上来说，可以通过消弭信息的不对称，而尽可能弥合不同行动主体之间的矛盾与冲突。因此，在中国现代化转型的过程中，互联网及其信息技术作为一种新的外生型变量，对中国社会的全方位变革带来了不言而喻的影响（曾茜，2014）。

转型中国的国家—社会关系大致经历了两个阶段的嬗变。第一个阶段发生在改革初期的经济领域层面，在这个阶段，国家在从上而下策动进一步改革的同时，加速变革政府的职能，主动地、逐渐地撤出不应干预的社会经济领域。社会成员则充分利用改革的有利条件和发展契机，主动地、有意识地、自下而上地推动社会的构建。第二个阶段的发育伴随着互联网信息技术时代的来临，发生在改革纵深期的政治社会领域。在这个阶段，社会成员在继续发展和完善自身的同时逐渐进入“公域”，参与和影响国家的决策，推动国家的发展进程。

在解释互联网如何影响中国的国家—社会关系时，研究中国问题的专家新加坡学者郑永年提出了“技术赋权”的概念①，他认为互联网从正反两个方面促进了中国的政治参与，一方面是公众利用互联网对公共事务进行讨论，从而更好地参与和理解政治；另一方面是公众借助互联网对不信任的公共机构施加压力，迫使当局做出调整。这两个方面都使公众获得了参与公共事务管理的权力②。换言之，互联网以及信息技术的出现，一方面将信息传播模式从一对多的控制型单向传播转向了多对多的扁平化互动传播，另一方面也赋予了社会力量和社会行动者进入国家权力结构的能力。

综上所述，一是由于国家（政府）放权，二是由于信息时代技术赋权，这两种力量的叠加逐渐改变了当下转型中国国家与社会之间的权力结构生态，进而将转型中国从一个行政主导型的“大政府—小社会”的结构模式逐渐转型调适为一个鼓励多元社会力量参与的“小政

① 郑永年.技术赋权：中国的互联网、国家与社会[M].邱道隆，译.北京：东方出版社，2014：15.

② 郑永年.技术赋权：中国的互联网、国家与社会[M].邱道隆，译.北京：东方出版社，2014：125-131.

府—大社会”的结构体系，而这种国家—社会结构关系模式的置换与变迁构成了本书研究的主要基调和基本底色。

二、电子政务

电子政务（Electronic government）泛指信息技术在政府部门中的应用，包括政府网站、管理信息系统等构成部件，它是一个宽泛的概念。电子政务是对传统意义上的政务进行变革和改善，运用现代的信息技术和先进的管理理论，实现高效管理和服务方式的一种行政模式。具体来看，就是政府采用新的网络信息技术，整合内部与外部的管理和服务职能，将机构精简、流程优化、资源整合、部门重组，通过政府网站这一载体将政府的行政日常管理事务放至网上实施，打破空间、时间以及部门分散的制约，为社会公众提供全方位一体化的、规范高效透明的管理和服务（金江军，潘懋，2003）。所有的政务社交媒体（Government social media）皆可归类于电子政务，但其互动性更强、即时性更强。所谓政务社交媒体是政府及其工作人员使用的社交媒体的统称，目前主要包括两种形式：一种形式是政府在商业社交平台（微博、微信）上注册、开通和使用普通用户账号，这是最常见的形式；另一种形式是依附于政府原有的网站或一些政府参与搭建的生活门户类网站，这种形式一般不能独立存在，常见的有论坛（BBS）和个人主页（吴云，胡广伟，2013）。目前国外的政务社交媒体种类繁多，而国内的政务社交媒体则主要聚焦于政务微博和政务微信这两种形态。

三、政务微信

政务微信（Government WeChat）是政府利用微信平台向公众提

供公开的信息、进行官民互动和为公众提供在线服务的一种手段，目前它是微信公众号的一种特殊类别。依据功能属性不同，政务微信主要可分为订阅号和服务号两种。其中，订阅号主要用于宣传属性强、不具备实际民生服务功能的部门，服务号则用于具有公共服务职能的政府部门和具有支付功能的民生服务部门。本书所指涉的政务微信主要包括政府行政部门和党群部门开办的微信公众号。“党”是指党委的组成部门，“群”是指一些人民团体，干群组织。党委组成部门包括组织部、宣传部、统战部、纪检委、党委办公室等。人民团体则是指各民主党派、工商联、共青团委、工会、妇联、科委、科协等组织。

四、创新扩散

经济学家熊彼特首次提出了“创新”（innovation）的概念并对其进行了开创性的研究。熊彼特将创新定义为“实现了新的组合”的生产手段、产品、原料、供应来源或市场。他认为，新的商业组合可以是某一种生产手段，也可以是某一种原料，或者生产替代性的产品创造一种新产品，或者选取某一种新的供应来源，或者寻求新的市场（约瑟夫·熊彼特，1990）。一般来说，创新是指采用者采用对其而言所谓“新”的事物（something new）的一个社会过程（Rogers E M.，2003）。创新的采纳者既可以是一个国家或地区，也可以是社区、社团或组织，还可以是单个的人。而“新”的事物指涉广泛，既可以是一种理念或观念，也可以是一种实践或做法，还可以是一项技术甚至一种方法，等等。这种“新”是相对的，既可以是首次采用的，也可以是获悉其他主体采用后再引入的。在公共管理领域，创新是指政府产生和发展相对新的项目、服务、制度或者政策，而不管同样的项目是否以前被其他地方采纳过（Rogers E M.，2003）。

由于创新是一个多阶段、非线性的复杂过程，学者们一般对创新的创造（creation）、采用（adoption）、实施（implementation）、再造（reinvention）与扩散（diffusion）等进行综合研究，但也有学者认为扩散本身就包括了除创造以外的上述其他活动（Rogers EM.，2003）。创新的研究主要关注特定的组织或个体是否采用并实施某项创新，而不关注其他的组织或个体的情况及影响。扩散的研究则从总体的角度考察作为一个社会系统的创新传播过程，因此更加强调组织或个体之间的网络和关系的作用。由此可见，创新与扩散研究的区别在于关注的焦点和分析的落脚点不同（Wolfe R A.，1994）。罗杰斯（Rogers）对创新扩散有一个经典的定义："一项创新通过特定的渠道或方法，经过一段时间而在某个社会系统的个人或组织当中传播的过程。它是一种信息传播的过程，所传播的信息与某种新观念有关。"① 罗杰斯还指出，扩散是一个社会传播的过程，其关键要素包括创新、传播渠道、时间和社会系统等，这些都是创新扩散过程中值得关注的重点（Rogers E M.，2003）。

五、政府创新扩散

杰克·L. 沃克（Jack L. Walker）最早对美国州政府的创新扩散进行了研究，他将政府创新定义为："对于所采纳的地方政府来说是新的一种政策或计划，不论这项政策计划本身已存在多久，或是其他地方政府已经采纳过"②。从这个角度来看，创新意味着不论其他政府是否已经采纳，只要这些观念或实践对于所实施的政府主体来说是

① 罗杰斯．创新的扩散 [M]. 辛欣，译．北京：中央编译出版社，2003.

② MA L, CHUNG J, THORSON S. E-government in China: bringing economic development through administrative reform[J]. Government information quarterly, 2005, 22（1）: 20-37.

一种新的理念。在快速变动的社会中，为了满足社会需求并适应公共管理的需要，政府不得不创造或引入一些新的政策、理念、方法、技术和手段等。学者们通常将这种行为视为政府创新（government innovation），即政府采用“新的东西”的一个过程（Walker R M，2006）。在这里，关注的焦点从一般性的组织转向政府，因为公共组织理论指出公共与私营组织在许多关键方面存在显著差异，需要在理论构建和研究设计时予以考察（Rainey H G.，2009）。一般来说，政府比企业缺少创新的强有力激励，创新常常与政府格格不入，创新带来的失败对政府和官员的打击也更大（Wilson J Q.，2000）。

国内学者杨雪冬认为，政府创新是由不同层级的政府部门在不同领域中所进行的创造性活动，根据性质不同，地方政府的创新可分为技术创新和制度创新。“政府的技术创新是指政府将科学技术手段应用于政府治理过程中，或是对现有治理所使用的手段、措施、方法、程序等进行技术层面的改造。”[①] 李兆友、董健认为，政府创新指政府内外部的各方利益相关者，在原有政府组织基础之上引进的新的技术或理念，这些新的技术或理念在经过政府的消化和吸收后，会进一步促使政府组织变革旧有的传统理念、技术、政策或制度，并传播扩散到其他政府组织[②]。张岚、毛益民则认为，政府创新扩散不仅包括中央政府或者上级政府进行干预和推广的纵向形式，还包括地方政府相互之间所进行的横向的学习、模仿和交流，以及向外从专家群体、非政府组织等进行学习的情况。[③]

由上可见，政府创新扩散包括政策创新扩散、制度创新扩散和技

① 杨雪冬. 简论中国地方政府创新研究的十个问题 [J]. 公共管理学报，2008（5）：16-27.

② 李兆友，董健. 国外政府创新过程中的影响因素研究 [J]. 深圳大学学报（人文社会科学版），2014（4）：77-84.

③ 张岚，毛益民. 论地方政府创新扩散的影响因素 [J]. 现代城市，2012（3）：42-45.

术创新扩散等内容。当下政务微信作为一种社交媒体技术，属于政府信息技术创新扩散的范畴。政府信息技术创新包括办公自动化系统、政府网站、管理信息系统、地理信息系统等项目的创新。政府信息技术创新的扩散是指某项信息技术应用经过一段时间而在政府组织之间传播的过程，在这里主要表现为尚未使用某项信息技术应用的政府部门不断使用并扩大其覆盖范围的过程（Fichman R G，Kemerer C F.，1999）。同一般创新的扩散一样，信息技术的创新扩散并非信息技术的重新发明，而只是指某项已经被特定政府部门应用的信息技术在其他尚未使用的政府部门中传播的过程。因此，对其研究也可以采纳创新扩散的范式和方法来进行。

六、媒介/中间人（agent）

在传播学视域中，“媒介”通常意味着人与人之间的中介实体。在政府创新扩散的研究场域中，媒介/中间人（agent）则意指旨在推动政府创新采纳和扩散的群体，他们在众多的政府之间担任或扮演着连接者的角色。在西方语境中，媒介/中间人可以是政府官员，也可能是政府间组织、认知共同体、政策企业家（Policy Entrepreneur）[①]、大众化媒体、专家智囊团，等等。西方学者有诸多关于媒介/中间人影响政策扩散的研究。例如，政策企业家具有促进一项政策创新在多个政府间扩散的作用（Mintrom Michael,1997; Balla Steven J.,2001）；Mintrom（1997）研究认为，政策企业家促进“教育券计划”在美国26个州进行扩散。此外，认知共同体在一个特定的政策领域内组织

① 所谓政策企业家是指那些通过组织，运用集体力量来改变现有公共资源分配方式的人。无论是在政府内部还是在社会之中，他们都以善于创新而著称，并被视为解释政府再造过程和公共组织中政策变化、政策创新的关键变量。

起来，具有共同的价值观、原则和信念，他们将新观念、新信息从一个政府传递到另一个政府，影响政策的扩散（Hass Peter M,1992）。另外，创新代理人、科研院所、专家智囊团以及大众媒体和政府间组织，都在政府创新扩散的传播过程中发挥着显著的作用。在中国语境下，国内学者朱旭峰搭建了一个地方政府创新扩散的动力模型，从背景、主体（地方政府）、客体（创新本身）和媒介四个方面来进行解释，他认为组织和个人都可能成为推动政府创新扩散的媒介或中间人。“从组织层面看，主要是指新闻媒体、政府间互动的社会网络和拥有自身利益导向的团体；从个人层面看，主要是指那些努力推动政策变化的政策企业家。”[①]

本书研究所指涉和分析的媒介 / 中间人主要包括创新代理人和精英群体。“创新代理人是指那些按照创新机构的意愿，去影响客户创新决策的个体。创新代理人的任务通常是保证某个新的观念被接受。”[②] 但是创新代理人也可能会延缓某个观念的扩散甚至会阻碍人们去采纳某项创新，因为某些观念或创新的负面效应非常明显。“创新代理人的主要任务就是使创新思想顺利地从创新机构传播到相应的客户。只有该创新符合客户的潜在需求时，这种沟通才是有效的。所以，创新代理人要扮演好连接者的角色。”[③]“精英”这一概念最初发轫于莫斯卡的《统治阶级》，此后帕累托在生发他的精英理论时明确提出了“精英”概念并使之广为流传。“精英”意味着各自从业领域内的出类拔萃者，他们思想开明，行动能力强，其优秀品质使得他们在社会系统中占据着相对主导性的社会地位并拥有话语权，进而能够推

① 朱旭峰．地方政府创新经验推广的难点何在：公共政策创新扩散理论的研究述评 [J]. 人民论坛，2014（9）：66.

② 罗杰斯．创新的扩散 [M]. 辛欣，译．北京：中央编译出版社，2003：322.

③ 罗杰斯．创新的扩散 [M]. 辛欣，译．北京：中央编译出版社，2003：323.

动和影响社会的发展。本书所指涉和分析的精英对象主要包括政治精英、媒体精英和学术精英这三种不同类型的社会行动者。

第三节 研究意义

一、理论意义

中国是一个正在转型中的行政主导型国家，当下政府运用互联网技术来加强政民之间的沟通，培育民众对政府的凝聚力和向心力，以实现意识形态的整合显得尤为重要。自改革开放以降，中国社会一直处在社会结构（制度）转型的剧烈震荡过程中。20 世纪 90 年代中期以来，伴随着互联网技术的蓬勃发展，电子政务逐渐兴起。最近十年来，在社交媒体应用的技术支持下，政务微博继而政务微信在各级政府部门相继开通。显然，政府的各种转型与再造努力源于一个客观现实：一个现代化的国家首先需要现代化的政府和政党，而透明、回应、责任和服务，则是一个现代化政府和政党的必备要件。当下政务微信的创新与扩散为政府和政党的公共管理变革和行政效能的提高提供了一个机会空间，有助于转型中国的现代化发育和公民理性的可持续增长。具体来说，本书研究的理论意义在于：

第一，本书研究基于中国本土化的政治和社会实践，搭建了一个政务微信创新扩散影响因素和影响机制的综合性的理论模型，为转型社会信息技术在政府内部的创新扩散过程提供了新的理论解释。

第二，本书研究从政治社会场域中提炼出一些新的理论命题，丰富和补充了创新扩散场域中的历史情境和地方性知识，推动了创新扩散理论的本土化发展，同时为中国政府的创新扩散实践与国际的政策过程理论对话贡献出独特的“中国观点”。

第三，本书研究汲取了来自传播学、管理学、政治学、社会学等不同学科的知识和养分，这种跨学科的研究范式势必将在不同层面上促进不同社会科学之间的深度融合。

二、实践意义

改革开放四十多年来，中国地方各级政府采纳了公共管理和民生服务方面的许多创新技术，开展了许多的创新项目与创新活动，在行政改革和公共服务创新等方面涌现出许多成功的案例。当下，政务微信作为各级地方政府信息技术创新的重要表现形态，得到了快速的发展和广泛的应用。虽然政务微信已在全国各级政府、各个政府部门开通，但其地域分布和发展情况却千差万别。对这些问题的探讨，有助于促进和推动政务微信的进一步创新和扩散，从而更好地推进行政管理和公共服务。本书研究的实践意义主要体现在以下两个方面：

第一，本书研究提出的理论分析框架和命题可以为未来政府的创新决策提供理论指引。当中央和地方政府设计并实施某些信息技术的推广普及时，需要综合分析本书提出并验证的理论框架和命题，对有关因素进行判断和分析后再提出推广策略和方案，以便针对性地提高创新扩散的有效性；当中央和地方政府期望抑制某项信息技术的“泛滥”时，同样可以基于本书提出的理论框架和命题寻找可能的突破口，对症下药地舒缓或者阻滞其蔓延。

第二，本书的研究发现和研究结论亦可为转型国家的媒介整合、“去隔层对话”等制度维稳目标和社会管理创新提供一些新的指导思路和政策建议，并能有效避免地方政府因盲目采纳信息技术创新而导致的资源浪费和“信息孤岛”效应，可以在一定程度上有效减缓上级政府或中央政府驱动的“象征性创新”“象征性治理”和“符号性政策”。

第四节 文献综述

自从罗杰斯开创了创新扩散研究范式以来，国内外不同学科的学者们聚集在该领域进行了一系列的实证研究，其中主要包括创新扩散的过程研究、模式研究以及影响因素研究等。有学者研究“创新扩散”学术群体网络的形成、流程与互动，并将其比喻成“看不见的学府”（Crane，1972），由此可想而知这一范式曾经产生过的重要影响。在罗杰斯四十年的学术生涯中，他建立了一套“通则库”（propositional inventory），为创新扩散研究场域的经验证据与理论概念牵线搭桥，本书则是一项重点探索创新扩散的影响因素和影响机制的实证研究。众所周知，作为一种政务社交媒体和电子政务的高级形态，政务微信的发展必须立基于 web2.0 所提供的信息技术平台，故它的创新扩散过程须臾也离不开其所依赖的网络生存空间（物质基础）和信息技术土壤（技术环境）。故笔者以为，若想针对政务微信的创新扩散领域展开具体研究，研究者首先必须厘清来自互联网、信息技术、电子政务以及政务社交媒体等相关领域创新扩散研究的文献脉络，然后在此基础上，结合本书研究的具体问题开展创新性思考。通过文献梳理，一方面可以描摹出一张清晰的来自创新扩散领域的学术地图，另一方面也可以指导研究者站在巨人的肩膀上，进而提出自己开创性的研究思路与理论架构。

一、创新扩散的影响因素研究

（一）互联网创新扩散的影响因素研究

国外有学者通过研究 1997—2002 年的越南互联网用户数据发现：越南互联网使用的扩散基本符合创新扩散理论的“S”形曲线，越南互联网的用户增长是因为技术基础设施的提高和互联网访问成本的低廉，而互联网扩散水平低的重要原因则是越南历史传统的政治因素所导致的复杂的社会法律（Dieu Lam, Jonathan Boymal，Bill Martin 2004）。Rhee,K. Y., Kim,W.（2004）通过宏观层面社会语境的比较研究发现，尽管社会人口因素、对互联网的态度以及社会支持等都是解释韩国互联网快速扩散的重要原因，然而社会支持（尤其是家庭的支持）比其他的解释因素更为显著。Amir Manzoor（2014）通过对不同的态度、规范和控制结构进行调查和研究发现，感知易用性（PE）、社会成果（SO）、享受的结果（HO）、服务质量（SQ）、提供便利条件的资源（FCR）和自我效能（SE）等因素非常显著地预测了印度家庭消费者对互联网宽带上网的采纳意向。

国内学者祝建华、何舟（2002）根据网民初始上网年份的地区分布来推断京、穗、港三地互联网扩散的历程图，认为这一历程图与经典的“S”形曲线完全相符。互联网的使用不仅与个人和家庭特征相关，而且与个体对互联网的看法也有紧密联系。在经济发展程度、媒体环境、社会制度等条件各不相同的情况下，互联网扩散过程中异中有同，且相同点多于相异点。Jonathan J. H. Zhu，Zhou He（2002）通过对香港居民的电话调查发现，个体对互联网的采纳和使用受到全方位因素的影响，包括一个人的个人特质、社会经济地位、社会文化环境和互联网的兼容性，其中主要影响因素是个体的社会经济地位和对互联网的感知兼容性。刘德寰（2007）研究发现，中国的互联网扩散是一个典型的递进式扩散过程，采纳者由原来的年纪小到年纪大，文化程度高到文化程度低，一层一层像波浪一样地不断递进。段京肃、李惠民等（2007）通过对西部落后地区农村的调研发现，来自地方政府主管部门和官员的阻力、来自生存环境和农民自身的阻力、来自社会和市场的阻力、信息系统的缺失和保障体系的滞后以及来自媒介内容和媒介技术特征的阻力，共同制约了西部农村互联网的扩散和发展。郝晓鸣、赵靳秋（2007）认为在农村互联网的推广和使用除了受到个人因素的影响之外，还受到制度因素的影响。中国大部分的农村地区经济发展落后，通信基础设施差，因此技术环境和经济环境无法为互联网的普及提供支持，大部分农村地区的互联网推广都是在政府或相关组织的干预下进行的。

（二）信息技术创新扩散的影响因素研究

加拿大学者 Nada Teofilovic（2002）从政府自身特征出发，对加拿大政府的公共服务与技术创新之间的关系进行了理论研究，得出阻碍政府创新的三个影响因素：官僚政治的行政化、政府官员对于创新风险的抵制和厌恶、与创新相适应的领导能力及战略眼光的缺乏。台湾学者 Feng-Cheng Tung,Su-Chao Chang（2008）研究台湾医疗行业采纳电子物流信息系统的情况，他们在整合创新扩散理论和技术采纳模型的基础上增加了信任和感知支出两个参量，共同构建了一个混合技术采纳模型。研究发现感知有用、感知易用、兼容性和信任能够促进采纳行为，而感知支出不能促进采纳行为。新西兰学者 Daniel G. Dorner（2009）以创新扩散理论为导引，分析新西兰公共部门采用数字化技术来保存记录的情况，研究发现影响数字化技术扩散的主要因素是其保存的成熟程度。

国内学者焦硕、徐飞（2004）以中国的电话技术扩散过程为研究对象，研究发现在中国这样的发展中国家，除了罗杰斯提出的五个因素是影响高新技术传播扩散的主要因素之外，决定高新技术传播扩散的重要因素还有使用代价。徐博艺、高平（2006）认为创新扩散理论比技术采纳模型更有解释力，尤其适用于对信息技术采纳行为的研究，其中影响最为显著的是经验相容性、易用认知与有用认知。张明新、韦路（2006）考察移动电话在我国农村地区的扩散和使用，调查发现在农村成人群体中移动电话的采纳者、潜在采纳者和非采纳者分别为 59.6%、18.8% 和 21.6%。回归分析表明，农村居民的人口变量、行为变量（大众媒介使用、人际交往、创新传播科技采纳）和心理变量（对移动电话技术特征的主观认知、对移动电话流行程度的主观认知、对移动电话需求的主观认知）可在一定程度上预测其移动电话的采纳和使用。总体上而言，人口变量的解释力最强，行为变量次之，心理变量的解释力最弱。张珂珂（2009）认为对消费者使用意愿影响最大的是互联移动业务的相对兼容性、优越性、可试性三大因素，聚焦于移动互联产业链上的商家和利益团体在兼顾其他特性时尤应注意这三大方面。

（三）电子政务创新扩散的影响因素研究

伴随着电子政务的迅猛发展，相关研究也日益增多。目前国外对电子政务的创新扩散研究主要集中在政府组织层面、管理者层面以及公民和企业的使用对电子政务的影响因素研究方面，决定因素研究还处于起步阶段。而国内的大多数研究主要围绕电子政务的技术基础和组织机制等展开，且以定性研究为主。

以电子政务创新扩散的影响因素为研究主题，国外学者从不同角度进行了深入探讨。Ramona S. McNeal 等（2003）通过对美国地方政府采纳的电子政务创新进行回归分析，研究发现，电子政务这一创新的采纳是被机构专业主义和政府行政人员之间的人际网络所驱动的，公众的需求并不是促使政府采纳创新的因素。对美国州政府的调查发现，电子政务受到辖区特征、组织属性、财政资源和政治特征等因素的影响（West D M.，2005；Tolbert C J，Mossberger K，Mcneal R. S.，2008）。Tolbert 等（2008）采用时间序列分析方法，在美国 50 个州政府数据的基础上对电子政务的影响因素进行了验证，发现地方政府的行政能力、改革和改良的意愿、政府财富资源和公众的受教育程度都正向影响了政府的创新采纳行为。研究美国市政府后发现，影响电子政务扩散的关键因素是管理者的创新导向和城市规模（Moon M J，Norris D F.，2005；Jun K-N, Weare C.，2011），而应对公共需求和谋取合法性也是推动电子政务创新的主要因素（Jun K N，Weare C.，2011）。对美国城市的连续调查显示，引入电子政务对于提高效率和治理官僚政治的内部需求并不明显，而响应公众需求和在同行中建立合法性的外部导向是解释电子政务引入和发展的主要因素（Jun K-N, Weare C.，2011）。此外，另一项针对美国城市的研究显示，与电子政务扩散正相关的因素有人口规模、强势人口比例和民主党选民人数等（Franzel J M.，2008）。Ho 和 Ni 通过调查美国艾奥瓦州的县财政局发现，影响电子政务采用与否的关键因素是员工抵制（Ho A T-K, Ni A Y.，2004）。

一项针对荷兰的研究发现，不仅要关注电子政务创新是如何扩散的，还要考察其扩散原因（Korteland E，Bekkers V.，2008），电子政务发展经历不同时期且受到不同因素的影响（Reddick C G.，2004）。Azad 等研究了多个国家全球电子政务扩散的数据之后，发现民主、透明、问责、廉洁等国家治理制度的质量指标对电子政务扩散的影响最大，甚至超过其他经济和技术变量的影响（Azad B, Faraj S, Goh J M, et al.，2010）。学者研究了多个国家城市电子政务的发展情况，发现电子政务的发展受行政文化的影响甚微，更多地受制于其技术水平（Gallego-ÁlvarezI, Rodríguez-Domínguez L, García-Sánchez I-M.，2010）。在 Berry F. S. 和 Berry W. D. 理论模型的基础上，Lee C. P., Chang K. 等（2011）对全球 131 个国家电子政务和电子民主发展的影响因素进行实证研究，发现与他国间的竞争、对外交流学习、政治规范和公众压力对电子政务的发展皆具有显著影响，与之相比，电子民主的发展则主要受政治规范和公众压力等内部因素影响。

国内学者对中国电子政务创新扩散的影响因素也进行了一些实证考察。Wu 和 Bauer 通过对中国省级政府数据的实证研究发现，政府经济发展水平、科技财政支出、居民教育水平以及城市化率等，都与电子政务的发展水平显著正相关（Wu Y, Bauer J M.，2010）。王立华通过中国地级市的数据研究证实了行政环境指数与电子政务的发展具有相关关系（王立华，覃正，2006）。马亮采用中国31个省级政府电子政务发展指标的面板数据，对各省电子政务发展水平的影响因素进行了实证研究，发现政府资源和能力、区域环境特征和公众需求与电子政务的发展水平呈显著正相关，同级政府间的竞争和同级政府间的学习两个区域扩散效应也同样产生显著正向影响，中央政府压力没有显著正向影响。[①] 此外，马亮对中国近300个地级市政府网站的扩散的影响因素的实证研究揭示，除公众压力的影响不显著外，府际竞争、府际学习、上级政府压力、政府资源与能力等因素都与政府网站发展水平呈显著正相关。[②]

（四）政务社交媒体创新扩散的影响因素研究

与传统的信息技术相比，Web2.0技术由于免费、开放、实时、参与和互动等性能特征为组织管理提供了新的利器（McAfee A.,2009）。政府效法非营利组织等其他机构，越来越多地使用基于Web2.0技术或社交媒体应用的信息技术（Eggers W D.，2007）。虽然政务社交媒体在政府实践方面获得了大量关注，但相关的学术研究才刚刚起步，不少研究仅仅局限于描述性分析，缺少深入细致的机理探讨和原因剖析。目前国外政务社交媒体的实证研究主要集中在Twitter、Facebook等社交媒体形态上，而国内对政务社交媒体的实证研究主要集中在政

① 马亮.政府创新扩散视角下的电子政务发展：基于中国省级政府的实证研究[J].图书情报工作，2012（4）：117-124.

② 马亮.电子政务发展的影响因素：中国地级市的实证研究[J].电子政务，2013（9）：50-63.

务微博领域。

国外学者Ines Mergel，Stuart Bretschneider（2013）研究发现，政府机构对社交媒体的采纳，大致遵循着三个阶段：第一，非正式的试验阶段；第二，起草规范阶段；第三，正式的战略和政策管理阶段。Suk Kyong Kim，Min Jae Park，Jae Jeung Rho（2013）研究发现，社交媒体如Twitter不仅仅在形式上，而且在内容上都不同于其他传统的渠道，其服务优先考虑到透明度、参与度、沟通度以及修护关系，这些优势都被政府机构利用到了最大限度。Ines Mergel（2013）研究发现，三个不同的因素影响着政府机构对社交媒体的采纳决定：同行的非正式沟通网络的最佳实践信息，被动观察感知到的公共和私营部门的最佳实践“以市场为导向”的公民行为，由此而产生“代表”“参与”和“网络”三种采纳策略。Albert Meijer , Marcel Thaens（2013）分别考察了北美三个警察局的社交媒体策略，发现不同地区制定的社交媒体策略迥然不同，波士顿警察局制定了“推动策略”，华盛顿特区警察局发展“推拉策略”，多伦多警察局开发了“网络策略”。社交媒体策略的形成不但有赖于情境和路径依赖，而且遵循着自身的发展逻辑。

国内学者马亮（2012）对中国地级市公安部门公安微博的扩散进行了实证考察，研究发现：互联网普及率、政府规模、邻近市公安局开通微博的比例、上级公安部门微博的开通概率与市级公安部门微博开通的情况显著正相关，而辖区财政资源状况、人均地区国民生产总值、电子政务发展水平以及公共治安状况等与市级公安微博开通情况并不相关。马亮（2013）以中国地级市为样本的实证研究发现，地市级政务微博的扩散并非自上而下的指令性采用，更多地体现为一种自下而上的自发涌现。影响政务微博扩散的主要因素是同级政府竞争和政府资源与能力。此外，城市经济状况、规模和行政级别等也同政务微博的开通数量显著正相关。Jesper Schlager，Min Jiang（2014）通过案例研究和深度访谈发现，中国地方政府机构的政务微博大体上采用一种试错机制（beta - institutions）的方式与公众和服务提供商进行互动和协商，地方政府从单一的服务提供者逐渐演变成通过商业服务提供商来提高个人服务和国家监测能力的服务预警器。罗雪圆（2015）以罗杰斯的创新扩散理论为基础，结合政府创新理论，选取广东省市级（含市级）以上政务微信为研究对象，探究政务微信的扩散路径和影响因素。通过深度访谈后发现：政府组织的资源状况、组织的创新氛围、领导者的创新精神、与同级政府的竞争、上级政府的指令、社会公众的需求、政务微信的相对优势、相容性和复杂性均显著影响了政府政务微信的创新扩散。

表 1-1 既有创新扩散影响因素实证研究的研究取向和研究结论

取向结论 研究领域	研究取向	研究结论
互联网创新扩散的影响因素	针对个体（用户）的实证研究	个体特征（个体变量）+ 技术特征（技术变量）+ 制度特征（结构变量）
信息技术创新扩散的影响因素	针对个体（用户）的实证研究	技术特征（技术变量）+ 个体特征（个体变量）
电子政务创新扩散的影响因素	针对政府组织的实证研究	组织特征（结构变量）+ 制度特征（结构变量）+ 技术特征（技术变量）
政务社交媒体创新扩散的影响因素	针对政府组织的实证研究	组织特征（结构变量）+ 制度特征（结构变量）+ 技术特征（技术变量）

二、创新扩散的影响机制研究

目前，国内外学术界鲜有关于政府信息技术尤其是电子政务创新扩散影响机制的实证研究，通常情况下，学者们会把对政府信息技术创新扩散影响机制的研究纳入政策扩散的研究场域中进行参照考量。学者们普遍认为，既然政府的创新扩散结果是一个具有行政裁量权限的变量，那么，信息技术为什么会选择在一些政府部门中优先扩散呢？政府信息技术的创新扩散究竟遵循着什么样的运作机制和实践逻辑？当前学者们对于创新扩散机制类型的研究与划分并不带有普遍适用性，主要基于各自选取的偶然事例和个案情况，况且学者们所提出的有关创新扩散的影响机制研究大多蕴藏包含与被包含关系。基于此，在梳理既有研究文献的基础上，本书大致概括出四种相对具有代表性的创新扩散影响机制类型，其中具体包括：竞争机制、学习机制、压力机制和制度合法化机制。

目前学术界不同的学科领域涌现了浩如烟海的论文和著作来探索政府创新扩散的内部和互动机制（Graham,Shipan,and Volden 2013）。地方内部因素包括政府辖区的社会、经济和政治状态，例如经济发展、工业化程度、财政平衡、政党政治选举和政策企业家的内部政治网络（Walker 1969;Berry and Berry 1992;Mikesell 1978;Rogers 1983;Mintrom 1997）。互动因素组成了水平和垂直扩散机制，水平扩散机制包含了模仿机制、学习机制和竞争机制，这些机制在不同政府聚集在一个地理集群时通常表现出相似的政治经济结构（Guzman 2006;Glick and Hays 1991;Elkins and Simmons 2004）而被广泛地讨论（Peterson and Rom 1990;Berry and Berry 1990;Gray 1994;Gilardi 2010）and exhibit similarity in political economic structure（Guzman 2006;Glick and Hays 1991;Elkins and Simmons 2004）。相反，垂直扩散机制通常是指上级政府由上而下授权托管的强制性活动，是一种非极端的例行机制。（Berry and Berry 2014;Walker,Avellaneda,and Berry 2011），而下级政府推动上级政府自下而上采纳的过程也有可能出现（Shipan and Volden 2006）。

（一）竞争机制

在西方语境中，学者们研究发现地方政府之间既互相学习也相互竞争，地方政府或国家得以生存和不断强大的主要原因就在于有竞争的压力。竞争为旅游收入、税费以及有吸引力的经济条件提供源源不断的动力，一般来说，公平的竞争环境可以为政策制定提供有序的市场氛围。但是，一旦政府间如果变成恶性竞争的话，则有可能导致艰难的谈判、贸易战和“逐底竞争”①。争夺招商引资和环境基础设施的有利条件以及设置最低工资规定等，都可能导致政策领域内发生竞争。“各州可能采纳出现在其他州的经济发展激励项目，以防止商业从本州外流”②。在美国，不同州际之间的竞争导致了地方政府采纳新的政策（Rogers 1983;Walker 1969）。一个州可能降低它的社会福利水平使自己与邻近地区的福利水平相适应，以避免成为穷人的“福利磁场”（Peterson and Rom 1990）。此外，一个州可能采纳邻近州已经实施的同样的社会政策和经济激励项目，以避免当地的市民和企业到其他州去投资（Berry and Berry 1990;Gray 1994）。国家之间的对外投资和贸易的竞争也会促进国家之间相互的政策学习（Elkins et al. 2006;Glick and Hays 1991;Simmons and Elkins 2004）。而且，“地方政府为了获得廉价劳动力，比其他同级政府吸引更多外来投资，也会积极采纳创新，以提高行政效率和公共服务水平”③。

---

① “逐底竞争”，是指由于政府间竞争过度或有失公平而导致的“负外部性”或零和博弈的不均衡状态。

② 格雷．竞争、效仿与政策创新，经济社会体制比较 [J]. 王勇兵，译 .2004（1）：101.

③ 马亮．府际关系与政府创新扩散：一个文献综述 [J]. 甘肃行政学院学报，2011（6）：33-41.

（二）学习机制

当地方政府遇到新的或极其复杂的政策问题束手无策的时候，地方政府为了降低成本和风险，他们会查询借鉴其他政府已有的经验进行模仿学习。在这种学习模仿的过程中，如果其经验行之有效的话，就可能会扩散到遇到同样问题的政府中去。作为政策扩散机制的一种，学习机制是指在知晓创新政策的优势后主动获取该项政策的信息并采纳该项政策（Meseguer Covadonga,2006）。采纳者因为发现政策的有效性而去学习，当然，采纳者可能还会关注政策的公共吸引力、政治依据以及政策的管理效力等问题，即采纳者的学习不会仅仅只停留在政策效力的本身。Berry F. S. 和 Berry W. D.（1990）研究表明，经济社会发展水平相当、地缘接近或者政治交往比较频繁的地方政府之间最有可能进行相互学习。然而，也有学者认为经典的地理群聚的政策扩散观点常常过于受限，有时候甚至带来误导，日益过时了（Shipan and Volden 2012）。当前，对这方面展开研究和探讨的文献主要聚焦于西方国别语境下。

水平影响模型认为不同州际政府官员之间的互动可能有助于他们向更早采纳创新项目的同行学习，同行之间由于地理因素经常被影响（Füglister 2012; Gray 1973）。政府官员之间的这些互动，鼓励大多数州接受邻近地区一个或更多发达州的创新项目的指导（Foster 1978;Grupp and Richards 1975;Walker 1969, 1973）。如果某个政府采纳了一个新的政策，它的邻近州更倾向于采纳同样的政策（Boehmke and Witmer 2004）。至于跨越国界的政策扩散，全球网络位置的地理邻近作用使政策学习和模仿变得便利，导致政策聚合（Cao 2012）。一旦政府的专业性越强，就越有可能被视为创新扩散的引领者，因为它们能够为后期的创新采纳者提供专业信息。因此，潜在的创新采纳者更愿意向那些经济发达地区或规模较大的政府进行学习模仿

（Daniel W. Drezner,2005;Fordham and Asal,2007），因为这些政府成功地创造了其他政府后续跟进的规范。后来的研究还表明，同属某个意识形态体系[①]或参与同一个职业协会[②]，都有利于政策扩散。另外，Karch（2007）指出，模仿（imitation）是对与之相似的早期采用者的跟从，而仿效（emulation）则是经过学习后从成功者和失败者的经验和教训中汲取政策采用的启示。

（三）压力机制

"自上而下"的扩散模式常见于上级领导对下级政府施加压力时。这种政策扩散的方式不但源于上级政府的威权压力，也可能源于下级政府对上级政府存在的资源依赖，包括财政资源、政策优惠和晋升偏好等。在这种扩散模式中，下级政府缺少主动的理性的学习，往往只是由于迫于上级政府的命令而被动采纳。上级政府可以采用多种方式对下级政府进行影响，典型的有两种：强制措施和激励措施。此外，国家若出台一些政策意向性较强的政策"信号"，可能就会出现干预下级政府扩散的情况。同时，也有某些组织或个体希望将自己的理念和方案强加给政府，从而使得政府迫于上级压力不得不采纳该项政策创新。西方语境下，政府所承受的扩散压力最重要的是来自辖区内的公众，政府官员可能受到来自本辖区公民要求采纳其他地区政府创设的创新政策的公共压力，并且，如果其他政府采纳了一项广受欢迎的创新政策的话，新闻媒体的报道也会给其他政府的官员制造公共压力，尤其是对那些追求获选连任的官员。当追求连任的时候，地方政

① GROSSBACK L J, NICHOLSON-CROTTY S, PETERSON D A M. Ideology and learning in policy diffusion[J]. American politics research, 2004, 32（5）: 521-545.

② BALLA S J. Interstate professional associations and the diffusion of policy innovations[J]. American politics research, 2001, 29（3）: 221-245.

府官员的创新行为依赖于他们的选举安全性（Kiewiet and McCubbins 1985）。地方政府官员越是感到不安全，就越有可能采纳迎合选民的新举措（Hays and Glick 1997），也越有可能拒绝同某些选民利益相冲突、不被选民所接受的新措施（Berry and Berry 1992;Mikesell 1978;Mintrom 1997）。

在英国这个民主和相对集权的国家，地方政府的许多政策实施的最佳传播实践来自中央政府的立法和全国性的指导（Newman et al.2000;Nutley et al. 2012;Walker et al. 2011）。在美国，尽管所有的州都被赋予了自主性，联邦中央政府也能对地方政府提供强大的金融刺激来加速州政策的采纳（Berry and Berry 1999;Moon and Bretschneider 1997;Welch and Thompson 1980）。当一个政府进行政策选择时，还要受到包括水平和垂直两个方向的内部公众以外的外部压力影响。水平方向上，国家与国家之间会相互施压。例如，强势国家可能通过媒体议程中的“议题联动”功能使得国家政策受到其他国家的影响，或者通过联合制裁使得弱势或边缘国家被迫采纳人权政策等（Lisa L. Martin,1992）。垂直方向上具体表现为：国际组织为寻求政策平衡而给特别国家施加压力，或者上级领导给予下级政府的命令式要求等。例如国际组织或者上级政府通过财政拨款、行政管制和优惠政策对下级政府决策者施加压力以及欧盟迫使其他国家采纳政策等（Walker,1973）。

（四）制度合法化机制

制度合法化机制是指创新采纳者出于道德义务或制度合法性而接受某项创新。决策者并不考虑政策本身能否带来实质收益，可能仅仅考虑到该项政策是否符合社会的主流价值，或者采纳后容易获得制度的认同或社会成员的认可。新制度主义者认为，当一项政策创新能够获得大多数政府的采纳时，就有可能成为一项规范、标准或主导性的制度（Tolbert PS and Zucker LG,1983）。因此，地方政府基于同行之间的竞争压力或模仿压力而不得不采纳该项创新，方能赢得制度合法性。Shipan 等（2006）在美国城市向州政府扩散的研究中提出了两种相反的扩散效应，一种是正向的“滚雪球”效应，另一种是负向的“压力阀”效应。“滚雪球”效应指的是当下级政府越来越多地采用某项政策时，上级政府会选择“跟风”采纳并确认这项政策的合法性。而“压力阀”效应则相反，认为如果下级政府多数都采用了某项政策，那么这项政策针对的社会问题也就得到了关注和破解，上级政府没必要“多此一举”地再去采用。Boushey（2010）侧重于考察政府自身和公众需求的表达渠道对于政策创新扩散的影响。他认为政府是否采纳某种政策与政府决策者的专业能力以及政府内部政治派别的竞争激烈程度紧密相关，政府决策者的专业能力越高，政府内部政治派别竞争越激烈，政府越倾向于采纳新政策。同时，政府创新扩散还受到公众表达渠道的强烈影响，因为公众的直接参与能让政府更明白地接收到公众需求。

当然，四种影响机制之间并非互相排斥而是相互关联的，这些机制之间的关系并非替代关系而可能是补充关系。诚然，大量的文献也显示，随着时间的推移，我们对创新扩散机制这个话题的理解越来越深入和复杂化。例如，有关地理邻近性经典假说的经验研究论证地理集聚在创新扩散中的重要性正逐渐下降，因为传播和旅行降低了壁垒（Walker 1969;Berry and Berry 1990;Mooney and Lee 1999;Volden 2006;Shipan and Volden 2012）。此外，外部事件经常终止了创新扩散运动。例如，9·11 恐怖袭击事件和 2008 年全球金融危机显著地改变了世界上政府采纳或拒绝安全模式和社会政策模式的行为（Birkland 2004;Orenstein 2011）。2003 年的非典危机加速了新的公共健康政策在中国的传播（Xue and Zhong 2009）。总之，不管是相对集权的英国还是联邦主义的美国，国家层面的指导或联邦财政刺激均可以加速地方政府之间政策的传播（Welch and Thompson 1980;Walker,Avellaneda.and Berry 2011;Nutley et al.2012）。此外，另有研究显示，不同的影响机制之间可能是以一种显著的方式相互缠绕在一起[①]。

三、既有研究文献评估

通过文献梳理可以得知，目前集聚在创新扩散研究领域的学者们遵循着既定的学术传统和研究规范，在不同领地精耕细作，形成了一定规模的学术社区，并涌现出了大量的研究成果。尽管如此，但本书依然认为，此领域仍有进一步情境拓延和理论挖潜的空间。

首先，在政府信息技术创新扩散影响因素的实证研究方面：第一，整体来说，既有文献较多地围绕政府网站和政务微博展开，政务微信的研究较少提及。事实上，网站、微博和微信的技术属性和应用特征差别较大。譬如同样作为政务社交媒体，政务微博注重点到面的多向度关系，侧重信息公开；政务微信注重点到点的双向互动关系，侧重功能服务（张志安，曹艳辉，2014）。既然信息技术的创新特征有所不同，那么其创新扩散的规律路径必将有所殊异。第二，既有文献的研究场域主要集中于省市级行政层面，带有较强的顶层意识和精英导向。所谓“郡县治，天下安”，殊不知当下的“县域政治”在治国方略中日益凸显。在中国五级政府的“压力型体制”下，基层区县级政府或有一套不同于省市级政府的操作理念和实践逻辑。第三，已往研究忽略了行政主导型国家的转型社会背

① DOUGLAS J W, RAUDLA R, HARTLEY R E. Shifting constellations of actors and their influence on policy diffusion: a study of the diffusion of drug courts [J]. The policy studies journal, 2015，43（4）：484-507.

景。因为当下抗争政治时代已经来临，而新的信息传播技术是加强社会控制的重要手段。从权宜之计到行政吸纳，地方政府回应社会的方式也在不断转型（王清，2015）。作为“主动的地方政治”，地方官员不断通过组织层面的学习和培训来加强对信息技术的调控和适应，这些变化无疑都会渐次融入政府信息技术创新扩散的政治浪潮之中。

其次，在创新扩散影响机制的实证研究方面，当下学者们对于创新扩散原因的解释不外乎集中于两种模式，一种是内部决定模式，另一种是外部扩散模式。既有文献要么聚焦于政府内部做出采纳创新决策的行动者，这种内部决定模型“强调政府创新是内生性的，即它是政府及其辖区内部的政治、经济或社会特征的结果；要么聚焦于外部扩散模型，这种模式则强调政府之间的相互影响，认为政府创新是效法其他政府先前政策的结果”[①]。BERRY F. S. 和 BERRY W. D.（1999）指出，尽管多数学者承认政策采纳几乎很少能单纯解释为内部决定因素（没有扩散的影响）或政策扩散（没有内部因素的影响）的作用，但 20 世纪 90 年代以前的所有研究都集中在对一种因素的解释上，即“单独解释”，在理论框架和方法论上是存在严重缺陷的。20 世纪 90 年代发展出了更为现实的模型，综合考虑了内部决定因素与外部扩散因素同时发生作用的情形，并通过了事件史分析法的检验，有助于增进人们对政府创新的理解。

然而，新近学者们还强调，在政府采纳一个特殊政策的前提下，还需要更加详尽地探索在扩散过程中所谓的“中间人”以及外部行动者等起到了什么样的作用（Graham et al., 2013; Karch, 2007）。对于一个地方政府来说，中间人可能包括州政府、联邦政府、洲际

① BERRY F S, BERRY W D. Innovation and diffusion models in policy research[M]// Sabatier P A,. Theories of the policy process. Boulder: Westview Press, 1999: 169-200.

层面的职业协会、国家层面的职业协会、所有在地方政府间采取行动有利于政策扩散的人（Graham et al., 2013）。尽管既有的创新扩散研究文献对于内生性解释变量投入了大量的精力，却对媒介 / 中间人等外生性解释变量在创新扩散过程中所起到的作用缺乏详尽的探索和研究，对媒介 / 中间人如何影响到政府的创新扩散决策缺乏足够的关注，更遑论去探究转型中国语境下媒介 / 中间人与政府之间以及媒介 / 中间人内部之间的互动机制及其与创新扩散结果之因果关联。

诚然，早期研究政策扩散的学者们一直习惯于将外部扩散压力与内部决定因素分开进行讨论，直到贝里夫妇开创的实证研究才开始打破这一惯习，并将两种因素结合起来开展探讨，于是奠定了当前政策扩散的研究规范。如前所述，这些研究往往忽略了社会系统中媒介 / 中间人对政府创新扩散的外源连接和内源打通作用，而只是注意到了政治场域中内部决策者和上级领导的影响。可能因为学者们普遍认为对媒介 / 中间人开展研究是一件“麻烦事”而不是研究的必要范畴，这种研究姿态无疑带来了一定的空间阈限性和主体局限性。诚如罗杰斯所言，“一项创新传播的过程就是扩散，它包括一种新思想随着时间在社会系统中的交流”①。故本书认为，从社会系统层面来考察不同社会行动者之间的行动逻辑和行为策略，是创新扩散领域研究中不可或缺的一部分。也正如 Graham 等人（2013）所指出的那样，研究不同类型的行动者（内部行动者、外部行动者和中间人）以及他们的交互作用，“对于更好地理解政府创新扩散是至关重要的”，并指出“这个主题还没有被系统地研究，目前探索的时机已经成熟”。

---

① ROGERS E M. Diffusion of innovations[M]. New York: Free Press,2003.

表 1–2 本书研究与既有研究的创新指标对照表

创新指标 / 研究领域	既有研究 ⟷ 本书研究 创新扩散的影响因素与机制	
	既有研究	本书研究
研究学科	传播学 + 管理学 + 政治学	传播学 + 管理学 + 政治学 + 社会学
研究对象	互联网 / 信息技术 / 电子政务 / 政务微博	政务微信
研究场域	国家 / 州政府 / 省政府 / 地市级政府	基层区县级政府
理论视角	创新扩散理论 + 组织创新理论 + 政策扩散理论	创新扩散理论 + 社会学习理论 + 社会运动理论 + 接合理论 + 场域理论
研究方法	定量研究或者定性研究	定量研究 + 定性研究
解释变量	内生性解释变量	内生性解释变量 + 外生性解释变量（媒介 / 中间人）

罗杰斯在《创新扩散》各版中曾小幅修正他的理论：第一，批评主流范式忽略“创新扩散”的负面功能，以个人为单位，没有注意到结构的制约；第二，他提出汇合模式，以取代线性扩散模式；第三，他增添新议题（如网络、艾滋病、恐怖主义等）的扩散过程。[①] 然而，即便罗杰斯添加了相关技术性的修修补补，但他仍然没有回答对“创新扩散范式”诘难者提出来的根本问题。事实上，国内外学术界对政府创新扩散的相关研究一直存在薄弱环节，其一便是，绝大部分研究沿用事件史分析法，锁定创新扩散案例的时空维度，力图提取一些能够反映宏观趋势的普遍性结论，这样一来，无形中忽略了对导致变异的微观机制的研究。Tyran 和 Sausgruber（2005）曾经指出：这种研究方法太过于依赖数据，它们实际上不太可能区分创新扩散中的不同机制，因为它们主要关注的是创新扩散是否发生而非创新扩散机制。Heinze（2011）认为，创新扩散中的变异情况不能单纯以规模和空间

① 李金铨.在地经验，全球视野：国际传播研究的文化性[J]. 开放时代，2014（2）：138.

集聚上的统计特征来进行解释，若需要甄别其中的因果关系，则需要结合考量其作用机制，并将“动因”和“结果”联系起来。Graham等人（2008）认为，当前最有发展前途的研究不再是追问扩散是否已经发生或扩散涉及哪些主体，而是去深入探索创新扩散的情境特质（conditional nature）。事实上，西方学者所提出的问题在国内同题领域的研究中也显得相当突出，当前创新扩散领域中的变异机制及其外部发生机制尚未进入国内研究者的学术视野中，这也在一定程度上削弱了创新扩散理论的本土亲和性和理论解释力。而前人文献研究中的诸多缺失，恰好给本书研究提供了创新的依据和突破的契机。

第五节　研究设计

一、选用混合研究

总体来说，本书研究采取经验研究和理论阐释并重的“多元复合”的研究方法。所谓“多元复合”大体包括以下三层内涵：第一，多元场域（multisite），这个场域不仅指物理空间，也可指文化空间，虚拟空间；第二，多个层面（multilevel），强调从宏观、中观、微观等不同层面进行考察；第三，多种方法（multimethod），几个方法同时结合，回避不同方法的局限性（孙少晶，2015）。在社会科学研究中，由于单一数据源、单一研究工具、单一观察视角都可能导致证据受限或论证失效，故“多元复合”的研究方法更能体现出研究的科学性、系统性和可积累性。

本书的具体研究问题有两个，一个是转型中国基层政府政务微信创新扩散的影响因素是什么？另一个是转型中国基层政府政务微信创新扩散的影响机制为何？同时聚焦探讨媒介 / 中间人在社会系统中的影响机制。第一个研究问题是一个描述性兼解释性的问题，主要描述和解释创新扩散现象发生的原因和结果，探索现象之间的因果关系，需要建立理论假设，构建因果模型，进而收集数据来进行检验。第二个研究问题是一个归纳性兼解释性的问题，需要使用定性的案例研究来深入解释各种行动者之间的互动关系。所以本书使用混合研究的战略，结合使用定量研究和定性研究的方法来开展实证调研和数据分析。克雷斯维尔指出了“三种定性和定量研究相结合的方式，有顺序法、并行法和转换法”①。本书采用顺序法来组织定量研究和定性研究，首先使用定量研究探索出影响转型社会政务微信创新扩散的内生性解释变量，并采用截面数据对理论假设进行实证检验，然后采纳定性的比较案例研究方法来检视媒介 / 中间人作为外生性解释变量在转型社会政务微信创新扩散的过程中所起到的作用，最终整合两个部分的研究推论，梳理出不同的解释机制和因果逻辑。

（一）研究方法论：混合方法论

所谓混合方法论，也即实用主义范式方法。其首倡者 Howe（1988）理解的实用主义的一个主要原则就是：定量方法和定性方法是相容的。Cherryholmes（1992）和 Murphy（1990）将实用主义的起源追溯到 C. S. Peirce、William James 和 John Dewey 等美国学者，以及其他更加晚近的理论家，如 W. V. Quine、Richard Rorty 和 Donald Davidson，这一哲学范式主要是在其起源地美国得到认同。实用主义的优势主要在于：“第一，提供了一套可以从哲学上将混合方法和混合模型设计的应用包容在一起的哲学范式；第二，摆脱了那些曾经引起了无尽的讨论和争辩的形而上的概念；第三，提出了一种非

① 克雷斯维尔．研究设计与写作指导：定性定量与混合研究的路径 [M]. 崔延强，译．重庆：重庆大学出版社，2007：12-13.

常可行和实用的研究哲学：应用你认为合适的不同方式来研究你所感兴趣的和对你有意义的问题，并以能为你的价值观体系带来积极后果的方式使用这些研究的结果。”① 实用主义方法论范式还认为，究竟采用定性方法还是定量方法（或者两者都采用），取决于当下所面对的研究问题以及研究之轮所在的阶段。Greswell 总结说，这种方法增加了研究设计的复杂性，但同时也利用了定性研究和定量研究两种范式各自的优点。② 而且，整个设计能够最佳地体现出研究者的意图在研究过程中往复于演绎式思维和归纳式思维之间的过程。

表 1-3 实用主义范式方法的基本特征

研究方法	定量 + 定性
推论逻辑	演绎 + 归纳
认识论	客观论和主观论并存
价值观	在阐释结果时，价值有很大影响
本体论	承认外在的现实，选择最能产生所欲之结果的解释
因果联系	也许存在因果联系，但无法将之确定下来

1. 定量研究：二手数据分析 + 统计调查法

定量研究是按照卡尔·波普的后实证主义逻辑来建构知识的研究方法，遵循问题简化、理论推演、提出命题假设、梳理具体变量、收集数据、分析数据、检验因果关系、理论证伪的思路来开展研究。运用统计数据来检验理论假设是比较客观科学的方法，因为统计数据相对于定性资料来说带有的主观偏见性较小，只要数据的测量是可靠和可信的，那么就可以在相当大的程度上保证研究结果的信度和效度。

---

① 塔沙克里，特德莱. 混合方法论：定性方法和定量方法的结合 [M]. 唐海华，译. 张小劲，校. 重庆：重庆大学出版社，2010：28.

② 塔沙克里，特德莱. 混合方法论：定性方法和定量方法的结合 [M]. 唐海华，译. 张小劲，校. 重庆：重庆大学出版社，2010：30.

由于本书研究的主要目标之一是在政治场域内识别影响政务微信创新扩散的主导因素，需要检验7个研究假设，并确定自变量和因变量之间的相互关系。因此本书研究采用定量研究方法来分析检验政务微信创新扩散影响因素综合模型的理论假设，以追求结果的概括性和精确性。

二手数据分析主要通过政府部门的统计年鉴、专业的研究报告和其他信息来源等渠道而获得。本书研究需要获取广东省区县级政府政务微信创新扩散的影响因素的基础数据，通过技术处理后使之符合本书的研究需要。二手数据分析的主要优点在于样本量大、信度高、成本低廉，而且对研究对象无干涉等；不足之处则在于因为某些数据格式或调查项目并非符合研究者的初始目的，可能存在适用性不足的问题（效度低）（李怀祖，2004）。统计调查研究主要是为了弥补二手数据分析的不足，以便获得有关政府创新的数据，即政府是否、何时以及如何创新的信息。统计调查研究的优点是能够获取更为丰富的信息并满足研究者的数据需要，缺点在于成本较高、对研究对象的干涉较大、信息偏误或容易失真等（吴建南，2006）。本书主要借助于前期访谈资料和后期统计调查研究所获取的政务微信创新扩散的信息，来补充二手数据分析在采集数据方面的不足。本书对采集数据的录入和处理运用统计学 Stata 软件进行操作。

2. 定性研究：比较案例分析 + 深度访谈法

本书的第二个研究问题是要回答“为什么”“怎么样”的问题，“研究者对事情的发生没有控制能力，因此对于本研究完善理论框架来说，案例研究是较为合适的定性研究方法”[①]。出于对研究的典型性和可进入性的考虑，本书最终选择佛山市的南海区、顺德区和三水区

① 应国瑞. 案例学习研究：设计与方法 [M]. 广州：中山大学出版社，2003：7.

作为三个正面案例，另选择广州市越秀区作为一个反面案例，通过比较案例分析的方法挖掘出政务微信在创新扩散过程中的运作逻辑和因果机制，从而进一步完善从西方传播学理论中衍生出来的创新扩散理论的分析框架。本书所运用的是解释性的案例，"解释性案例研究旨在通过特定的案例，对事物背后的因果关系进行分析和解释。在解释性案例研究中，案例中所包含的一些事实被作为自变量，另外一些事实被作为因变量，通过对案例背景的研究，寻找不同变量之间的相关性或因果关系。解释性案例研究一般适用于研究'为什么''怎么样'之类有关因果关系的问题"[①]。

比较案例分析是一种多变量分析的方法，变量太多而且案例不充分的现象多采用这种方法。那么，比较案例分析的逻辑是如何展开的呢？通常的做法是，研究者会尽量在潜在的原因与要加以解释的既定现象之间建立起有效的联系。通常有两种主要的方法。第一种是：研究者会解释具有共同现象的几个案例，这些案例尽管在其他貌似有因果关联的方面各不一样，但是它们同时还具有相同的一系列原因，这种方法是"求同法"（Method of Agreement）。第二种是：研究者可以将一组案例进行对比，其中在反面的案例中均没有出现需要进行解释的原因和现象。除此之外反面案例与正面案例之间是高度类似的，这种方法被称为"求异法"（Method of Difference）。而单独来看，求异法比求同法更能建立起有效的因果联系。在实践中，研究者往往尽可能地将这两种比较的逻辑结合起来，尽量寻找正例与反例之间的类似之处进行对比。具体做法是：在使用几个正面案例的同时，也使用合适的反例来加以对比。比较案例分析不但要在正面案例中进行比较，并且要在正例与反例之间进行比较，以便识别和确证原因。总之，比

① 王金红．案例研究法及其相关学术规范 [J]. 同济大学学报（社会科学版），2015（12）：91.

较案例分析为理论思考提供了一种有效的检验和支撑。它鼓励研究者去阐明在宏大理论视角（grand theoretical perspectives）下所提出的因果性观点，并在需要的情况下可以结合多种观点，来维持对基本目标的信心——通过一系列比较案例而得到实际阐明的因果规律。

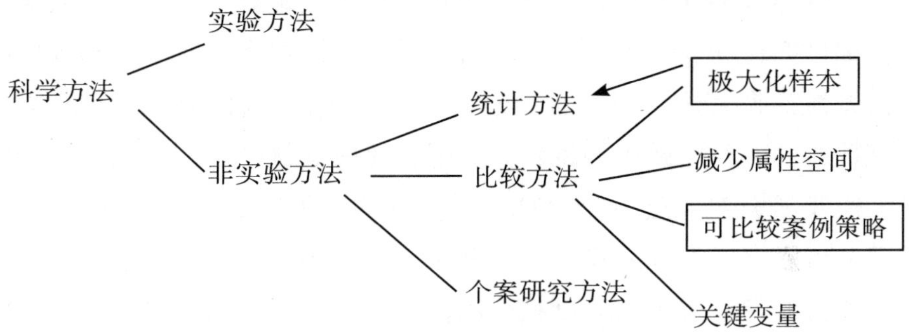

图 1–2 比较方法和统计方法的分类和定义

针对比较研究经常面临的“变量太多，样本太少”的问题，我们可以选取四种能够把这个问题最小化的具体途径——通常被视为几种比较方法：（1）在地域和时间两个维度之间进行拓展分析，以便尽可能地增加案例数量；（2）通过综合变量和类别的筛选，致力于减少分析的属性空间（property-space）；（3）尽可能对可在一个地理—文化区域中寻找到的可比较案例展开分析（这些案例的很多重要特点是类似的，不过对其之间存在的关系进行假设的变量却是不尽相同的）；（4）将分析聚焦到关键变量上，忽略不重要的变量。总而言之，比较的功能就是激发研究者的想象力。比较分析最强大的地方在于它是作为选择和激发的方法，而不是证明的方法；它是作为质疑和探寻的方法，而不是回答的方法。

此外，本书研究中的比较案例分析采用多层级—多偏好的解释分析框架，这种方法借鉴了中国古典建筑理论中的“移步换景”理念，即对同一个社会景观进行多身份、多角度的透视。这种分析视角并非意指站在原点向多处张望，而是每次张望都可能更换一个地点（李永刚，2009）。例如在讨论政府时，就去设想政治行动者的立场是什么，它会怎么想，又会怎么做，为什么会那么做。在讨论媒介时，则站在媒介的立场，媒介又会怎么想，怎么看，怎么行动，如此类推，等等，尝试体会不同实践者在特定视角下的不同偏好，并尝试描绘经由不同偏好的行动者所采取的不同行为，尝试理解和分析不同角度中的参照系统。换言之，研究者通过“设身处地”“换位思考”来全方位地把握行动者在实践中的逻辑。此外，比较案例分析的视角是多层级的，由于研究对象是一个立体的、多维的、复杂的“社会现实”，因此研究者需要不停地变换视角，并不断地在不同研究对象之间来回穿梭，通过对理论假设与关键概念的演绎和归纳、分析和阐释、解构和建构，最终达到经验事实与理论阐释丝丝入扣的研究目的。

所谓深度访谈，学术界通常所指的就是半结构式访谈（Arksey & Knight,1999；Wengraf, 2001）。汤姆·文格拉夫认为半结构式深度访谈具备两个最重要的特征：第一，大部分的问题是事先准备好的（半结构式设计），但还要通过访谈员进行大量的改进，作为整体的访谈是访谈者与被访者的共同产物；第二个重要特征是要深入到事实的内部去探析（Wengraf, 2001）。访谈员应该要以“悬置”社会科学知识体系的态度走入现场，同时还要时刻保持反省。访谈的过程应该采用日常生活的结构以及生活史的结构作为底色，最终以发现问题，追寻问题，并提升个案的普遍性意义进行讨论（杨善华，孙飞宇，2005）。显然，深度访谈不仅仅只是简单搜集资料的过程，它已然成为社科研究的一个环节。

深度访谈是定性研究中较为常见的一种研究方法，主要通过面对面的交谈，来获得深度事实和复杂细节。深层访谈法适合于了解复杂、抽象的问题，汤姆·文格拉夫认为它具有一定的开放性，并能够更加接近事实、了解真相。[①] 本书研究深度访谈的对象主要包括下列人员：

（1）已经开通和还没有开通政务微信公众号的广东省区县级政府机构的负责人和管理者。

（2）运营和维护广东省地市级、区县级政府政务微信公众号的工作人员。

（3）腾讯政务微信运营团队的管理人员和技术人员。

（4）广东省地方媒体的时政栏目记者。

（5）关注广东省政务微信的基层政府民众。

本书研究中深度访谈的具体操作形式，主要采取了以下三种：

（1）圈定式访谈。这意味着研究者圈定必须要进行访谈的对象，大致包括上面提到的各种类型的访谈人员。访谈样本量多少的选取最终遵循信息内容的理论饱和原则。

（2）"滚雪球"式访谈。就是让访谈对象推荐其他的访谈对象，这一方面具有针对性，能够提高访谈效果和访谈质量，同时也可以了解到不同类型的访谈对象之间的朋友圈和关系网。

（3）追溯式访谈。即访谈者通过访谈了解到与研究对象相关的人和事之后，顺藤摸瓜，沿着线索继续找下去，同时注意收集当事人双方乃至第三方的意见。这种方法可以深入挖潜，相互印证，极大地提高访谈效果。

（二）具体研究路线图

本书研究采用先量化（二手数据分析 + 统计调查研究），后质化（比较案例分析 + 深度访谈法），质量并重、质量融合的混合研究方法论。具体研究路线如图 1-3 所示：

---

① 杨善华，孙飞宇．作为意义探究的访谈 [J]. 社会学研究，2005（5）：53-68.

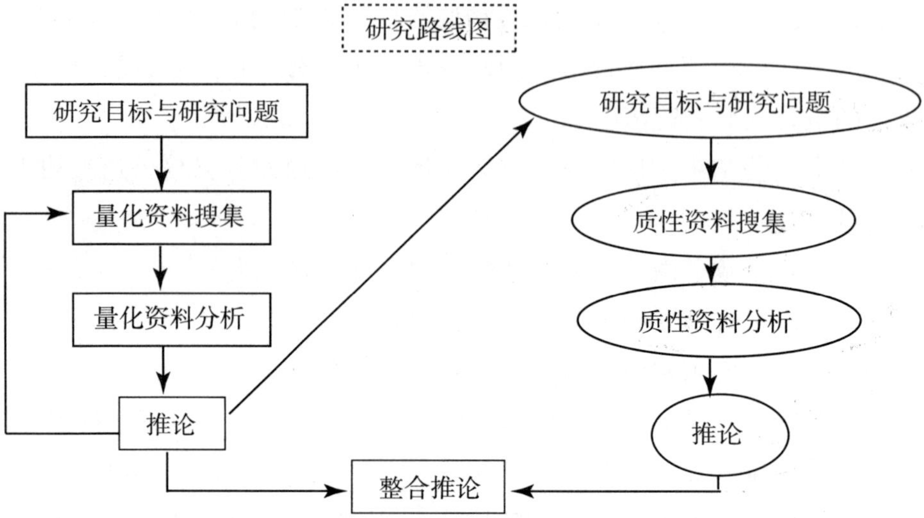

图 1-3 研究路线图

注：质量局部融合，先量后质，质量并重的研究设计：QUAN-QUAL

资料收集的流程（运用先归纳后演绎的逻辑）为：

第一步：问题产生——数据收集——建立假设——验证假设

A：量化逻辑——寻找内生性解释变量

第二步：新问题出现——建立假设——数据收集——验证假设

B：质化逻辑——寻找外生性解释变量

第三步：数据综合——逻辑整合——架构理论——模型建构

C：模型建构——提炼关键解释变量

二、选择研究对象

（一）选择考察样本

本书之所以选择广东省作为实证考察的样本，主要是因为：（1）样本的研究效度。作为开通时间最早、发展规模全国第一的省份，广东省政务微信在时间跨度上和空间延展面上具有较好的持续性和较广的扩散性，研究效度较高。（2）样本的拟合程度。在中国的34个省级行政区域中，广东省虽幅员辽阔，但其地区间社会经济发展程度却极不均衡，其政治、经济和社会结构与中国的整体分布状态大体吻合。（3）样本的便利性。由于研究者所处的高校位于广东省境内，故此能够比较便利地获取到广东省基层政府的实证数据和资料。

此外，选择广东省作为转型社会政务微信创新扩散研究的观测样本，本书还基于以下三个方面的考量。

1. 代表性

在很长一段时间内，广东省作为中国互联网的超级大省，其互联网发展的各项指标在全国一直是名列前茅的，比如广东省的网民规模一直稳居全国第一。根据广东省互联网发展调查报告显示，截至2014年6月底，广东省网民规模一直保持全国第一，网民总数达到了7075.8万人，其中手机网民达到5492万人，占网民总数的81.1%。作为我国网民人数最多的省份，广东省电子政务的发展一直走在全国的前列，据国脉互联政府网站评测研究中心数据显示，广东省的佛山、江门、惠州、东莞等城市连续三年（2012—2014）在中国地级市政府门户网站的平均绩效排名中名列前十。此外，人民网舆情监测室联合新浪微博发布的《新浪政务微博报告》数据显示，广东省党政机构开通的政务微博数量连续三年（2012—2014）领先，名列全国三甲。而广东省政务微信的发展更是抢占先机，由于具备良好的用户基础及发展规模，自从2012年8月30日开通全国第一个政务微信“广州应急—白云”开始，经过近五年的发展，广东省政务微信呈现出规模领先、高效务实、覆盖面广的特点。本书认为，广东省经年积累的电子政务实践足以支撑其作为一个观测中国政府政务微信创新、扩散和生长的自然实验室，而对其基层政府观测样本的选取和考察必然具备一定的探索意义和参照价值。此外,“广东具有很强的首创精神”[①],“中国电子政务的发展方向就在广东”[②],笔者以为,广东省基层政府政务微信的创新扩散或将在全国引发连锁反应或示范效应,进而推动或带动全国其他地区基层政府政务微信的进一步创新、扩散和生长。

2. 丰富性

广东省作为中国改革开放的前沿阵地,历史以来其政府治理就具有成熟的传播生态和运作逻辑。首先,广东人素有“敢为人先、务实进取、开放兼容”的精神,比如发挥改革开放“窗口”和“桥头堡”作用的经济特区,起先就是由当时的广东省委领导向中央汇报时提出想法,最终在得到邓小平等国家领导人的大力支持下形成的。在社会转型过程中,广东省基层政府也往往成为破除旧体制弊端、孕育新制度创新的重要力量,并且在实践过程中也积累了许多宝贵的基层经验。比如为了呼应全球公共管理改革运动,以乡镇企业发达著称的顺德率先推行“大部制改革”,实行县治新政而形成的“县级城市机构改革看顺德”[③]的“顺德经验”;另有以“通过改革政治业务流程,用软件把流程系统化,达到可操作性,实现政体改革的目的”[④]而对南海区电子政务进行全方位数字化改造的“南海经验”等。总之,由于区域位置的得天独厚和政经结构的天然优势,广东基层政府在制度创新和技术创新方面拥有大胆试错和敢于纠偏的丰富传统。此外,广东省地处东南沿海,毗邻港澳地区,风气比较开化,乃近代民主革命的发源地,也是新思想和新观念的策源地。改革开放以来,其公民意识增强,尤其是珠三角地区,经济发展速度快,公民素质较高,民主气氛

①② 周宏仁. 中国电子政务发展方向就在广东 [N]. 南方日报,2014-02-20(A05).

③ 汪洋. 推广“顺德”经验 广东求解“县治”症结 [N]. 中国经营报,2010-12-18(A02).

④ 邓耀华. 南海经验 数字化政府再造 [N]. 经济观察报,2003-03-10(A03).

浓厚，新兴中产阶级力量蓬勃生长，其独特的地理环境和人文语境孕育了广东特有的公民维权意识与抗争文化。近几年来频频引爆全国舆论的社会事件如陆丰乌坎事件、番禺垃圾焚烧事件、茂名 PX 事件和江门鹤山反核事件等都发生在广东省治辖区内，凸显出广东本地丰富的政治和人文生态，同时也折射出各种权力和行动的光影交错。

3. 近用性

这里所指的近用性主要包括两个层面的意涵：其一是指媒介近用性。广东省拥有全国最为发达的报业网络和宣传系统，三大报业集团（南方报业传媒集团、羊城晚报报业集团、广州日报报业集团）和广东广播电视台（广东电视台、南方电视台、广东电台三台合并而成）坐落于省城广州。由于省城周边城区媒体的市场占有率已趋饱和，为了避免市场同质化的竞争，三大报业集团旗下媒体纷纷在区县级基层政府开疆辟土，创办社区报和记者站，这些媒体网络和基层政府的党报系统连接在一起，共同缠绕并构建了一个庞杂的传播管道。毋庸置疑，发达的媒介体系在基层政府政务微信的创新扩散和推广过程中起到了“扬声”和“加码”的作用。其二是平台近用性。微信这一技术应用是由来自中国深圳的一家信息技术公司——腾讯控股有限公司于 2010 年 10 月计划启动，并由腾讯公司广州研发中心的产品团队着力打造的。开通政务微信公众号平台功能的研发组织办公总部位于广州，作为政务微信的创新代理人，腾讯公司在技术支持和平台搭建上可以给予广东省政府“近水楼台先得月”的便利条件，比如前两届广东省政务微信大会就是由腾讯公司（大粤网）出资赞助和提供技术支持的。由此，本书认为，政务微信在某种程度上也可视为由政府（意识形态诉求）、互联网公司（商业利益诉求）与媒体（意识形态诉求 + 商业利益诉求）三方协同驱动的创新扩散产品。

（二）选择分析单位

选择广东省区县级政府作为本书研究的分析单位，主要基于以下三个理由。

第一，既往学者们对政府创新扩散的实证研究主要集中于省级和地市级行政层面，缺少对地市级以下基层政府的关怀和关照，带有相当程度上的精英意识和顶层导向。殊不知“郡县治，天下安”，当下的“县域政治”在大国治国方略中日益凸显。在中国的“政治锦标赛”和“压力型体制”下，基层政府有一套不同于省、市级政府的操作理念和实践逻辑，因此本书研究特意选取基层区县级政府作为分析单位。

第二，本书研究是一项综合性、系统性的实证研究，研究者需要综合考虑到研究中相关指标数据获取的有效性、可行性和难易程度。于是本书研究进一步排除了区县级以下行政层级的分析样本（如乡、镇、街道办等，由于其数据指标难以获取），最终选取了广东省区县级政府（包括区、县和县级市）行政层面作为本书研究的分析单位。

第三，本书研究在既往文献研究的基础上选择将研究对象下沉一级，落实到基层区县级政府。这是因为研究基层区县级政府能够为本书研究提供更多的观测样本和对象，可以克服样本量过小的问题，从而提高研究的信度与效度，故本书研究最终选取了广东省的 121 个区县级政府作为本次研究的分析单位。

（三）选择时间维度

在时间段的选取上，本书选取截至 2015 年 6 月 30 日这个时间节点所搜索到的数据资料来进行统计分析，然而需要说明的是，这仅仅只是一个截面数据。除了数据可获得性的原因之外，还有一个重要的原因在于：由于 2013 年是政务微信元年，自 2013 年 10 月 15 日，国务院办公厅发布《关于进一步加强政府信息公开回应社会关切提升政府公信力的意见》之后，越来越多的政府机关开始纷纷试水政务微信。因此本书选取截至 2015 年 6 月 30 日这个时间节点的数据资料，一方面在于配合研究进度以便能够及时完成数据的统计分析，另一方面也在于截至这个时间点，政务微信的规模发展已经大致经历了两年的时间，而两年的时间长度积累足以达到一定的观测目的和研究效度。

第二章

转型社会政务微信创新扩散的影响因素研究

长期以来，国内外学者们一直认为离散政体结构下自主政府的创新有助于“民主实验室”的建设（Brandeis 1932;Greve 2001;Karch 2007）。故此，许多经典的创新扩散经验研究聚焦于民主分权的政治政体（Berry and Berry 1990;Bulmer et al., 2007;Collier and Messick 1975;Derthick 1970;Füglister 2012;Hoberg 1991;Nedergaard 2009;Oakley 1998;Peterson and Rom 1990;Radaelli 2000, 2008, 2009;Sigelman et al. 1981;Walker 1969）。然而，新近更多的关于非民主非联邦政体结构的国家例如转型中国（Yang 2006）的研究，也得到了高度鼓励（Berry and Berry 1999;Walker et al. 2011）。自从毛泽东时代以来中国区域间的创新扩散进展很快（Heilmann and Perry 2011），已有研究证明，中国地方政府在经济政策和公共服务上的政策实验和扩散，导致了中国经济的增长和出现能够适应不断变化的复杂化环境的政党适应性（Heilmann 2008;Wang 2009）。尽管如此，人们对于中国地方政府信息技术的创新扩散进程和规律依然缺乏足够的了解，那么，促进中国地方政府信息技术创新扩散的主要因素是什么？

虽然大多数既有的经验研究聚焦于民主联邦国家区域之间的创新和扩散，但是，最近学术界对于不同政体结构下的创新扩散机制给予了更多的关注和讨论。一方面，理论证据认为，在联邦结构下，集权不可能有利于地方政府的创新行为，因为地方政府官员存有避免风险的偏好（Rose-Ackerman 1980）。此外，作为公共商品的创新有利于其他地方政府搭便车，因此，集权制度的结构有利于数量相对较大的地方政府的创新（Strumpf 2002）。另一方面，一些学者认为转型中国中央或上级政府的垂直干预比民主分权国家更加复杂。例如，经典的垂直影响模型仅仅聚焦于中央政府实施的具体管理和强制性措施以刺激通过一个特殊的创新采纳，然而在中国，地方政府采纳一个全国性的政策可能并不是因为经济的刺激，而是为了表达对中央的忠诚（Montinola et al. 1996;Shirk 1993）。

中国的权力结构有两个主要特征，第一个特征是关于中央和地方政府的关系——央地关系，中国既没有经典的联邦制度也没有统一的政治结构，垂直行政集权和财政分权共存。财政制度方面，在改革的初始阶段，国家财政以财政收入共享的合同形式在中央政府和地方政府之间进行分配（Montinola et al.1996;Oi 1992）。1994 年分税制改革确立以后，中央政府和地方政府之间的财政分配结构已经被稳定下来（Tsui 2005），形成了弹性的财政分权管理体制。此外，地方政府有责任承担大多数的国家社会福利开支（Caulfield 2006;Chou 2008）。关于公共事务管理，国家行政系统规定地方政府必须服从中央和上级政府的指令和政策，地方政府也拥有在公共事务管理上的一定程度的自主权（Chung 1995;Foster 2006）。

第二个特征集中于地方政府官员的人事调动和事业升迁制度。这个制度是一个相对封闭的管理体制，地方官员是中央和上级领导人任命或选择的，而不是选民直接投票选出来的。地方政府官员更多地关注由中央和上级政府设计的识别和评估工作表现程度的评价系统，地方官员依赖于这样一个评价系统来实现被提升的愿望，从而导致官员之间的水平竞争（Chan and Gao 2008;Gao 2009）。由于地方官员依赖于这样一个事业导向的评估表现制度，他们倾向于推动发展地方经济（Li and Zhou 2005;Maskin et al.2000;Whiting 2001）。这样一种人事晋升制度可能导致中国地方官员更加关注中央政府而不是公众（Kung and Chen 2011）。然而，最近中国政府从以经济为中心转向了以人为本的状态，除了经济指标如国民总收入和财政收入之外，针对一些公共服务的新的功能指标，例如教育、公共健康、环境保护和公共安全，也增加到评估官员表现的评价系统之中（Gao 2009;Xue and Zhong 2012）。

由此可见，当下转型中国的主要特征表现为财政上半分权，行政管理上半集权以及提名式的人事升迁制度。在这样一个转型国家里，中央或上级政府根据政府官员创新表现出来的不同行为模式来进行选拔，完全有别于西方民主国家同行的提拔机制，因为在西方民主政治国家选举的政党政治才是根本的逻辑。此外，在中国，中央政府经常发布一些国家政策鼓励、促进和中止地方的创新和试验（Cai and Treisman 2006;Heilmann 2008）。

地方政府具有发展地方财政收入的相对自主性（Oi 1995;Yang 1996; Montinola,Qian,and Weingast 1995;Xu 2011）。因此，地方政府有明显的动机去采纳创新的政策和措施来发展地方经济、增加财政收入和节省财政开支。对于公共事务，行政制度规定地方政府要服从中央和上级政府的指令和政策，但允许带有一定程度上的自主性（Chung 1995;Foster 2006;Rithmire 2014）。在地方创新的例子中，中国的中央政府经常通过国家政策工具来推广或中止地方创新，包括协调、指导、保护、赞助，甚至是政治威慑和惩罚（Montinol, Qian and Weingast 1995;Cai 2006;Heilmann 2008;Zhu 2014;Mei and Pearson 2014）。地理邻近性总是一个被经常提及的创新扩散机制（Shipan and Volden 2012）。创新扩散研究假设的经典观点认为地理邻近性有利于政策学习，邻近的美国州立政府之间的竞争导致吸引投资的政策措施的相互学习（Gray 1994）。在中国，吸引投资是区域经济绩效评估体系中最重要的一个指标（Li and Zhou 2005;Zhang and Gao 2008;Zhang,Zhao,and Luo 2012）。在同一个上级政府管理的行政辖区内，地方政府经常与它的相邻政府为吸引投资而展开竞争（Xu 2011）。

在以上研究的基础上，Berry F. S. 和 Berry W. D.（2007）在综述政策创新及扩散模型时提出了一个整合性的理论框架，他们认为政府创新的扩散主要受到社会学习、经济竞争、政治规范与公民压力等四大因素的驱动。[①]Shipan 等（2008）针对美国 675 个大城市三种禁烟政策的扩散研究时发现了四种扩散机制，它们分别是从早期采用者那里学习、临近城市之间的经济竞争、对大城市的效仿以及州政府的强制要求。当然，扩散机制在不同城市表现不同，相对来说大城市更能够学习，对经济溢出的担忧更少，也不乐于效仿。Daley（2005）认为应从水平扩散、垂直扩散和内部压力三个方面来分析环境政策扩散。Sugiyama（2011）指出，政策扩散的机制研究主要强调自上而下、水平和自下而上的模仿压力，表现出扩散机制的多向性，并提出了一个理论框架，将国内、跨国和国际三种扩散机制融为一体。Gilardi(2005）对独立监管机构在西欧的扩散研究发现，自下而上、自上而下和水平扩散等三大力量是解释其快速散播的重要因素。国内学者马亮整合了上述研究模型后提出，政府信息技术创新扩散的影响因素可分为五大方面，其中包括：府际竞争、府际学习、上级政府压力、公众压力以及政府资源与能力。[②]

研究者通常认为中国的公共政策制定是一种“内部输入”机制，即执政党及政府是最主要的政策制定者，而重大的决策都由党和政府中的精英做出。[③]此外，由于当下的国家（政府）放权和信息技术赋权推动了转型中国从“大政府—小社会”的传统社会结构关系逐步走向了“小政府—大社会”的现代社会结构关系，这种国家—社会结构关系的二元变迁无疑在一定程度上造成了对精英决策的震荡与冲击。显然，政府信息技术的创新与扩散取决于政治场域中那些有影响力、

---

① BERRY F S, BERRY W D. Innovation and diffusion models in policy research[M]// Sabatier P A.Theories of the policy process. Boulder: Westview Press, 2007: 223-260.

② 马亮 . 政府信息技术创新的扩散机理研究 [D]. 西安：西安交通大学，2012.

③ 张小明 . 内部输入：解读当代中国公共政策制定的输入机制 [J]. 宁夏社会科学，2000（5）：21-25.

有决策力和有行动力的政治行动者即政治精英的主导立场，而政治行动者则往往基于政治场域的运行规则和实践逻辑的综合效应进行考量，并形成最终决策。有鉴于此，本书在综合考虑到既有文献所提出的理论分析框架和理论逻辑的基础上，兼顾到转型中国的政治语境及国家与社会之间的二元张力和互动关系，尝试提出如下理论假设。

第一节 研究假设

一、上级政府压力

从制度理论上来说，上级政府对下级政府的影响可以归结为强制性压力的影响。上级政府部门开通政务微信的情况，可能会给下级政府部门开通政务微信的数量带来正向的影响。因为既有研究发现，上级政府的激励对下级政府是否采用某项创新具有至关重要的作用。几项来自联邦民主体制的美国研究和跨国研究都发现，来自中央政府的激励会对地方政府采纳某项政策创新产生不可忽视的影响（Daley & Garand,2005）。一般来说，中央政府或上级政府采取提供配套经费资助或限定最后期限等举措，都会激发州政府或下级政府采纳某项创新政策方案的动力。而在现实中则会表现为如果联邦政府通过了某项法案，那么州政府很有可能会紧接着通过该项法案。

当下“压力型体制”[①]和“政治锦标赛”[②]的特征在中国这样一个转型国家里非常突出。“上有所好，下必甚焉”，下级政府不得不“眼睛

① 荣敬本，等.县乡两级的政治体制改革：如何建立民主的合作新体制——新密市县乡两级人民代表大会制度运作机制的调查研究报告，经济社会体制比较 [J]. 1997（4）：17.

② 周黎安.转型中的地方政府：官员激励与治理 [M]. 上海：格致出版社，2008：95.

向上”，因为上级政府在很大程度上决定了下级政府及其官员的资源分配与任务安排，所以在中国政府部门中，“上行下效”的色彩非常普遍和浓厚（李侃如，2010）。当上级政府部门开通政务微信后，下级政府部门“亦步亦趋”开通微信的可能性也会很大。与此同时，上级政府部门在开通政务微信后，一般都会要求下级政府部门提供链接地址和信息服务，这样一来也会促使下级政府部门为了迎合上级要求而随之开通。当地市级政府开通政务微信时，同一地市内区县级政府开通政务微信的概率也会相应提高，因为积极响应上级政府的政策与要求是承认上级威权并向上发出“利好”信号的有利机遇，这样有利于下级政府更好地获得上级政府的认可，并且下级政府官员也可以更好地谋求事业发展和职位升迁。

此外，外部激励也极可能变成强制性的激励，如果领导干部得不到“优秀”的评定可能将会面临得不到升职机会，甚至终结其政治生涯的危险。这样一来，行政体制内部定期的干部考核和评价机制将会促使地方或基层政府对他们的上级部门产生高度的政治依赖。有国内学者实证研究后发现，自从中央政府在2004年公布了《行政许可法》之后，国内创新的采纳主要是地方政府官员基于自身的人事升迁考虑而做出的“政治决定”①。

笔者与广东省某位区县级政府行政服务中心政务微信运维人员曾经的访谈就显示出了这种倾向。他认为：

“上级部门的要求和倒逼，是政务微信开通的重要助推力之一。由于业务上的关联性，政务微信的很多功能也需要跨层级、上下联动才能实现。”（受访者31，2015年9月25日访谈笔记）

---

① ZHU X F, ZHANG Y L. Political mobility and dynamic diffusion of innovation:the spread of municipal pro-business administrative reform in China[J]. Journal of public administration research and theory.

“政务微信的开通，上级的行政命令是最重要的。从政务公开的角度来说，政务微信它也是一条渠道，一个途径吧。首先趋势肯定是要做的，但是限时限刻立马启动上级肯定有这个要求，我们不一定是在非常成熟的情况下启动的，或者是在准备很充足的情况下来做这个事情，因为上面要求你这个月底建你就必须建，尽管总体趋势来说还是必须要建的。”（受访者 13，2015 年 9 月 10 日访谈笔记）

另一位政务微信运维人员还透露说：

“上级部门对政务微信的推广，通常可通过下发通知等文件形式来贯彻，让区、镇等多个部门协同推广上级部门的政务微信号，并且可通过市级的微访谈等多个活动及其他形式来进行助推。相比之下，镇街、区直部门层面微信公众号可动用推广宣传的资源较少，部分单位则需要依靠区级微信号帮忙刷‘存在感’。”（受访者 30，2015 年 9 月 25 日访谈笔记）

综上理论导引和经验指向，本书提出如下理论假设：

H1：地市级政府开通政务微信的数量与区县级政府开通政务微信的数量呈正相关。

二、府际竞争

创新扩散理论认为创新的扩散是指创新经过一段时间在社会系统内传播的过程（Rogers，2003）。因此，用户采用某项创新还受到社会系统内部其他用户的影响，而不仅仅只是受制于用户本身。政策扩散理论也认为，政府采用或仿效某项新的政策也会被其他政府的采纳情况所影响，而不仅仅只是受制于所在政府特征的影响（J.L.Walker,1969）。总之，由于地方政府受到同级政府之间的竞争、学习压力以及来自上级政府的压力，他们通常会采纳某些创新来获得竞争优势、降低学习成本或满足合法性需求（Berry & Berry, 1999）。有关公共政策的研究支持了这种观点，同样关于电子政务的研究也进一步证实了这一点（Lee,Chang, & Berry, 2011）。政策扩散主要包括纵向与横向两个方面的府际影响，纵向影响是指上级政府对创新提供的压力或激励，而横向影响则是指同级政府之间的相互竞争和相互学习（Berry & Berry, 1999）。

从理论上来说，地方政府往往会将与其处于同级地位的其他政府视为自己的竞争对手。但是密切监测所有同级政府并将它们都作为竞争对手是不现实的，也是不经济的，因为竞争对手的数量较多，况且它们在规模、定位和发展阶段等方面也各不相同。在实际情况中，地方政府通常选取那些地理位置比较靠近、发展规模比较类似和发展阶段比较相近的其他地方政府作为自己的竞争对手，并且对其政策动向和创新趋势进行密切监测，比如在竞争对手创设新的政策时往往会尽快跟进和效仿，以便赢得自身的竞争优势，或避免由于政策缺位而导致在竞争中落败。在西方语境下，所有政府创新的扩散模型都假定各州之间的“竞争性效法”，而各州之间竞争的三个理由是学习、竞争和公众压力[①]。为了服从全国或地区的既有标准，或者仅仅是为了规避劣势、占领优势，各州之间相互开展竞争。显而易见，既然地方政府习惯于将邻近区域政府视为自己的竞争对手，那么所在辖区政府开通政务微信的数量极有可能受到邻近区域政府开通政务微信的数量的影响。当地市级行政辖区内其他区县级政府部门开通政务微信的数量较多或平均基数较大时，同一地市辖区内区县级政府部门开通政务微信的数量也会相应地提高。于是，本书提出了如下研究假设：

H2：邻近区县政府开通政务微信的数量与本级区县政府开通政务微信的数量呈正相关。

---

① BERRY F S, BERRY W D. Innovation and diffusion models in policy research [M]// SABATIER P A. Theories of the policy process. Boulder: Westview Press, 1999: 169-200.

三、府际学习

社会学习理论认为，个体通过观察并模仿的方式向他人学习。换言之，个体观察了他人的行为，然后学着做类似的事情。观察者的行为不会与原型的行为完全一样，相反，在这种社会化的模仿过程中，观察者会从被观察者的行为模式中提炼出精要部分，从而做出类似的行为。①社会学习理论强调了外部因素在改变个体行为方式方面的重要性，并且把沟通看作是导致个体行为变化的重要原因。因此，从根本上来说，社会学习理论认为学习是一个社会化的过程。②此外，从社会学习的角度来看，如果政府与外部环境的信息交换和信息沟通越频繁、越深入，那么其获取外部环境同类政府创新的信息就越多、越丰富，学习和模仿其他政府创新的机会就越多，可能性也就越大。总而言之，不管是社会学习理论还是创新扩散理论，它们都强调信息交流在改变个体行为方式方面的重要性，并且都把网络视为个体改变其行为方式的主要因素。

最早开展的水平扩散研究受到了创新扩散理论的启示，即同级政府之间的模仿，特别是地理接壤的政府之间的相互学习。③“扩散的本质是信息的沟通，社会网络对这种扩散机制的解释是最为有力的，因为占据重要网络节点的主体更容易获取创新信息并做出采纳决策。”④当各州借鉴其他州创新的成功实践时，它们其实是在互相学习——寻求政策创新的捷径，以降低搜索成本。因为学习不仅可以降低成本和风险，还可以提高创新的成功概率，所以推动政府创新的重要因素

---

①② 罗杰斯 . 创新的扩散 [M]. 辛欣，译 . 北京：中央编译出版社，2003：317.

③ BERRY F S, BERRY W D. State lottery adoptions as policy innovations: An event history analysis[J]. The American political science review, 1990, 84 (2) : 395-415.

④ IBARRA H. Network centrality, power, and innovation involvement: Determinants of technical and administrative roles[J]. Academy of management journal, 1993, 36 (3) : 471-501.

是政府之间的学习（Volden,Ting,& Carpenter, 2008）。研究显示，政府时常会通过私人关系网络、新闻媒体、专业培训、专业协会等多种渠道得知类似的同行创新行为的开展情况。政府间专业协会作为政府官员的职业交流网络，在政府间学习的过程中发挥着重要的作用（Balla,2001）。此外，国内学者研究还发现，中国自加入世界贸易组织以来，“邻近扩散”机制几乎主导了整个创新扩散的进程[①]。

在访谈中，广东省佛山市某区网络宣传科的政府官员告诉笔者：

“当前政府部门有两大中心工作：一个是维稳工作（意识形态层面），一个是招商工作（经济发展层面）。我们区也曾经爆发过不少的舆情事件，比如土地纠纷事件、讨薪事件和各个帮派之争，等等，让我们一直处在舆论的风口浪尖。但是，由于我们架构了比较成熟的信息管理机制和学习机制（我们经常向先进区县或邻近区县取经学习危机管理策略），所以大部分舆情事件都被成功化解了。可以说，我们区的政府部门和政府官员学习能力都很强，一直在实践中磨砺，在实践中不断学习和成长。”（受访者 16，2015 年 7 月 17 日访谈笔记）

由此可见，府际学习对政府创新的扩散至关重要，如果地方政府的学习渠道越多，学习能力越强，那么其效仿并采纳其他政府创新的可能性也就越大。因此，本书提出如下理论假设：

H3：政府学习能力的强弱与政务微信的开通数量呈正相关。

四、政府组织资源与能力

组织和个人创新的研究表明，财政资源（组织所拥有的宽松资源

① ZHU X F, ZHANG Y L. Political mobility and dynamic diffusion of innovation:the spread of municipal pro-business administrative reform in China [J]. Journal of public administration research and theory, 2016(7).

条件以及个人的财富和收入水平）和反映潜在采纳能力的其他特征（组织的规模及个人高水平的教育背景等）作为创新的有利条件，类似的资源结构对政府创新而言也同样重要。一些创新项目需要大笔的政府开支，因此政府的财政资源至关重要。不但经济资源在推动政策扩散时通常是重要的，而且地方政府的财政状态对于公共服务的创新也会产生重要影响（Gray,1974）。国内学者的相关研究对此也进行了证实，如果没有中央集权的干预，城市间创新的采纳主要基于"经济决定"[①]。

对于政府来说，政务微信是一种新的信息技术，可以从组织创新的方面来进行考察。既然创新对于采纳者而言意味着采用一种新的理念、新的实践和方法，那么组织创新则是指组织采纳了相对于它们而言的新的事物（Rogers, 2003）。学界一般将组织创新分为技术创新和管理创新两大类，开通政务微信主要意指政府组织的信息技术创新，属于技术创新之列。通常来说，组织的规模、结构、流程、文化和领导等组织内部特征作为组织创新的决定因素经常被学者们考察（Damanpour,1991），然而也有一些研究开始关注组织外部环境在政府创新扩散过程中所发挥的作用（R.M.Walker,2008）。一般来说，组织资源越多，组织创新的条件越优越，那么组织采用创新的倾向就越强，因为组织创新的基础条件一般为冗余资源。但也有学者研究发现，组织资源太多或太少都不适合于采纳创新，组织资源状况与组织创新呈负相关或呈倒 U 形关系。不过学者们的很多研究基本上都证实了资源冗余与组织创新之间的正向关系，因而本书提出了如下假设：

H4：政府的财政资源及能力与政务微信的开通数量呈正相关。

---

① ZHU X F, ZHANG Y L. Political mobility and dynamic diffusion of innovation:the spread of municipal pro-business administrative reform in China[J]. Journal of public administration research and theory, 2016(7).

五、公众压力

组织是否采用某项创新可能受到用户或服务对象等外部利益相关者的影响，因为采纳某项创新主要是为了满足特定的利益相关者的需求。从政府提供公共服务这个角度来看，辖区内所办企业和辖区公民的需求非常重要（Ahn，2011）。政府为了满足企业和公民的需求，倾向于采取完善配套公共服务设施以及提高投资环境的办法。比如通过采纳政务微信来加强政民之间的互动沟通，增强政府的公共服务意识来作为具体的行政改良措施。因此，政府官员受到来自辖区内公民的治理压力，他们要求政府采纳其他地区所创设的新政策和新服务。在政策创新的过程中，新闻媒体通过公开报道其他地区政府成功创设的创新项目，也可为鼓动公众压力发挥重要作用。

此外，政务微信的用户主要来源于辖区公众，尤其是辖区内的永久居民，因而政务微信的开通数量会受到辖区居民使用移动互联网情况的影响。一般情况下，当辖区居民中的网民比例较高时，政府通过电子政务的形式来满足用户需求的意愿也就更强了，因为政府提供电子政务的规模效应和网络效应会凸显出来（Tolbert, Mossberger,& McNeal, 2008）。同时，如果辖区的网民通过互联网参政议政的活跃程度越高，那么政府提供配套电子政务的兴趣就越能得到激发（Tolbert,et al., 2008）。否则，如果辖区网民的数量较少，电子政务的利用效率较低，那么在这种情况下，政府发展电子政务就会缺乏足够的兴趣与动力。由于当下政务微信信息技术的发展需要依托于移动互联网络的基础设施和物理平台，故此，本书提出如下研究假设：

H5a：辖区居民移动电话用户总数的多少与政务微信的开通数量呈正相关。

社会运动的研究者长期持有一个共识，那就是对社会运动浪潮的理论解析，必须和一个社会变迁的理论联系对接起来（Eyerman and

Jamison,1991）。因为正是社会变迁本身，为社会运动的肇端提供了种种结构性的条件，当下国内社会学家分析当代中国社会的转型论断属孙立平教授的“后总体性社会论”和“断裂论”最为著名。“后总体性社会论”认为，中国社会的伟大转型，首先是从“总体性社会”向“后总体性社会”的转变，具体表现为市场经济时代市场对稀缺资源的有效配置取代了计划经济时代国家对稀缺资源的垄断性配置，从而导致了“自由活动空间”和“自由流动资源”的诞生，为公民行动的发育提供了良好的条件（孙立平等，1999）。“断裂论”则认为，中国社会自进入到二十世纪九十年代后，其社会结构转型逐渐走向了“断裂”的发展方向，“断裂”的现象不但出现在城市和农村之间，而且出现在就业者和失业者以及中产阶层和底层弱势群体之间（孙立平，2003）。

由于进入了“后总体性社会”和“断裂社会”，当代中国面临着种种结构性的风险和挑战。“从政治上来看，至少体现为：（1）在国家和公民关系上，政治忠诚被法律制度的调控和萌芽中的公民意识所取代；（2）个人意愿的表达，在网络时代成为一种个人风格；（3）地方政府成为具有自身利益的行动主体，导致各级政府的合法性和权威性持续受到各种事实性证据的考验。”① 总之，“在哪里现代化风险被‘承认’……有集体的对风险的知识和信仰，以及对原因和结果的关联链的政治阐述——在哪里风险就会发展出一种令人难以置信的政治动力……它开启了原来封闭的行动区域和机会。”② 伴随着社会运动和集体行动理论的持续发展，美国学者裴宜理认为，在许多年里，中国一直是世界上研究抗争性政治最好的实验室。因为随着岁月的变迁，

① 刘能．当代中国群体性集体行动的几点理论思考：建立在经验案例之上的观察[J]．开放时代，2008（3）：112.

② 贝克．风险社会[M]．何博闻，译．南京：译林出版社，2003：93.

抗争性政治可以在中国不同的地点找到许多不同的表达方式。[①]

本书认为，地方政府所在的历史文化传统将会影响到辖区内政务微信的创新扩散。由于各个区县的政治生态和社会治理结构各不相同，一些地理区域拥有较强的抗争资源和抗争文化。那些拥有较多抗争资源和抗争文化的基层政府在"外压型体制下"往往会更加倾向于较多、较早地开通政务微信以服务于民，缓解政民之间的紧张关系。此外，在技术赋权的互联网时代，"信息和通信技术通过降低成本、提升集体认同和创造新机会可以促进社会动员。同时，信息与通信技术也加快并扩展了抗争的传播，丰富了抗争剧码（repertoire of contention），促进了分权的、非等级的组织形式的运用"[②]，一般来说，受教育程度较高、媒介素养较好的公民通常善于利用社交媒体技术平台的话语诉求进行资源动员来争取政治机会，并形成一定格局的"抗争性政治"。"他们熟练地使用网络，擦着'官方认可的行动方式的边界'，合法地、正义地与网络控制讨价还价，巧妙地表达抗争。"[③] 因此有学者认为，"抗争性政治"已然成为当代中国政治社会学的基本问题（于建嵘，2010）。当下，这种抗争政治与抗争文化在沿海发达省份的地理辖区内表现得尤为明显。据学者不完全统计，十年来（2002—2012）中国发生的重大网络事件中广东就有 15 起，占全国总比的 8.2%，仅次于首都北京（钟智锦，曾繁旭，2014）。故此，本书提出了如下理论假设：

H5b：辖区居民公众抗争指数的高低与政务微信的开通数量呈正相关。

---

① 裴宜理．底层社会与抗争性政治 [J]. 阎小骏，译．东南学术，2008（3）：8.

② 杨国斌．连线力：中国网民在行动 [M]. 邓燕华，译．桂林：广西师范大学出版社，2013：8.

③ 杨国斌．连线力：中国网民在行动 [M]. 邓燕华，译．桂林：广西师范大学出版社，2013：14.

第二节　变量选取及测量

一、因变量

早期有关组织创新和政策扩散的研究大多局限于某项单一的政策或管理领域，并且一般是从是否采纳某项创新扩散之类的二分法来进行简单测量，此后更多的研究开始采用更加复杂和周密的测量方法，比如同时考察多项政策的指标设计或采用反映创新程度的复杂量表。由于中国目前的政务微信发展还处于初期阶段，对其进行程序复杂的指标建构和量表分析可能还难以获得比较理想的结果。故此，为了衡量广东省区县级政府政务微信的创新扩散情况，本书主要采用广东省区县级政府党政部门政务微信的开通数量作为测量指标，以此来考察政务微信在基层政府的创新规模和扩散状况。

二、自变量

基层政府通常的做法是将其“顶头上司”视为其必须要服从的上级权力机构，而不是中央或更高层级的政府部门。这是由于基层政府的直接上级部门决定了下级政府的资源分配和基层政府官员的职业生涯。鉴于中国政府场域中的实际运行情况，本书采用地市级政府党政机关开通政务微信的数量，而不是中央政府开通政务微信的数量，作为考察指标来衡量基层区县级政府面临的上级政府压力。也即当地市级政府党政机关部门开通的政务微信数量越多时，其下属的区县级政府更倾向于效仿并跟进开通政务微信。

如前所述，因为地方政府最有可能从邻近地区学习经验或者同其展开竞争，所以政策扩散研究一般把与地方政府地理接壤的地区所采用某项政府创新的数量或比例，作为府际竞争扩散效应的主要指标加以衡量（Berry & Berry，1990）。不过，也有学者认为应该构造更为复杂的府际扩散效应的指标，可以基于政府之间的经济、社会和政治等方面的相似程度来进行构建（Volden，2006）。目前支配中国地方政府的主要管理逻辑是“行政区管理”和“行政区经济”（王健，鲍静，刘小康，王铟利，2004），一方面，地方政府通常以邻为壑，市场壁垒和地方保护主义盛行；另一方面，以目标责任考核为人事升迁导向的“压力型体制”则更深地加剧了地方政府之间这种横向的恶性竞争（荣敬本，2009）。因此，在跨地区流动比较困难的情况下，为了争夺有限的区域发展条件和职业晋升机会，同一上级行政辖区内的同级政府及其官员不得不展开激烈的竞争。因而从这个角度来看，地方政府更偏向选取那些属于同一上级行政辖区内的其他同级政府作为自己的竞争对手或学习榜样（Li & Zhou,2005）。于是，本书选用同一地市辖区内所有区县级政府党政机关部门开通的政务微信数量的均值，作为指标衡量基层区县级政府的府际竞争程度。

如何选用一个合适的指标来衡量政府之间的府际学习，依然是一个极其困难的方法论问题，学者们曾经对此进行了多维度的探讨和研究（马亮，2011）。就以对贝里（Berry）夫妇的理论模型进行检验的两项实证研究为例，沃克（Walker）等采用的是问卷调查的方法，揭示的是政府官员的主观认知，即探寻政府官员向其他政府学习的程度（Walker,Avellaneda & Berry,2011），李（Lee）等（2011）采用的指标是各个国家参与国际组织的数量，研究者假定政府参与的国际组织数量越多，那么其伴随的学习机会也就越多。马亮所采用的衡量政府学习的考核指标是中国国际友好城市联合会统计的各地级市与外国城市建立的友好城市的数量，然而，作为基层区县级政府，很少有机会能够与外国城市建立这种友好亲密的城市关系，显然，已有研究设计的考察指标均不符合目前中国基层区县级政府的实际运作状况。

府际学习的发生可能通过许多正式和非正式的渠道。“正式渠道包括政府及其官员之间的专业协会、研讨会和讨论组等，它们通过专业出版物、召开现场办公会、组织考察学习等方式来促进政府间创新的扩散。非正式渠道包括政府官员之间的私人关系网络，特别是同僚网络，为信息的传播和沟通提供了渠道。此外，府际学习还可以通过新闻媒体进行扩散，比如通过全国性或专业性新闻媒体的报道，政府创新得以快速和大面积地扩散，而这些很难从传统府际学习的操作化加以佐证。”① 根据研究者经年的亲身参与和经验观察发现，中国基层政府之间的学习更多地体现在邻近区县政府之间的学习交流活动，以及本级政府内部举办的各种培训活动、推广学习和会议过程当中。鉴于社交媒体的滥觞与发展主要集中于最近五年，故笔者在综合前期理论假设的指向性和经验数据的可获得性之后，采取两个维度数值的汇总（维度一：2010 年—2015 年邻近区县政府之间开展的与政务改革以及政务新媒体相关的学习交流活动的数量；维度二：2010 年—2015 年区县级政府本级以及内部不同职能部门之间开展的政务新媒体培训和学习研讨会，其中包括政务微博培训、政务微信培训、网络舆情宣传以及新闻发言人、电子政务培训的数量）来作为衡量基层区县级政府学习能力强弱的最终指标。

尽管直接衡量政府的资源状况比较困难，但是财政资源依然是政府组织资源的主要表征。一般来说，政府财政资源采用辖区内人均预算财政收入进行衡量，但也有学者认为应采用政府财政健康状况来进行衡量。“财政收入只是衡量了政府可以利用的资源，但并未将政府必须支出的项目考虑在内，因而无法正确估计政府可以用于创新项目的财政资源。学者们建议采用财政收支之差占财政支出的比重作为衡

① 马亮．政府信息技术创新的扩散机理研究 [D]. 西安：西安交通大学，2012：95.

量政府整体财政健康状况的指标。”[①] 本书研究所采用的衡量区县级政府财政健康状况的指标是政府的财政收支之差占其财政支出的比重（Berry & Berry,1990）。广东省区县级政府财政资源状况的数据可以从广东省统计信息网、地方政府统计年鉴、地方国民经济和社会发展统计公报等数据库来源获取。

在 2013 年 11 月 28 日召开的第十二届中国政府网站绩效评估结果发布会暨电子政务高峰论坛上，中国政府网站绩效评估指标体系正式纳入政务微信的开通和使用情况，成为继“政府新闻发言人制度”“政府网站”之后的第三种政务公开途径。显而易见的是，政务微信昭示着电子政务未来发展的新方向，构成了当今电子政务系统的重要组成部分。由于电子政务是一项组织内的信息技术创新，因此对其财力、人力和技术资源等基础设施的投入较高，对政府的信息技术基础设施的要求也较高（Tolbert,etal.2008）。可见，电子政务的发展水平保障了政务微信的技术平台应用，正因为如此，政务微信对政府信息技术基础设施的要求也越来越高（Eggers,2007）。由于电子政务的发展水平将会直接影响到政府采用政务微信的情况，故此，本书研究设置了一个虚拟变量：1 代表区县级政府的电子政务发展水平高——已进入到中国区县级政府网站绩效评估排名的前 100 名；0 代表区县级政府的电子政务发展水平低——未进入到中国区县级政府网站绩效评估排名的前 100 名。在选取政府的电子政务发展水平的测量指标上，本书研究采用的数据是中国软件评测中心开发的中国政府网站绩效评估数据。该评估具有较高的科学性和权威性，主要是从各类信息公开、互动交流、服务提供、日常监测和用户调查等方面来进行综合评估的，满分为 100 分，是当下中国较为系统的政府网站绩效评

---

① 杨宇谦，吴建南，马亮 . 服务型政府与政府绩效评估体系创新：基于德尔菲调查法的发现 [J]. 经济社会体制比较，2011（5）：141-148.

估研究。本项指标的数据来源于中国政府网站绩效评估总报告中的第三部分（评估结果与数据分析）第四章（绩效评估结果）第六节（区县政府网站评估结果）。

由于目前在广东省地市级政府统计年鉴上仅能查询到地市级政府的年末移动电话用户总数的数据（仅从广东省个别地市级政府的统计年鉴上可以查询到其下属区县级政府的年末移动电话用户总数），故此，本书拟采用地市级政府的年末移动电话用户总数除以该地市的区县级政府的总个数，作为衡量区县级政府移动电话用户总数的代理指标。必须承认，这只是一个粗略的估计数据，但这是目前笔者可以获得的最为接近的数据。

2012 年 4 月 18 日，广东省委政法委秘书长陈少波在新闻发布会上提到，广东目前的群体性事件主要包括四大类：劳资纠纷、征地拆迁纠纷、环保纠纷和山林土地纠纷。[①] 对于广东省区县级政府辖区居民的公民抗争指数，本书采用检索慧科新闻数据库新闻报道的方法，检索了慧科新闻数据库涵括的所有报纸媒体公开的新闻报道，分别以“广东省”“群体性事件”“劳资纠纷事件”“征地拆迁纠纷事件”“环保纠纷事件”“垃圾焚烧事件”“山林土地纠纷事件”等关键词组合叠加的方式进行检索。鉴于抗争性事件对于地方区域影响的长期累积效果，故笔者选取了较长的一段时期（十年）来进行考察。本书遴选了慧科新闻数据库中十年来（2005—2015 年）各大报纸媒体新闻中关于对广东省区县级政府抗争性事件的新闻报道的数量作为衡量基层政府辖区居民公民抗争指数的指标。此外，为了避免抗争性事件被官方新闻报道的刻意遮蔽和隐瞒，本书配合使用了百度网络搜索引擎，检阅搜索到了一部分官方媒体没有报道但却在一些正式网站（如中华

① 杨宇谦，吴建南，马亮. 服务型政府与政府绩效评估体系创新：基于德尔菲调查法的发现 [J]. 经济社会体制比较，2011（5）：141-148.

网、南方网）上有过报道的抗争性事件，以此来补充、完善和修正这项公众抗争指数指标。

三、控制变量

首先，最有可能影响到地方政府信息技术创新扩散的主要因素就是该地区的经济发展水平。一般来说，辖区的经济发展水平越高，反映其公民收入水平和企业发展状况也越良好，这样一来，公民和企业对公共服务的需求就会愈加强烈，并会通过多种渠道和方式来推动政府提供有利的公共服务（Tolbert,et al.，2008）。通常来说，经济发展鼓励公民追求更好的公共服务需求（Berry and Lowery 1987;Ingram and Mann 1980），这就是为什么经济上越发达，工业化、城市化程度越高的地方政府越倾向于创新（Walker 1969）。“尽管政府创新的关键取决于创新者的意愿和能力，但创新本身也需要一定的物质条件，如经济发展水平、资源禀赋、财政状况、获得资金的渠道等。”[①] 既有对政务微博的研究显示，在党政机构微博样本的地域分布上，东南沿海地区占优势，中国的南方省份经济比较发达、信息化水平相对较高，政务公开的意识比较浓厚，因此政务微博的实践也较为积极（张志安，贾佳，2011），这与各地的经济社会发展水平以及其媒体的发达程度、网络普及程度等指标都是比较相符的（人民网舆情监测室，2011）。因此本书研究在理论模型中对经济发展水平进行了控制，按照惯例，经济发展水平通常采用人均国民生产总值（GDP）来进行衡量，并进行了对数化处理，使其值更小且更方便于操作和解释。

---

① 杨雪冬．简论中国地方政府创新研究的十个问题 [J]. 公共管理学报，2008,5（1）:16-26.

其次，组织规模作为反映组织资源状况的重要指针，其与组织的创新倾向也密切相关。通常研究认为组织规模越大，组织创新的资源和能力随之越强，因而其创新性也就越强。组织规模越大，组织创新条件越优越，创新绩效就越高。但也有学者认为，组织初创时期的创造力最强，随着组织规模扩大和结构日趋复杂，组织惰性增强，创新动力也随之衰减。但综合而言，大部分文献表明组织规模与创新采用正相关，而且有关电子政务的采用研究也证实了这一点。本书研究认为组织规模与地方政府信息技术的创新倾向正相关，较大的组织规模会对政务微信的采用和扩散产生积极作用。相对于规模较小的辖区来说，规模较大的辖区具有“规模优势”和“规模经济”的效应，可能更倾向于投资和发展政务新媒体。因为对美国城市的研究表明，人口规模是影响政府网站的最关键因素[①]。由此可见，辖区内的人口规模可能会影响到政务微信的创新扩散。为此，本书研究控制了政府辖区内的人口规模，并采用辖区内年末总人口数作为衡量的控制指标。

表 2-1　主要变量的概况

变量名	变量定义	假设	数据来源
因变量			
基层政府政务微信的开通数量	各个区县级政府开通的政务微信数量	/	作者手动搜索
自变量			
上级政府压力	各个地市级政府政务微信的开通数量	+	作者手动搜索
府际竞争	同一地市辖区内所有区县级政府政务微信开通总数的均值	+	作者手动搜索

① FRANZEL J M.Urban government innovation:identifying current innovations and factors that contribute to their adoption[J]. Review of policy research,2008,25（3）: 253-277.

续表

变量名	变量定义	假设	数据来源
府际学习	邻近区县级政府政务新媒体学习交流和本级区县政府政务新媒体培训交流活动的数量	+	广东省区县级政府网站
政府财政健康状况	区县级政府财政收支之差占财政支出的比重	+	广东省地级市统计年鉴（2014年）
电子政务发展水平	进入中国区县级政府网站绩效评估排名前100名的为1，未进入的为0。	+	中国政府网站绩效评估数据（2014年）
移动电话用户总数 *	区县级政府年末移动电话用户总数	+	广东省地级市统计年鉴（2014年）
公民抗争指数	区县级政府群体抗争性事件的报道数量	+	慧科新闻数据库
控制变量			
经济发展水平 *	区县级政府人均GDP（元/人）	?	广东省地级市统计年鉴（2014年）
辖区规模 *	区县级政府年末人口总数（万人）	?	广东省地级市统计年鉴（2014年）

注：* 表示对该变量选取自然对数进行统计分析。在假设方向中，+、−、？、/ 分别表示自变量与因变量呈正相关、负相关、未知或不适用的关系。

综上而言，本书研究具体的研究假设如表2-2所示：

表2-2 研究假设

序号	研究假设
1	H1：上级政府压力与政务微信开通数量正相关。
	H1：上级地市级政府开通政务微信的数量与下属区县级政府开通政务微信的数量正相关。
2	H2：府际竞争与政务微信开通数量正相关。
	H2：同一地市辖区内邻近区县级政府开通政务微信的数量与本级区县级政府开通政务微信的数量正相关。
3	H3：府际学习与政务微信开通数量正相关。
	H3：政府学习能力的强弱与政务微信的开通数量正相关。
4	H4：政府资源及能力与政务微信开通数量正相关。

续表

序号	研究假设
	H4a：政府财政资源的健康状况与政务微信的开通数量正相关。
	H4b：政府电子政务发展水平的高低与政务微信的开通数量正相关。
5	H5：公众压力与政务微信开通数量正相关。
	H5a：辖区居民移动电话用户总数的多少与政务微信的开通数量正相关。
	H5b：辖区居民公众抗争指数的高低与政务微信的开通数量正相关。

第三节 研究假设与理论模型

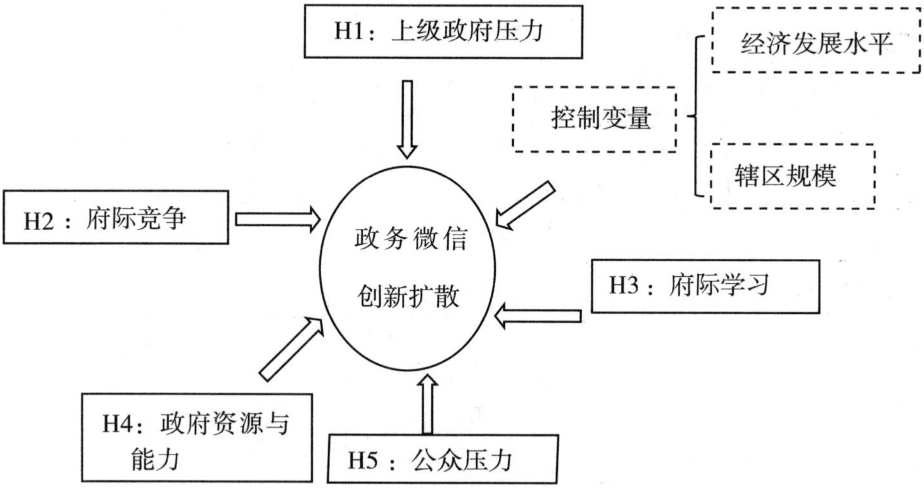

图 2-1 本章研究假设

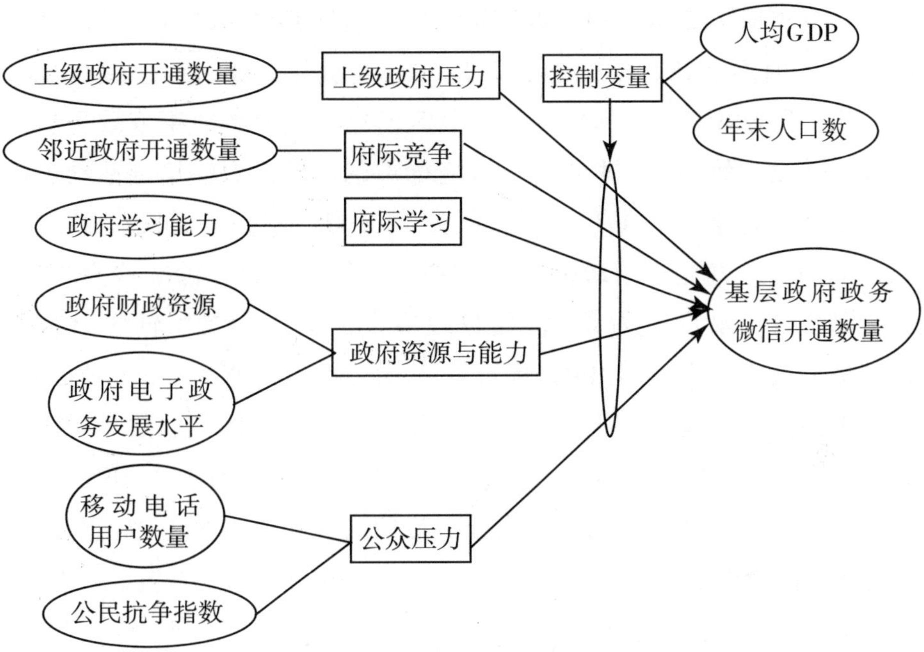

图 2-2 本章理论模型

第四节 数值处理和统计分析结果

本次纳入检验的因变量的数值一共为 121 个（去掉 7 个异常值后仍保留 114 个观测值），其中因变量区县级政府政务微信开通数量的均值为 9.92，标准差为 8.63，最大值为 40，最小值为 1；控制变量辖区规模（辖区年末人口总数）的均值为 76.12，标准差为 53.37，最大值为 270.38，最小值为 6.12；控制变量辖区经济发展水平（国民生产总值 GDP）的均值为 471.51，标准差为 659.87，最大值为 3206.57，最小值为 13.33。其中自变量上级政府压力（地市级政府政务微信的开通数量）均值为 39.73，标准差为 21.80，最大值为 81，最小值为

19；自变量府际竞争（同一地市辖区内邻近区县政府政务微信的开通数量）均值为 9.78，标准差为 7.77，最大值为 34.8，最小值为 2.6；自变量府际学习（维度一 / 邻近区县政府之间的政务改革或政务新媒体学习活动 + 维度二 / 本级区县政府内部的政务新媒体培训活动）均值为 2.09，标准差为 1.39，最大值为 7，最小值为 0；自变量政府资源与能力一（辖区电子政务发展水平）均值为 0.11，标准差为 0.32，最大值为 1，最小值为 0；自变量政府资源与能力二（辖区财政资源健康状况）均值为 -1.09，标准差为 6.59，最大值为 0.05，最小值为 -70.74；自变量公众压力一（辖区年末移动电话用户总数）均值为 111.69，标准差为 110.14，最大值为 425.67，最小值为 27.99；自变量公众压力二（辖区公民抗争指数）均值为 0.90，标准差为 1.28，最大值为 9，最小值为 0。

表 2-3 变量的描述性统计分析

变量名称	变量类型	观测值	均值	标准差	最小值	最大值
基层政府政务微信的开通数量	因变量	114	9.92	8.63	1	40
辖区规模	控制变量	114	76.12	53.37	6.12	270.38
辖区经济发展水平	控制变量	114	471.51	659.87	13.33	3206.57
上级政府压力	自变量	114	39.73	21.80	19	81
府际竞争	自变量	114	9.78	7.77	2.6	34.8
府际学习	自变量	114	2.09	1.39	0	7
电子政务发展水平	自变量	114	0.11	0.32	0	1
财政资源健康状况	自变量	114	-1.09	6.59	-70.74	0.05
移动电话用户总数	自变量	114	111.69	110.14	27.99	425.67
公众抗争指数	自变量	114	0.90	1.28	0	9

鉴于因变量的取值均为正整数（数值取值区间为 1—40 的正整数），本书研究对因变量的数值进行了泊松分布检验，统计检验后发现因变量的数值基本上符合泊松分布情况，其检验结果如图 2-3 所示：

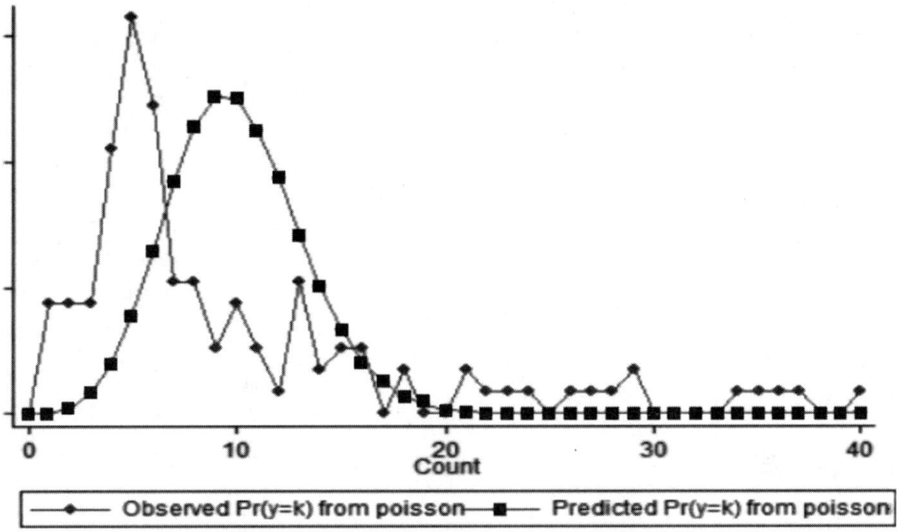

图 2-3 因变量数值的泊松分布检验图

本项研究的数据分析采用 Stata 统计软件进行处理，经统计检验后由于因变量的取值符合泊松分布状态，于是本项研究依次将因变量（基层政府政务微信的开通数量）、控制变量（辖区人口规模、辖区经济发展水平）和自变量（上级政府压力、府际竞争、府际学习、政府电子政务发展水平、政府财政资源健康状况、辖区移动电话用户总数、辖区公众抗争指数）等 10 项数值纳入泊松回归模型中进行统计检验，最终分别得到了 9 个嵌套的泊松回归模型，其运算的数值结果如表 2-4 所示：

表 2-4 自变量对因变量的泊松回归分析

自变量	模型 1	模型 2	模型 3	模型 4	模型 5	模型 6	模型 7	模型 8	模型 9
	-1	-2	-3	-4	-5	-6	-7	-8	-9
辖区人口规模	0.006***	0.002***	0.002***	0.001*	-0.000	-0.001	-0.001	-0.001	-0.002**
	（-0.000）	（-0.001）	（-0.001）	（-0.001）	（-0.001）	（-0.001）	（-0.001）	（-0.001）	（-0.001）
辖区经济发展水平		0.001***	0.000**	0.000	0.000	0.000	0.000	0.000	0.000

续表

自变量	模型 1	模型 2	模型 3	模型 4	模型 5	模型 6	模型 7	模型 8	模型 9
		(-0.000)	(-0.000)	(-0.000)	(-0.000)	(-0.000)	(-0.000)	(-0.000)	(-0.000)
上级政府压力			0.019***	0.009***	0.010***	0.010***	0.011***	0.008***	0.009***
			(-0.002)	(-0.002)	(-0.002)	(-0.002)	(-0.002)	(-0.003)	(-0.003)
府际竞争				0.046***	0.024***	0.024***	0.024***	0.019***	0.018**
				(-0.005)	(-0.005)	(-0.005)	(-0.005)	(-0.007)	(-0.007)
府际学习					0.188***	0.191***	0.187***	0.206***	0.221***
					(-0.027)	(-0.028)	(-0.028)	(-0.032)	(-0.032)
电子政务发展水平						-0.084	-0.085	-0.143	-0.190*
						(-0.092)	(-0.092)	(-0.104)	(-0.106)
财政资源健康状况							-0.006	-0.005	-0.005
							(-0.004)	(-0.004)	(-0.004)
移动电话用户总数								0.001	0.001
								(-0.001)	(-0.001)
公众抗争指数									0.089***
									(-0.032)
Constant	1.761***	1.818***	1.161***	1.212***	1.084***	1.070***	1.052***	1.079***	1.076***
	(-0.053)	(-0.053)	(-0.084)	(-0.087)	(-0.089)	(-0.091)	(-0.092)	(-0.094)	(-0.094)
N	114	114	114	114	114	114	114	114	114
Poisson									
Likelihood	-482.713	-409.425	-353.755	-305.852	-281.913	-281.497	-280.763	-280.046	-243.575
Pseudo R2	0.150	0.279	0.377	0.462	0.504	0.504	0.506	0.507	0.571

注：因变量为基层政府政务微信的开通数量，回归系数在括号外，标准误在括号内。*** p<0.001，** p<0.01，* p<0.1。

本书研究继续采用作图法，通过做出泊松回归的预测线、标准线和实际观察值的方式来检阅回归模型的最终拟合情况，经过多轮演示后最终得到模型的拟合度情况如图 2-4 所示：

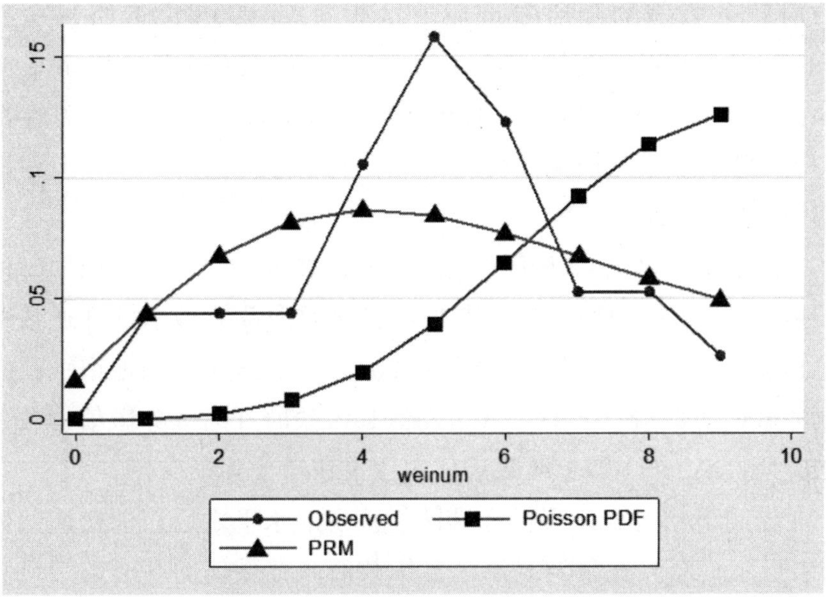

图 2-4 泊松回归模型拟合度图

注：Observed 代表观察值，PRM 代表模型，Poisson PDF 代表标准 poisson 回归线。

经过多轮数据处理和统计演算后，本书研究得到了 9 个嵌套的泊松回归模型，诚如上图所示，模型的整体拟合状态较为良好。泊松回归模型的最终拟合度检测值 Pseudo R2 =0.5711，这说明回归模型中的自变量（包括控制变量）等原因变量能够解释因变量结果中的 57.11% 的部分。当然，在社会科学模型中能够拥有这个解释力度已属相当不易，一般来说，社会科学模型的解释力度大约只能达到 30%，回归模型的高拟合度情况说明本书研究所建构和搭建的这个综合性的理论模型已经具备了相当程度的科学性与合理性。

泊松回归模型 1 结果显示，辖区人口规模即辖区内的年末人口总数与基层区县级政府政务微信的开通数量显著正相关（$p<0.001$），回归系数为 0.006***；泊松回归模型 2 结果显示，辖区经济发展水平即辖区内的国民生产总值（GDP）与基层区县

级政府政务微信的开通数量显著正相关（$p<0.001$），回归系数为 0.0005***。在控制变量方面，辖区规模和辖区经济发展水平与基层区县级政府政务微信的开通数量均通过了较强的统计显著性检验（回归模型 1 和回归模型 2 即可显示），由此也进一步凸显出理论模型架构的较高信度与效度。

在控制了辖区人口规模和辖区经济发展水平之后，泊松回归模型 3 结果显示，上级政府压力与基层区县级政府政务微信的开通数量显著正相关（$p<0.001$），回归系数为 0.019***。这说明当地市级政府开通政务微信的数量较多时，其下辖区县级政府开通政务微信的数量也会相应地提高，H1 即上级政府压力假设获得了实证支持。

在控制了辖区人口规模和辖区经济发展水平之后，泊松回归模型 4 结果显示，府际竞争与基层区县级政府政务微信的开通数量显著正相关（$p<0.001$），回归系数为 0.046***。这说明当邻近区县级政府的政务微信开通数量较多时，同时也会刺激到本级政府较多地开通政务微信，以便开展府际之间的财政资源和政治资源的争夺。H2 即府际竞争假设获得了实证支持。

在控制了辖区人口规模和辖区经济发展水平之后，泊松回归模型 5 结果显示，府际学习与基层区县级政府的政务微信开通数量显著正相关（$p<0.001$），回归系数为 0.188***。这说明邻近区县政府之间或本级区县政府内部对政务新媒体的学习和培训交流活动越多，其政务微信创新扩散的数量也就越多，H3 即府际学习假设也获得了实证支持。

在控制了辖区人口规模和辖区经济发展水平之后，泊松回归模型 9 结果显示，公众压力指标中的公众抗争指数与基层区县级政府政务微信的开通数量显著正相关（$p<0.001$），回归系数为 0.089***。这说明，基层区县级政府辖区内的公众抗争指数越高，那么推动其政务微信创新扩散的数量也就越多，H5b（公众压力假设 2，即公众抗争指

数假设）获得了实证支持。

在控制了辖区人口规模和辖区经济发展水平之后，泊松回归模型 6、回归模型 7、回归模型 8 结果显示，辖区的政府财政资源健康状况、辖区的电子政务发展水平及辖区的移动电话用户总数与基层区县级政府政务微信的开通数量均没有构成显著的正相关关系。三个回归模型均没有通过统计显著性检验，H4a（财政资源健康状况假设），H4b（电子政务发展水平假设）以及 H5a（移动电话用户总数假设）均未获得实证支持。

通过前期访谈和调研可得知，当下政府部门开通政务微信不但成本低廉而且技术门槛较低，一般来说并不需要上会（政府部门召开常务会议）来讨论决定，单位主管宣传的领导甚至办公室主任都有权力拍板决定是否采纳开通，因此基层区县级政府的财政健康状况对本级政府部门政务微信的开通数量情况实质上影响并不显著。同样，由于政务微信所依赖的移动互联网平台与电子政务的基础设施建设关联度也并不是特别紧密，故此基层政府所在辖区的电子政务发展水平对其政务微信开通数量的情况影响也并不显著。此外，尽管微信技术依附于庞大的移动电话设施所架构支撑起来的移动互联网络，但政务微信能否开通更多的还是取决于政府内部的精英导向，当下政府部门对公众的反馈与需求的尊重和青睐仍然停留在纸上谈兵的形式层面。可见，即便当下基层政府涌现出众多的信息技术创新项目，却仍然难以逃脱“象征性创新”和“符号性创新”的窠臼。

综上所述，以上的泊松回归模型大致解释了在政治场域内，以政治行动者（政治精英）为主体视角来考察政务微信创新扩散影响因素的效应函数。此外，在研究中笔者还发现了一个难以用统计数据和回归模型来进行量化分析和解释的异常现象：那就是广东省佛山市政务微信创新扩散集群现象的问题。

研究结果发现，在广东省区县级政府政务微信创新扩散的过程中出现了一个明显的集群现象——佛山市政务微信创新扩散集群。佛山市各区政府政务微信的开通总数为 175 个，其数量远远超过了粤东、粤西、粤北地市区县级政府政务微信开通数量的总和。此外，佛山市辖制下的五个行政区全都隶属于广东省政务微信创新扩散的第一梯队（开通数量排名前十）。统计结果表明，佛山市区级政府政务微信开通数量的均值为 34.8 个，而广东省区县级政府政务微信开通数量的总体均值为 9.92 个，佛山市区级政府开通政务微信数量的均值排名第一，远超均值数排名第二的深圳市（深圳市区级政府政务微信开通数量的均值为 26.5 个）和均值数排名第三的广州市（广州市区级政府政务微信开通数量的均值为 14.58 个）。具体情形如图 2-5 和图 2-6 所示（数据搜集时间截止到 2015 年 6 月 30 日）：

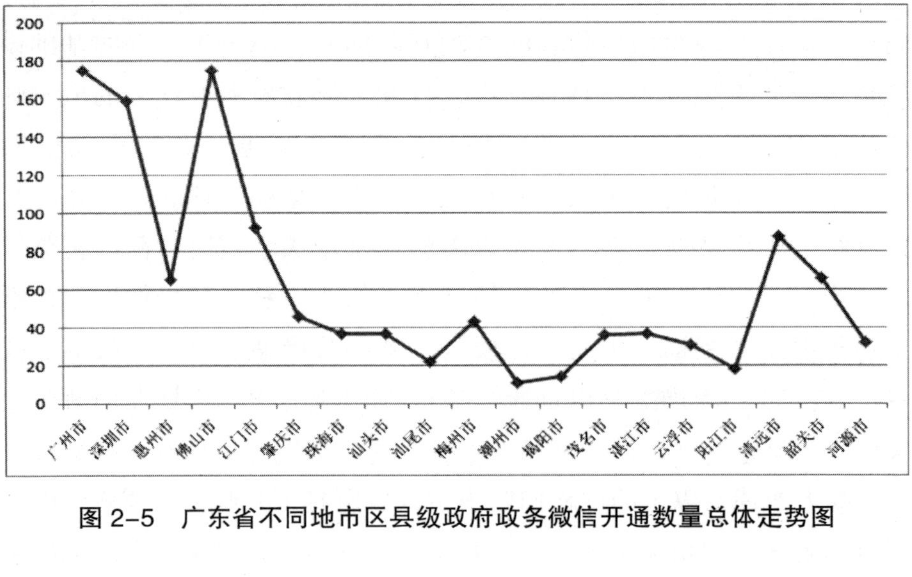

图 2–5　广东省不同地市区县级政府政务微信开通数量总体走势图

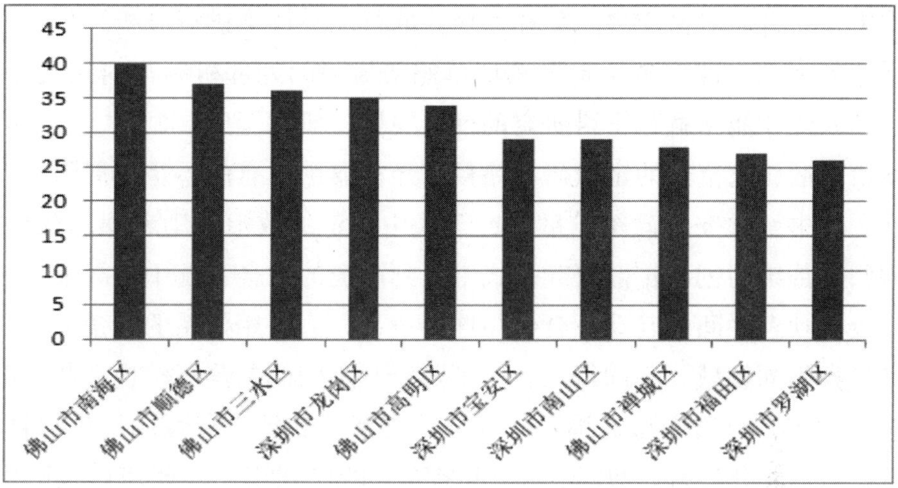

图 2–6 广东省政务微信开通数量排名前十的区县级政府示意图

若按习惯逻辑来进行推理，广州市和深圳市均具备非常优越的政务新媒体发展大环境，两个城市均位忝全国的一线大城市行列，经济实力雄厚，且都位于东南沿海地区，民主开放风气浓郁，且近几年来公众抗争事件风起云涌，抗争政治与抗争文化尤为突出。此外，广州市是广东省的政治、经济和文化中心，作为广东省的省会城市，其下辖各个行政区所面临的上级政府压力显然会更大。深圳市作为全国改革开放的前沿阵地，坐拥许多得天独厚的经济杠杆与政策红利，其下辖各区的经济发展水平遥遥领先，可想而知各区之间的府际竞争程度亦是越发激烈，府际学习优势也是得天独厚，二者缘何却在政务微信的创新扩散浪潮中被一没有政策红利，二没有地缘优势的佛山市反超呢？本书研究饶有兴趣并想进一步追踪探索的问题是：佛山市政务微信创新扩散集群现象的出现，除了本章在量化研究部分已经揭示出来的原因之外，是否还存在其他一些后台的实践机制与运作逻辑？如果有的话，那么后台运作的机制与逻辑分别为何？

那么，应该如何对佛山市政务微信创新扩散集群现象的问题来进行解释呢？研究者认为，我们需要进入一个更加复杂和开放的现象场域中，并且面对更加多元化和差异化的行动主体来进行分析，只有这样才能揭示出政府创新扩散领域草蛇灰线般的外部机制与内在关联，唯其如此才能拓宽跨学科研究的理论视域。研究至此，显然，既定的政策扩散研究范式的定量研究路径已经显露出既有的不足与局限。因此，本书亟须突破政策扩散研究范式中既定的政治行动者观测视角，回归到传统的创新扩散研究范式中，到广袤的社会系统中去寻求各方社会行动者之间的互动、合作与连接关系，力图用关系的视角来审视和考察不同场域、不同行动者、不同资本之间的勾连与转换，即突破政治场域、政治变量的拘囿来寻求社会系统和社会变量的增进解释，这将有助于我们打开政府创新扩散研究场域中的又一个暗箱。

创新的扩散是指创新的理念（事物）经过一段时间在社会系统中传播的过程（Rogers，2003），因而创新扩散理论探讨的是一个创新事物进入社会系统的过程。既往政策扩散研究范式的讨论仅仅局限在一个封闭的政治场域之内，因为政策扩散的对象本身就源于并止于封闭的政治结构体系之内，故而既往研究天然地屏蔽掉了社会系统中的其他社会行动者如社会精英、创新代理人等行动主体对封闭政治结构的冲击和影响，即忽略了政治场域外的社会行动者对政府创新扩散行为所做出的重要努力。本书认为，仅仅采用政策扩散研究范式来分析和解释政务微信的创新扩散过程是不够充分和恰当的，这样有可能导致舍弃、化约甚至割裂将社会系统作为一个整体研究对象的丰富性和延展性。因此，本书突破了既有政策扩散的研究范式，回归到创新扩散理论所参照的社会系统的分析视野下，并借此来考察各方社会行动者在社会系统中的不同行为逻辑和行动策略。

本书希冀将两种范式所寻求到的理论解释交互叠加，最终增进我们对转型中国基层政府政务微信创新扩散研究场域中经验图景的全方位理解。本章的研究从政策扩散的视角实证地探讨了在封闭的政治场域内以政治行动者的观测视角来考察影响政务微信创新扩散的因素。

毋庸讳言，任何新技术的创新扩散都是在整个社会系统中进行的，它是一种社会行为（罗杰斯，2003）。故此，若想全面考察政府的创新扩散行为特征，以及进一步揭示出政务微信创新扩散的内在机理和外在机制，研究者需要把目光投入更加广袤的社会系统中，去审视和考察社会系统中不同类型的社会行动者之间的关系与勾连，深刻把握不同行动者的行为图式和行动结构，唯其如此，才能从中抽取并提炼出能够顺利打开政务微信创新扩散机会之窗的因果规律和外部机制。

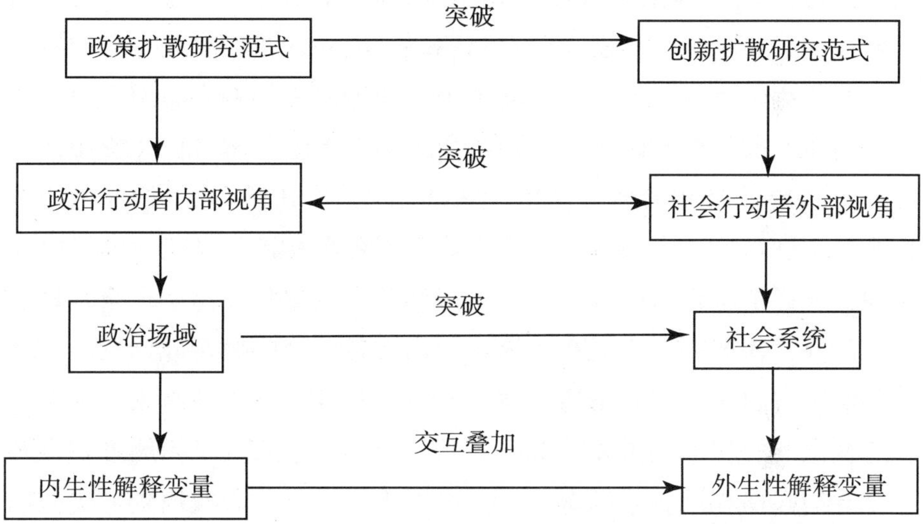

图 2-7 两种研究范式之间的承接关系图

如何增进对佛山市政务微信创新扩散集群现象的理论解释？如何深入挖掘不同行动者之间的外部关联机制？经过技术性筛选，本书最终选择了佛山市的三个行政区——南海区、顺德区和三水区这三个案例作为实证考察样本。之所以选择这三个案例，主要基于以下几点理由。

第一，截止到 2015 年 6 月 30 日，南海、顺德和三水这三个区的政务微信开通数量最多，创新扩散速度最快，具备一定的先发优势，在全省乃至全国范围内起到了一定的标杆和引领作用。研究者如果能在政务微信创新扩散的早期阶段来研究它们，那么其研究发现和研究结论势必会对后续的政策制定和政府管理行为带来相当大的启示作用和指导意义。

第二，尽管佛山市的南海、顺德和三水这三个行政区的宏观政治条件相仿（均隶属于佛山市行政辖区），但其微观的政治社会生态却各不相同，这种典型的结构生态在转型中国的基层政府场域中具备相当大的代表性和普适性。

本书首先尝试从前期的统计分析结果中提炼出两个核心指标来衡量不同基层区域的微观政治社会结构，这两个核心指标分别是政府主导程度和社会抗争程度。综合前期研究成果，我们发现上级政府压力、府际竞争、府际学习和公众抗争指数是最终影响到基层政府政务微信创新扩散的决定因素。然而落实到同一个地市辖区内（佛山市），每一个基层区级政府所面临的上级政府压力和府际竞争指标均构成了既定不变的常数（控制变量），那么最终能够起到决定性的影响作用和具备终极解释力的则是府际学习和公众抗争指数这两个自变量因子。此外，为了进一步提高和增强佛山市各区之间微观政治社会结构的区隔度和辨识度，本书还将辖区的电子政务发展水平纳入作为考察政府资源支持程度的重要指标。于是，我们采纳府际学习维度代表政府主导的强弱程度，采纳电子政务发展水平维度代表政府资源支持的强弱程度，采纳公众抗争指数维度代表社会抗争的强弱程度，根据三个指标的分类情况，最终我们把南海纳入强政府 / 弱资源 / 强社会结构中，把顺德纳入强政府 / 强资源 / 强社会结构中，而把三水纳入强政府 / 弱资源 / 弱社会结构中（需要说明的是，这种强弱分类指标只是一个相对值。实际上，南海的电子政务基础条件相当不错，只是与顺德相比略有逊色而已。严格说来，南海的政府资源支持强度应该属于弱强行列）。通过以上分析和说明，研究者将佛山三区的微观政治社会结构做出如下的归类和整理，见表 2-5。

表 2-5 南海区、顺德区、三水区微观政治社会结构归类表

指标 区域	上级政府压力—控制变量	府际竞争—控制变量	府际学习—政府主导	电子政务发展水平—政府资源支持	公众抗争指数—社会抗争	微观政治社会结构所属类别
南海区	72	34.8	7（SD=2.09）	0（SD=0.11）	4（SD=0.90）	强政府 / 弱资源 / 强社会结构
顺德区	72	34.8	7（SD=2.09）	1（SD=0.11）	4（SD=0.90）	强政府 / 强资源 / 强社会结构
三水区	72	34.8	4（SD=2.09）	0（SD=0.11）	1（SD=0.90）	强政府 / 弱资源 / 弱社会结构

第三，在前期调研统计过程中，笔者发现，在佛山市下辖的五个行政区中，禅城区的微观政治社会结构与顺德区重度拟合，而高明区的微观政治社会生态与三水区高度同构。因此，这也是本书选择南海、顺德和三水这三个行政区（而没有选择佛山市五个行政区）作为典型性、代表性案例的根本原因。两组区域的微观政治社会结构的各项指标对照情况分别如表 2-6 所示。

第四，从实操可行性的角度来进行考量，兼顾到研究者力有不逮和视野所限的问题，笔者最终选择了最有代表性、最能说明问题的三个比较案例：佛山市南海区、顺德区和三水区。虽然三区的微观政治社会结构各不相同，但在这三个区内其政务微信都不约而同地得到了优先扩散，那么其中隐含的规律和机制就足以说明在不同的政治社会结构情境下政务微信创新扩散的普遍特征，从而有助于我们在社会系统场域中打开创新扩散机制的这个暗箱。鉴于三个案例的普适性和代表性，笔者有理由相信：基于这三个比较案例的研究结论必将也具备一定的推论性与适用性。因此，在本书的下一个章节中，我们将重点通过比较案例分析的研究方法来回答佛山市的政务微信创新扩散集群

现象出现的问题，并着力寻求基层政府政务微信创新扩散的外生性解释变量和外部影响机制。接下来我们的研究将切换到社会系统的全景图中遴选以媒介 / 中间人（agent）为观测中心的外部考察视角，而本书也将会尽量以回答问题的方式和脉络来加以呈现。

表 2-6　顺德区 / 禅城区、三水区 / 高明区微观政治社会结构系统指标对照表

指标 区域	上级政府压力—控制变量	府际竞争—控制变量	府际学习—政府主导	电子政务发展水平—资源支持	公众抗争指数—社会抗争	微观政治社会结构所属类别
顺德区	72	34.8	7（SD=2.09）	1（SD=0.11）	4（SD=0.90）	强政府 / 强资源 / 强社会结构
禅城区	72	34.8	6（SD=2.09）	1（SD=0.11）	2（SD=0.90）	强政府 / 强资源 / 强社会结构
三水区	72	34.8	4（SD=2.09）	0（SD=0.11）	1（SD=0.90）	强政府 / 弱资源 / 弱社会结构
高明区	72	34.8	4（SD=2.09）	0（SD=0.11）	1（SD=0.90）	强政府 / 弱资源 / 弱社会结构

第五节　本章小结

本章采用政策扩散的研究范式，以广东省 121 个区县级政府为实证考察对象，综合运用统计分析方法量化地研究了政治场域内影响转型社会基层政府政务微信创新扩散的主要因素。本书研究除了在最终点明新的值得进一步追踪探索的研究问题（佛山市的政务微信创新扩散集群现象）之外，与既有研究相比，本书研究最大的创新与亮点还在于：第一，本书研究应用的理论模型中的府际学习假设采用了更为科学合理的、更加符合中国基层政府实践特征的测量指标和测量体系。第二，也是本书研究最为重要的一个创新亮点，本书在前期的理论导向和经验指引的基础上，于既有的理论模型中增设了一个公众压力研究假设——公众抗争指数，并且通过了统计显著性的检验，获得了实证证据的支持。本书研究中公众抗争指数研究假设所隐含的逻辑链条是：公众主动抗争——政府积极回应（开通政务微信）——双方互动沟通——提高政治合法性，其间也蕴涵了转型社会基层政府朴素的技术治理愿景。

中国的集体性抗争事件在21世纪逐渐发展出不同的现实形态，伴随着社会发展而渐趋于成熟。如前所述，在行政主导型国家的转型社会背景下，由改革开放所带来的自由流动资源和政治空间使得自发的集体抗争成为可能，而广东省由于地缘优势、政策红利，再加之信息社会的崛起和发育，各种“政治机会”与“运动资源”的交互叠加使得其成为当下中国集体性抗争运动的重要生发区域。然而，总体来说，这些公众抗争活动规模并不大，针对指向地方化，且以利益诉求为主，基本上不具备政治意愿等结构特点。

“在现实中，大部分行动涉及相互重叠的物质与非物质利益的诉求。物质利益与非物质利益之间并没有纯粹的界限。”[①] 这些抗争事件不但发生在国家政治领域内（村民选举等），而且发生在日常生活领域内（环境抗争等），乃至形成了一种与“斗争政治”范式相对峙的“生活政治”范式。此外，这些公众抗争事件“在意识形态上具有强烈的自省性特征，所谓‘自省性’，就是行动者‘具有强烈的自我意识，会不断地追问和反省当前所作所为的意义何在，并在自省中不断

① 杨国斌.连线力：中国网民在行动[M].邓燕华，译.桂林：广西师范大学出版社，2013：6.

调整运动的策略和结构'。"[①]这些特征在番禺反垃圾焚烧事件和陆丰乌坎事件中得到了较为明显的体现，学者们亦对此有所总结与概括（李艳红，2012；周裕琼，齐发鹏，2014；张宁，2014；曾繁旭，2015）。

显然，当前的公众抗争事件是对转型中国社会结构变迁的必然回应，也是对转型中国"小政府—大社会"生态结构关系的折射与凸显。美国芝加哥大学社会学系赵鼎新教授一直主张采取"国家—社会关系"这个包容性的分析框架来理解社会运动，他认为，"社会运动既非完全由国家的性质和特征决定，亦非完全由社会的性质和特征决定，而是由两者的交会情况决定的"[②]。因此，在考察国家与社会之间的交会情况时，研究者要尤其注意"心理联系"这个变量——即社会对国家合法性的认同方式，因为合法性是一个可以用来解释的自变量。裴宜理（2013）认为，目前中国大部分的社会抗争应该是日常政治，是老百姓表达意愿的一种方式，是有利于政治稳定的。蔡晓莉（2015）研究发现，如果国家与社会之间的正式沟通制度不完善，公民就更可能被迫采取"建设性抗命"的方式向政府机关反映问题。所谓"建设性抗命"是指公民拒绝执行看来不甚合理的规定和要求，希望通过以此方式让政府意识到政策与现实之间的差距，从而做出调整。这种抗命看似忤逆了政府意志，实际上却通过抵制恶政而督促政府提升治理水平，从而达到善治的目的。学者们的研究发现揭示，当前相当一部分的公众抗争事件是由于政民之间的正式沟通渠道受阻而造成的，在这个时候，政府着力于搭建政务社交媒体平台，促成政民之间的良性沟通与和谐交流，体现了中央高层一种本土化的以技术治理为导向的政治怀柔策略与社会控制手段，同时亦可在一定程度上修复国家与社会之间的二元关系，增加弥补政治弹性，客观上达到提高政治合法性并整合社会的目的。

---

① 冯仕政．西方社会运动理论研究 [M]. 北京：中国人民大学出版社，2013：273.

② 冯仕政．西方社会运动理论研究 [M]. 北京：中国人民大学出版社，2013：184.

第三章

转型社会政务微信创新扩散的影响机制研究

第一节 研究背景及问题的提出

一直以来基于传统“民主实验室”信念的创新扩散研究范式主要聚焦于民主分权的政体结构（Volden 2006; Karch 2007）。然而，政治或行政创新现象通常在转型国家中被观察到，例如普京领导下的俄罗斯（Gel’man and Lankina 2008），苏哈托时代的印度尼西亚（Martinez-Bravo 2014）。尤其是在中国，以自主或地方创新试验为指导的传统，被广泛认为是一个促使出现经济奇迹和政体适应性的中国试验（Montinol,Qian,and Weingast 1995;Heilmann 2008; Wang 2009; Xu 2011; Coase and Wang 2013）。尽管如此，却很少有研究能够聚焦于威权政体下行政区域之间创新扩散过程中的影响机制问题（Berry and Berry 2014; Walker, Avellaneda, and Berry 2011）。

当下的创新改革对于转型中国的地方政府治理来说意义重大。首先，从功能层面来说，创新变革可以极大地提高地方政府的行政效率，实现以效益政府、责任政府、透明政府、服务政府和廉洁政府为目标的“善治”。其次，从工具理性的角度来看，政府通过创新可以有效管理公共事务并提高公共服务质量，借此还可以提升政府的公共行政水平，化解社会的冗余矛盾，破除政民之间的“塔西陀陷阱”，并进一步降低政府的管理成本，促进政民之间的良好互动与和谐沟通，进而从根本上解决政府的财政危机和信任危机问题。

从政府网站、政务微博、政务 App 到当下的政务微信，地方政府的信息技术创新成就了新一轮的政府创新扩散的热潮。尽管政府信息技术的创新扩散不管是在理论研究上，还是在实践领域中都已经风生水起，然而仔细爬梳后仍可发现这个领域存在着不少的问题。一方面，在政府创新扩散的理论研究中，人们往往过多地关注创新决策者（政治行动者）基于政治场域做出考量的内部视角（内生性解释变量），忽略和遮蔽了社会系统中其他社会行动者的行为逻辑和行动策略（外生性解释变量），尤为忽视了媒介/中间人在社会系统中的连接作用，这无疑是当前创新扩散理论研究中的一个系统性缺失。另一方面，在实践情境中，研究者也没能很好地解决创新扩散集群现象出现的问题。西方研究文献普遍认为，由于互动因素组成了水平和垂直扩散机制，而水平扩散机制通常包含了模仿机制、学习机制和竞争机制，故而当不同政府聚集在一个地理集群时，这些机制往往会促使该地区涌现出相类似的政治经济结构（Guzman 2006;Glick and Hays 1991;Elkins and Simmons 2004），进而导致该地区创新扩散集群现象的出现。然而在转型中国的政治社会实践中，我们的研究发现情况却有所不同。其一，有着相似政治经济结构的地理集群并不必然导致创新扩散集群现象的出现。比如，在政治经济结构大体相同的佛山、深圳和广州地区，政务微信创新扩散的集群现象和集群效应并不相对应。其二，在出现创新扩散集群现象和集群效应的地区，其政治经济和社会结构也不尽相同。例如，在涌现创新扩散集群现象的佛山地区，其辖区内（如南海区、顺德区和三水区）的微观政治社会结构明显不同。

那么，如何来解释这些由于微观情境特质而导致的创新扩散效果差异呢？除了内部影响因素之外，究竟还有哪些外部力量在推动政府创新扩散的进程？笔者认为，要回答好这个问题，我们必须超越传统的拘囿在政治场域的以内部决策者（政治行动者）为考察中心的研究视角，回归到宽宏博大的社会系统中，去寻求外部社会行动者譬如媒介/中间人（agent）的一个解释增量，唯其如此，才能系统地弥补政府创新扩散研究场域中的理论缺失和实践阙如。

对于相关文献，我们还可以追溯到一项关于美国四个州的毒品法庭的扩散研究，该研究论证了无论是在微观层面还是在宏观层面上均存在着非常显著的创新扩散的交互影响作用，这些交互作用形塑政府的创新扩散进程。研究发现早期的创新采纳者，尤其是当活跃的政策企业家出现时可能影响到其他地区的创新扩散环境。该研究揭示，早期的创新采纳者和认知中间人（媒介）通过刺激上级政府中间人参与扩散过程，从而形塑了大环境。研究还显示，当认知中间人（媒介）入场时，则有利于学习型扩散机制，而当上级政府中间人进入政策环境时，作为强制型的扩散机制的相关性也增加了。早期创新采纳者最先可能是被学习驱动的，后期创新采纳者更有可能是被模仿和强制驱动的。媒介 / 中间人的存在以及为政策采纳提供资金，可能会使政策采纳的评估阶段更加系统，并能增加学习的可能性，而不仅仅只有模仿和强制现象的发生（Douglas,Raudla,and Hartley 2015）。

若回到中国的具体情境，我们可以再次发问：为什么拥有大致相同的政治经济结构的地区却没能引起政务微信创新扩散集群现象的同时出现？为什么即便拥有不同的政治经济结构条件也可能引起创新扩散集群现象的同时发生？本章试图跟进和解释这些现象和问题，深入分析政务微信创新扩散集群现象出现的深层社会原因，进一步提炼出新鲜有效的解释变量和解释机制。借此，研究者试图在量化研究的基础上，再努力寻求一条质化研究的新路径来探索补充政务微信创新扩散的外部影响机制——寻找社会变量。本书研究认为，要想让一项信息技术的创新采纳得以成为政治行动者的集体共识与行动，需要引入媒介（中间人）的社会力量，即首先需要将创新的思想“连接”到政治场域内，然后需要将创新的实践“接合”

到政治过程当中，并且让创新扩散理念和实践一以贯之，紧密契合当下政治社会语境化的需求。换言之，政府信息技术的创新扩散不仅需要外部行动者（媒介 / 中间人）力量的参与和配合，而且其创新扩散实践也需要与现有转型社会的结构和过程相契合。唯其如此，地方政府潜在的创新扩散基因才有可能被激活释放，进而转化成为现实的创新扩散效应。

为了更好地回答上述研究问题，本章在第二部分将提出一个新的解释变量——“行政接合”（Administrative Conjuncture）。本书认为，政府信息技术的创新扩散是各方社会力量在行政接合层面运作的结果。所谓“接合”是指由各种因素决定的，而且并非有意识的相互合作的过程和群体活动结合在一起。在政务微信创新扩散的过程中，本书发现，媒介 / 中间人（agent）的社会参与是保证创新扩散实践不可或缺的重要因素。因此，本书预判，在政治场域内创新思想和创新实践的“行政接合”程度将是决定创新能否在政府部门顺利扩散的关键因素。接下来为了对这一假设性变量进行实证的检验，本章将在第三部分使用多案例比较的分析方法，通过分析三个正面案例（求同法）和一个反面案例（求异法）来验证政府信息技术创新扩散过程中的“行政接合”机制，并进一步解释和说明“接合”程度不同导致创新扩散效果存在根本性差异的原因。本章分析的三个正面案例（佛山市南海区、顺德区和三水区），其政治、经济和社会结构条件各不相同，但最终却不约而同地达到了创新扩散的集群效应。另外本章运用求异法新增和补充了一个反面案例（广州市越秀区），是为了说明如果没有达成“接合”机制，即便是拥有良好的政治经济结构条件，也未必能够顺利打开政府信息技术创新扩散的“机会之窗”。

第二节 “行政接合”：一个理解政府信息技术创新扩散的分析要素

一、“行政接合”的概念界定

（一）“接合”概念的分析

“若从词源学的角度来考察的话，‘接合’一词具有两个基本含义：一是说出来，清晰表达；二是两种不同的事物相互铰合或咬合在一起，如‘铰接式’卡车，其车头（驾驶室）和后半部（拖车）相互连接起来而组成一个卡车整体。”① 在当下的社会科学研究语境中，“接合”一词主要是从第二种含义引申过来的。在发展过程中，英国文化学者斯图亚特·霍尔将“接合”这一概念进行了具体的理论化阐释。除了上面所指出的两种基本含义之外，霍尔本人还详细地阐述了他对“接合”的深刻认识，并认为：“两部分彼此相互连接，但是要通过一个特别的环扣连接起来，但这环扣也可以拆开。因此，一个接合乃是能够在一定条件下使两个不同的元素形成一个统一体的一种连接形式。这环扣并非永远都是必然的、被决定的、绝对的以及本质的。因此，一种接合理论既是理解意识形态的元素如何在一定条件下，在某一话语内部被连接在一起的方式，同时也是一种询问它们如何在特定的时机（conjunctures）上，成为或不成为与一定政治主体相接合的方式。”②

霍尔继而认为，“接合”指的“是一种联系或连接，它在任何情况下都不是作为一种规律或一种生活事实预先给定的，但它需要特定

---

①② MORLEY D，CHEN K H. Stuart Hall：critical dialogues in cultural studies [M]. London：Routledge，1996：141-142.

的存在条件，必须被特定的过程积极地支持，它不是‘永久的’，而是被持续地改造的，会在某些环境中消失或被颠覆，从而导致旧的连接被消解而新的联系——再接合——被锻造。它的重要性还在于，一种不同的实践之间的接合并不意味着它们会完全相同或一个会消融在另一个之中。每一个都保持着它独特的决定性和存在条件。然而，一旦接合被创造出来，这两个实践就会同时起作用”①。因此，“接合不仅仅是一件事物（不仅仅是一种联结），而是一个创造联结的过程”②。并且，它是一个创造和维持同意的过程以及共同确定利益的过程。

尽管“接合”是偶然的，不是必然发生的，但“接合”也是需要特定条件的。换句话来说，“接合”并不是随心所欲任意发生的。所谓的条件首先就是接合者的主观意图，其次就是客观的历史条件和社会条件。当然，如果只有接合者单方面的主观意图，而客观的历史条件和社会条件不成熟的话，那么接合也很难成功发生。因此霍尔指出，在任何情境下，“接合”的发生都需要一定的限定条件。对此，格罗斯伯格曾指出：“接合并不像相互作用或共生观念，接合总是复杂的：不仅仅是原因有效果，而且效果自身也影响原因，两者本身由大量的另外的关系所决定。接合从来不是单纯的和单一的，它们不能从相互连接的语境中抽离出来。”③ 此外，从行动策略的层面来看，接合是一个创造联结的动态过程，它可以在各种要素和组件之间建立一种实践关系，并且提供了一种机制，关键时刻能够形成对特定的社会

---

① HALL S. Signification，representation，ideology：althusser and the post-structuralist debate [M]// AVERY R K, EASON D. Critical perspectives on media and society. New York：Guilford Press，1991：112.

② MORLEY D, CHEN K H. Stuart Hall：critical dialogues in cultural studies[M]. London：Routledge，1996：114.

③ GROSSBEGR L. We gotta get out of this place：popular conservatism and postmodern culture[M]. New York：Routledge，1992：56.

形态、社会遇合和社会语境的介入。

霍尔认为，社会过程是由许多特殊的部分构成的，它们通过相互关联而形成一个整体。这个整体是复杂的，而其构成性部分的关系既是非本质性的也是非同一性的，因此，没有必然的结构性和历史性的保证。每一种社会实践和社会结构都有其自身的逻辑自洽性和相对自治性，而且它们都在特殊的领域发挥作用，并生产和体现出不同的转换形式和转换机制。总之，不管是“复杂的整体”还是“社会现象的存在”，它们都共同在“接合”的层面连接操作。任何一个具体的实践活动和实践现象，通常都是由置身其间的多元联系之网决定的。霍尔还认为，各种有差异的利益集团共同型构了新的社会结构，而政治场域就是一个由各种力量竞逐与接合的领地。任何的历史结果都是关键时刻各种力量纠集的特殊情势下的产物，因此，历史条件是无法预期和保证的，社会的发展和历史的发展同样都充满了偶然性。历史是一个开放领域，人类的能动性在其中让历史充满了种种可能性。事实上，政治社会是各种权力形式角逐和博弈的生产领地。

（二）“行政接合”概念的提出

1. 公共行政创新的范式转换

“20 世纪 80 年代，澳大利亚、新西兰、美国、英国等国掀起的以重塑政府为代表的新公共管理运动，提出一种新的公共行政模式。这种市场导向型的新公共管理理论，主张在政府等公共部门广泛采用私营部门成功的管理方法和竞争机制，强调政府‘多掌舵少划桨’，倡导去管制化、服务化、社会化、分权化的理念，提高公共管理水平及公共服务质量。”[①] 继此之后，美国学者奥斯本与盖布勒于 1992 年将公

① 韩承敏．国外公共行政创新的理论与实践 [J]. 世界经济与政治论坛，2011（5）：140.

共行政的创新范式进一步向前发展，进而提出了“重塑政府”的公共行政理念，具体包括：政府的主要功能重在掌舵而不是划桨；政府应该着力满足顾客的需要，而不是满足官僚政治的需要；分权的政府应该从等级制过渡到参与和协作，等等。在很长一段时间内，新公共管理运动在一定程度上提高了政府的行政效率和公共服务质量，并且有效缓解了西方国家的财政危机、信任危机和治理危机。然而，随着时间的推移，新公共管理运动的局限性也日益凸显。

伴随着新公共管理运动的衰退，“新公共服务理论”随之崛起。该理论强调以公共服务为导向，注重维护公共利益，立志于建设一个以追求公共利益为目标，以公民为本位的公共行政体系。与之同时，在公共行政领域，治理和善治的理念也呼之欲出，社会治理的主体逐渐由单一政府转变成以公民参与为导向的多元治理模式。其理念创新“从关注行政管理到提倡多元化的、以公民为中心的、分权与参与的综合治理结构，从效率主义到公平主义，进而转向公共服务的理念，凸显出以下特点：被拓展的公共性、多元的主体性参与、可持续的公共治理模式探求”①。显然，公共行政的范式创新折射出现代政府的变换图景，具有革命性的突破意涵和实质正义。

当下互联网信息技术的出现和普及改变了信息的流通管道和传播速度，人类社会的发展已经全面进入信息化时代，信息技术彻底改变了人类的生活方式和传播结构，并且彻底改变了人类交流与共享的生存环境和传播方式。已有学者指出，随着经济和社会的发展，下一阶段是一系列互相关联的以 IT 为中心的变化，主要集中在“重新整合”“以需求为基础的整体主义”和“数字化”三个主题。整个运动将结合这些变化，走向“数字化时代的治理”（Digital

① 韩承敏．国外公共行政创新的理论与实践 [J]. 世界经济与政治论坛，2011（5）：141.

Era Governance）。[①] 当下，各国政府纷纷试水数字化时代的治理模式，并力图通过数字技术和信息技术来打造一个具有包容性的管理机构，构造一个快捷、高效的数字化政府，以有效缩短政民之间信息的流通环节和沟通渠道，改变政府部门和公民之间的整体关系，并且能够对外部环境的变化迅速、灵活地作出反应，建立一个高度“回应型”的政府。可以说，数字化时代的治理模式是对管理方式进行信息技术的全面革新，而 web2.0 的信息技术系统则是数字化时代治理的技术支持体系。

从第一波新公共管理运动，第二波新公共服务理论，过渡到当下第三波数字化时代的治理运动，政府公共行政的管理范式已然经历了一系列的转型与嬗变。尽管公共行政领域的理论与实践常变常新，然而，提高行政效率和公共服务质量，保障公民顺利参与交流沟通的途径与渠道，依然是政府公共行政孜孜以求的终极目标。显然，信息技术推动了公共管理赖以生存的社会基础，信息技术革命对传统的行政管理（服务）方式提出了根本性变革的要求，于是，“数字化时代的治理”便成为 21 世纪公共治理的新趋势和新要求。当下的政务社交媒体应用正是迎合了数字化时代的治理需求，而政务微信的创新扩散则是转型中国在行政管理（服务）实践场域中催生的一场内生性变革，其目的是提高公共行政效率和公共服务质量，拓宽公民参与交流与沟通的途径和渠道。因此，它是公共行政管理（服务）场域的一次形态创新，契合了数字化时代的行政需求。

2.“行政接合”概念的提出

通过以上对“接合”概念和公共行政范式转型的溯源分析，本书尝试在此基础上提出一个“行政接合”的概念。所谓“行政接

① 袁方成，盛元芝．“新公共管理运动”的困境与转型：新西兰公共部门改革的反思及参鉴 [J]. 公共管理学报，2011（3）：119.

合”（Administrative Conjuncture）是指在一个转型社会的政治语境下，从一个宏观的社会系统过渡到一个中观的公共行政界面当中，由各种情境因素决定的彼此合作的社会过程和社会行动与公共行政的管理（服务）实践结合在一起。换言之，“行政接合”是指在一个行政管理（服务）的实践场域中，由各种不同类型的政治行动者和社会行动者之间创造联结的过程，这也是一个由不同行动者创造和维持同意的过程以及共同确定利益的过程。显然，“行政接合”是一种由外部性接合（社会系统）向内部性接合（政治系统）的转变，代表着国家与社会在行政层面上的互动互嵌，进而具备一种发展的特质与潜力。

本书认为，“行政接合”存续于一种从量变到质变的动态的社会累积过程当中，在这个动态累积过程中社会行动存在着一种临界状态（即接合点），一旦各种社会力量或历史条件进入政治场域并且在行政管理（服务）实践层面达到“接合”条件时，就会立刻引爆“接合”机制，从而让社会存在或社会现象发生一种质的飞跃和突变，并迅速融入一种崭新的接合状态。“行政接合”的发生机制通常附因于两个方面的先决条件：一方面是政治行动者和社会行动者的主观“接合”意图（充分条件），另一方面是各种政治、社会、历史和技术条件的风云际会或因缘巧合，从而使得行动者能够在行政管理（服务）的实践场域中互相遇合（必要条件），进而顺利地达成最终的“行政接合”机制。总之，两个方面的条件都不可或缺。

3.“政治吸纳”与“社会嵌入”概念的引入

“政治吸纳”是指政治系统在决策过程中，将新兴的利益群体的权利诉求纳入一个总体的决策体系中进行整合的过程。它发生在一个社会变迁和转型的过程中，是政治系统对社会变迁所做出的一种有效回应。当然，普通的草根阶层是很难进入政治决策系统的，能够实现利益表达与权利诉求的利益群体势必是显现的利益集团——精英集团，因而具有较为浓厚的精英色彩。“因此早期运用‘政治吸纳’这一概念聚焦分析中国行政管理体系的学者们更多地关注政府对精英的吸纳，比如‘行政吸纳政治’，其本质都是政府主动、自觉地吸收社会中精英或精英集团所代表的政治力量，并制定一些有利于社会精英的公共政策。”①

然而，仅仅只将民间和社会的精英集团纳入政治决策阶层不能完全解决地方政府所面对的社会问题，因为随着体制改革和社会转型进入深水期，国家与社会层面出现了更深层次的互动，而社会矛盾也随之日益凸显，普通的草根阶层急需一个发声的机会管道和表达利益诉求的制度渠道。随着客观形势的变化和社会力量的增强，“政治吸纳”逐步被“社会嵌入”概念所代替，而“社会嵌入”概念涉及范围更大、指涉对象更为宽泛。“‘社会嵌入’指的是将某种新的异质性成分嵌入到现有的社会政治结构之中，通过这些异质性成分的介入来激活或改造原有社会政治结构的某些功能。”②

4.“行政接合”与“政治吸纳”“社会嵌入”概念的辨析

“行政接合”与“政治吸纳”“社会嵌入”概念有着两个方面的本质不同。首先，从对象上来看，“政治吸纳”和“社会嵌入”的主体是政府，无论是“政治吸纳”还是“社会嵌入”都是一场由政府（政治精英）主导和支配的政治行为和过程，被主导方为政府外部的社会精英，但不仅仅局限于社会精英，也包含社会当中为数众多的利益相关者。“行政接合”中没有占绝对主导 / 支配的情势，“接合”各方基本上势均力敌，缔造接合机制的不同行动者之间相互连接，各取所需，共同确定自身的利益。其次，“政治吸纳”和“社会嵌入”都是由既定的政治场域向社会系统单向渗透和发力的过程，而“行政接

① 金耀基 . 中国政治与文化 [M]. 香港：牛津大学出版社，1997：21-45.

② 谈火生 . 协商民主 [M]// 景跃进，张小劲，余逊达 . 理解中国政治：关键词的方法 . 北京：中国社会科学出版社，2012：83-100 .

合”不同，在特殊的情势下，“行政接合”可能体现为社会系统向政治场域反向渗透的状态。此外，从“政治吸纳”“社会嵌入”到“行政接合”的概念变迁，体现出一个日益强大的“社会”的独立存在。

总之，不管是“政治吸纳”“社会嵌入”还是“行政接合”，都并非一种被动的吸纳、嵌入和接合，行动者都带有主观自觉的意愿和意图，而嵌入的双方力量大体相当是从吸纳向嵌入转化的重要前提。当下，在国家的治理层面中，由于信息技术的赋权，社会开始改变简单的“受控”状态，在治理领域发挥着越来越强大的主导作用，并成为一个独立的治理单元和治理主体。“当下无论是国家与社会的冲突还是良性的互动，都体现出一个独立并逐步强大的社会在中国慢慢形成。那么，在这种背景之下，政府与社会的嵌入实际上是一种带有发展特质的‘互嵌’，即新的异质性成分能够激活旧有的政治行政结构，并使之不断完善，最终实现平稳的互嵌，达到两者的融合。”[①] 政务社交媒体的蓬勃兴起，亦可视为在数字化时代国家政治精英的治理思维从“政治吸纳”向“社会嵌入”的转化，而“行政接合”在某种程度上恰好类似于这种政府与社会之间的“互嵌”，体现出转型社会政治力量与社会力量在行政管理（服务）实践场域的竞逐与博弈（大政府 / 小社会—小政府 / 大社会）。因此，从公共行政创新的角度来看，它是一种外生性转向内生性的阶段性接合，具备契合信息社会发展的各种特质。

二、相关研究评述

在当下政府创新扩散的研究场域中，大多数学者的研究兴趣依然

① 刘伟. 社会嵌入与地方政府创新之可持续性：公共服务创新的比较案例分析 [J]. 南京社会科学，2014（1）：90.

聚焦于政治行动者的内部视角。相比之下，针对社会系统中社会行动者外部视角的考察还相当薄弱。爬梳既有的研究文献，研究者发现，能够采纳社会系统外部视角进行考察的相关研究主要可以归纳为以下两种思路。

第一种研究思路是探讨政府创新扩散的适用性问题，它基于哈耶克的社会秩序二元观的理论背景。这一思路从哈耶克的“自发秩序”与“人造秩序”的二元观出发，分析个人与内部规则之间、个人与组织之间、内部规则与外部规则之间存在复杂的互动关系。① 当某项信息技术的创新扩散提高了政府的行政效率和公共服务质量，并且这些创新能够充分获得政府与公众的认可时，便形成了“内部规则”和“外部规则”的协调统一，进而能够推动创新的迅速扩散。与之相反，若政府层面的政治行动者对创新技术认识不足或者行动能力存在偏差，那么就很难将创新技术加以推广和应用，甚至会引发系统成员的抵触和反感。学者们从哈耶克的理论出发，重点考察的是创新的“适用性”问题。一般来说，适用性强、契合度好的创新才会具有更大的扩散潜力，反之则难以扩散。尽管这种思路间接地论及了创新技术与社会情境的“接合”是导致创新扩散发生的核心根源，但是这些研究并没有落实到具体的技术项目，也没有结合具体的管理情境来展开分析，更没有运用实证案例来加以检验和支持。

第二种研究思路遵循着固有的经验研究范式，希冀通过实证案例来寻找影响到政府创新扩散的根本动因与解释变量。高新军对前五届地方政府创新奖进行了追踪调查，总结出几个创新难以扩散的原因，比如缺乏创新扩散实践的保障机制、过分依赖创新制度从而忽视了创新实践的具体执行等。他在针对重庆市开县麻柳乡的“八步工作法”

---

① 刘伟．社会嵌入与地方政府创新之可持续性：公共服务创新的比较案例分析 [J]. 南京社会科学，2014（1）：89.

现象进行调查分析之后发现，地方政府的创新若只是依靠组织层面的政治动员来支持和维系的话是远远不够的。要让创新得以顺利进行和持续扩散，不仅需要在制度层面进行创新，而且还需要执行者将这些创新项目落实到位并使之成为现实。① 否则的话，创新技术依然难以得到顺利生长和扩散，更难以形成规模效应。傅金鹏和杨继君在研究中总结了影响创新扩散的时间因素，包括创新的推动者、创新的制度化水平以及组织官员利益、上级的态度和社会关注等。② 韩福国等人在借鉴他人研究的基础上提出了影响创新扩散持续发生的主要因素，包括国家创新空间、创新动力、创新类型、政治民主、合法性、官员资源获取、组织生存和扩张、受益人群、政府职能范围界定等。③ 这种研究思路实证地考察了创新扩散和社会系统之间是否相互支持以及二者之间能否兼容的问题，并且有效地汲取了创新扩散理论的发展逻辑。罗杰斯认为，扩散发生在一个社会系统中。“一个社会系统是一组相互联系的单位，他们面临共同问题，有着共同目标，而社会系统从社会结构、系统规则以及创新代理机构三个方面限定了创新扩散的范围。” ④

总体来说，从研究设计上来看，以上研究还存在着一定程度上的局限和不足。首先，上述研究尽管引入了社会系统的考察视角，但是并没有真正把影响到政府创新扩散的内生性解释变量和外生性解释变量区分开来，因此也就无法对地方政府创新扩散将在何种条件下得以

① 高新军. 地方政府创新缘何难持续：以重庆市开县麻柳乡为例 [J]. 中国改革，2008(5)：29-32.

② 傅金鹏，杨继君. 我国地方政府创新的可持续性：影响因素与对策 [J]. 理论导刊，2010（12）

③ 韩福国，瞿帅伟，吕晓健. 中国地方政府创新持续力研究 [J]. 公共行政评论，2009(2)：152-170.

④ 罗杰斯. 创新与扩散 [M]. 辛欣，译. 北京：中央编译出版社，2003：21-23.

实现并成为可能的真正原因进行系统性分析。大部分研究还只是停留在泛泛列举一些可能的解释性因素或原因变量的肤浅表层上，因此也就缺乏将社会系统中的外部社会行动者尤其是媒介（中间人）作为单独的解释变量提取出来并加以考察的研究视野和学术智慧。尽管这些相关研究的确为寻找政府创新扩散的外生性解释变量打开了一扇思考的视窗，但是由于研究本身缺乏严谨的科学设计和系统的理论框架，故而难以提供严密的理论逻辑和适切的实证证据。其次，一些涉及实证案例的分析研究由于逻辑不能周延和实践操作性不强，并且未能结合具体的政治场域和行政管理（服务）的实践情境来展开分析，故而理论解释力相对薄弱。

三、“行政接合”与政府信息技术创新扩散

本书将在以下两个方面推进和深化政府信息技术创新扩散的理论研究。第一，本书提出了“行政接合”这一用来理解信息技术在政府部门创新扩散的关键变量，并且将社会系统中的媒介（中间人）和政治场域中的政治行动者之间的“行政接合”机制作为重要解释因素来理解政府信息技术的创新扩散过程。第二，本书采用实证的比较案例分析方法，通过正例和反例进行持续 / 非持续的案例对比，从而论证由媒介（中间人）提供的“行政接合”机制在推动地方政府信息技术创新扩散过程中所起到的重要作用。

本章研究以“接合”理论作为立论的基石，这一理论也深刻地反映出国家与社会层面在转型社会当中的深层互动关系。本章研究正是以“接合”理论为基础，将政治行动者与社会行动者共同纳入创新扩散研究场域的理论设计与分析过程当中。假如“行政接合”能够顺利进行，创新的信息技术能够与现有的政治关系、行政体系乃至社会环境逐步地融合，并进行良好的对接，那么，最终会实现对原有公共行

政体系的根本性改善与提升。换言之，创新的思维与实践若能和行政实践有机地“接合”在一起，变成一种相对稳定的“常态”，那么创新便能得到顺利的推广与扩散。若采用哈耶克的二元观来理解：政府创新是外部规则，而现有的社会结构、社会预期是内部规则。“行政接合”实际上是将这些外部规则与内部规则相互整合，从而使其协调统一，相互兼容。因此，“行政接合”概念的运用实际上是将哈耶克哲学思辨的理论进行了实操落地化处理，以用来解决公共行政实践中的具体问题。而当政府的信息技术创新未能与原有的政治社会结构取得良好“接合”时，就可能会出现两种后果：其一，作为外来物种的创新对现有的行政体系带来负面影响和严重冲击；其二，创新在某种外力（如领导推动）的干预之下，被强行地植入当地的行政系统当中。而当外力消失时，这个移植而来与母体并不相容的创新便会偃旗息鼓。总之，不管是哪种后果都会直接导致政府的创新行为难以扩散。

自 1994 年中国第一次联入互联网之后，互联网在中国的发展可谓日新月异，当下转型中国的“互联网 +”正在成为互联网未来发展的重要路标之一。“‘互联网 +’是把互联网的创新成果与经济社会各领域深度融合，推动技术进步、效率提升和组织变革，提升实体经济创新力和生产力，形成更广泛的以互联网为基础设施和创新要素的经济社会发展新形态。”[①]“互联网 +”代表一种全新的生活方式与生产方式，甚至是社会形态变化的一种趋势，其本质是“互联网 2.0”加“创新 2.0”，而其实质是关系与智能的连接方式。腾讯互联网公司总裁马化腾认为，腾讯参与“互联网 +”生态的方式，主要是开放协作，跨界融合。在 2013 年的 WE 大会上，马化腾提出了“互联网的

① 国务院 . 国务院关于积极推进“互联网 +”行动的指导意见 [EB/OL]. (2015-07-04). www.gov.cn/zhengcelcontent/2015-071041content_10002.htm.

未来是连接一切”的观点。此外，微信之父张小龙也曾经说过：“微信是一个森林，而不是一座宫殿。”在 2015 年的世界互联网大会上，马化腾进一步明确指出，腾讯要回归本质，专注做“互联网的连接器”。诚然，在全球“互联网 +”时代，“连接已无处不在”，而微信则是“互联网 +”时代卓越的连接平台。

中国当下的特殊结构生态是互联网作为引擎成为拉动经济发展的重要杠杆和支点，“事实上，中国国家领导人最初主要把网络看作新经济部门，而不是政治抗争的场域。1990 年代中早期，中国主流媒体大谈信息高速公路，形成了一种新的意识形态，认为信息化就是现代化的关键。”① 随着时间的推移，尽管政府越来越多地看到了网络颠覆性的一面，但对网络经济效益的热情依然不减。当下，“互联网 +”思维已经渗透并主导了转型中国各个场域的生态。国家主席习近平提出，“现在人类已经进入互联网时代这样一个历史阶段。这是一个世界潮流，而且这个互联网时代对人类的生活、生产、生产力的发展都具有很大的进步推动作用。”②“信息资源日益成为重要生产要素和社会财富，信息掌握的多寡成为国家软实力和竞争力的重要标志。信息技术和产业发展程度决定着信息化发展水平，要加强核心技术自主创新和基础设施建设，提升信息采集、处理、传播、利用、安全能力，更好惠及民生。”③2015 年，国务院总理李克强正式提出“‘互联网 +’行动计划”，并且在《政府工作报告》中首倡“互联网 +”概念。可见，中央政治高层已经充分认识到互联网对于加快国民经济发展、推

① 杨国斌. 连线力：中国网民在行动 [M]. 邓燕华，译. 桂林：广西师范大学出版社，2013：59.

② 2012 年 12 月 7 日习近平参观考察腾讯公司时的讲话。

③ 2014 年 2 月 27 日习近平主持召开中央网络安全和信息化领导小组第一次会议并发表重要讲话。

动科学技术进步、加速社会服务信息化进程，提高国家竞争力方面的不可替代作用。由于一味沿袭固有的制度安排和路径设计已经难以充分获得解放生产力的效能，故而“互联网 +”正式走上前台上升为国家意志，并成为当下中国包容性增长的生产动力。

在转型中国的时代语境下，“新媒体对受众的信息渠道、注意力和时间的重新组合，使得新媒体在经济转型和社会治理方面逐步成长为一个新的赋能实体”①。当下互联网信息技术凌厉地冲刷着转型中国的政治结构和社会生态，“互联网 +”似乎变成了一种超结构、元结构，凌驾于当下一切政治和社会组织功能之上。在“互联网 +”宏观指挥棒的牵引下，政府组织在重构，社会边界在突破，不同场域之间的界线在消融、重组、模糊、渗透甚至接合，各方社会行动者基于突破创新的思维和资本转换的逻辑在寻求积极行动，各种经验图式和现实图景均凸显出行动者之间的主观意愿和客观条件的种种“接合”。借此，我们还可以透视到生产力和生产关系背后的强大诱惑所带来的政媒联动和政学联动等效应。故此，研究者认为，在当下“互联网 +”的时代大背景下，分析各方社会行动者的行为逻辑和行动策略显得尤为重要。

法国社会学家布尔迪厄以场域、资本等概念建构了一个完整的场域理论。他认为，从分析角度来看，“一个场域可以被定义为在各种位置之间存在的客观关系的一个网络，或一个构型”②。在每个场域中的每个人都有着特定的资本，一般来说，个人所持有的资本主要包括四种类型：即经济资本、文化资本、社会资本和象征资本（符号资本）。经济资本“可以直接转换成货币形式或产权形式。文化资本实际上是一种信息资本，制度化的文化资本表现为某些制度的认可或规

① 陈卫星 . 新媒体的媒介学问题 [J]. 南京社会科学，2016（2）：120.

② 布尔迪厄 . 实践与反思 [M]. 华康德，译 . 北京：中央编译出版社，1998：126.

定，例如学历、证书、荣誉等。社会资本是指某个个人或是群体，凭借拥有一个比较稳定的、又在一定程度上制度化的相互交往的彼此熟识的关系网，从而积累起来的资源的总和。象征资本（符号资本）则是一种被‘承认’或‘误认’的经济、政治或文化资本，其往往被合法地认可成一种‘信誉’。在通常情况即在相当长一段时间内，这种信誉能够保证经济利润的实现”[①]。在现实生活中，不同资本之间可以相互转化。

此外，布尔迪厄还指出，“自从王朝国家（dynastic state）的建立，或晚些时候科层国家（bureaucratic state）的建立以来，就发生了一个长期的不同种类的权力或者说资本的集中化过程。在第一个阶段，这一过程首先导致的是公共权威的私人垄断（即由国王垄断），同时国王垄断的这一公共权威外在于并优越于所有其他私人权威（地主、市民阶层等的权威）”[②]。与这些不同资本——经济资本、军事资本、文化资本、司法资本，以及更具一般性的符号资本——的集中化过程相伴而生的就是相应的不同场域的兴起和巩固。“这一过程的结果就是产生了一种特定的资本，准确地说就是中央集权资本（statist capital）。这种资本通过它的积累，可以使国家对不同场域和在其中流通的不同形式的资本施展权力。这种元资本（meta-capital）能够对其他不同种类的资本，特别是它们之间的兑换比率（并因此对分别持有这些资本的所有者之间的权力平衡）实施支配的权力，而正是这种元资本确定了国家的特有权力。”[③]。

诚然，在转型国家的政治社会场域中，中央集权资本作为元资本拥有调动和分配其他一切资本的总体性支配力量，其他的资本形式如

---

① 布尔迪厄．实践与反思 [M]．华康德，译．北京：中央编译出版社，1998：178.

②③ 布尔迪厄．实践与反思 [M]．华康德，译．北京：中央编译出版社，1998：156.

文化资本、政治资本、经济资本和象征资本等都将在中央集权资本的统一调配框架下进行流动和划拨。换言之，所有资本的运作和流转都必须符合中央集权资本的总体性安排和分配原则。那么，当下转型中国中央集权资本的核心利益和核心原则是什么呢？——政治合法性。有学者认为，长期以来“以政绩为主导的政权合法性影响了人民对统治者权力的认识以及中国政治文化中的政权”[①]。由于当下维护和巩固政党与政府的政治合法性是中央集权资本的最高统治原则，于是，一手抓经济增长（经济增长之维），寻求政绩合法性；一手抓意识形态管理（意识形态之维），寻求意识形态合法性，便成为转型中国在“互联网+”时代增加中央集权资本（元资本）的重要筹码。当下这种政治权力在互联网信息技术时代有越发明显的集中趋势，凸显出转型中国中央集权资本（元资本）的发展主义倾向和意识形态导向。

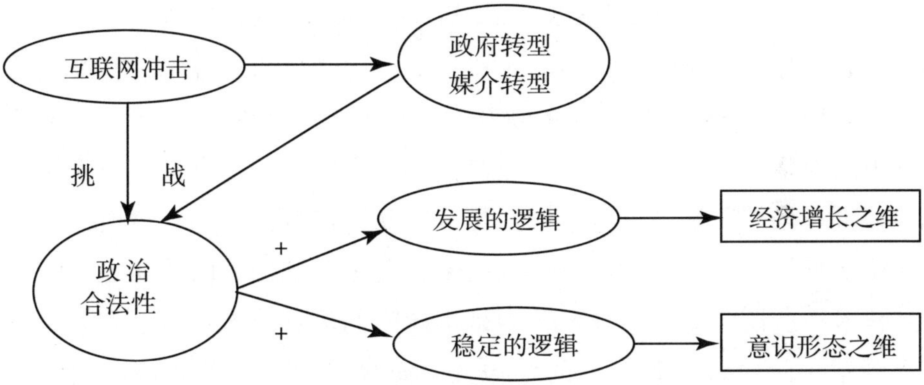

图 3-1 转型社会的发展坐标系

具体来说，当下转型中国社会空间中的资本总量及其分布结构情况大致如图 3-2 所示：

---

① 赵鼎新，龚瑞雪，胡婉．“天命观”及政绩合法性在古代和当代中国的体现 [J]. 经济社会体制比较，2012（1）：119.

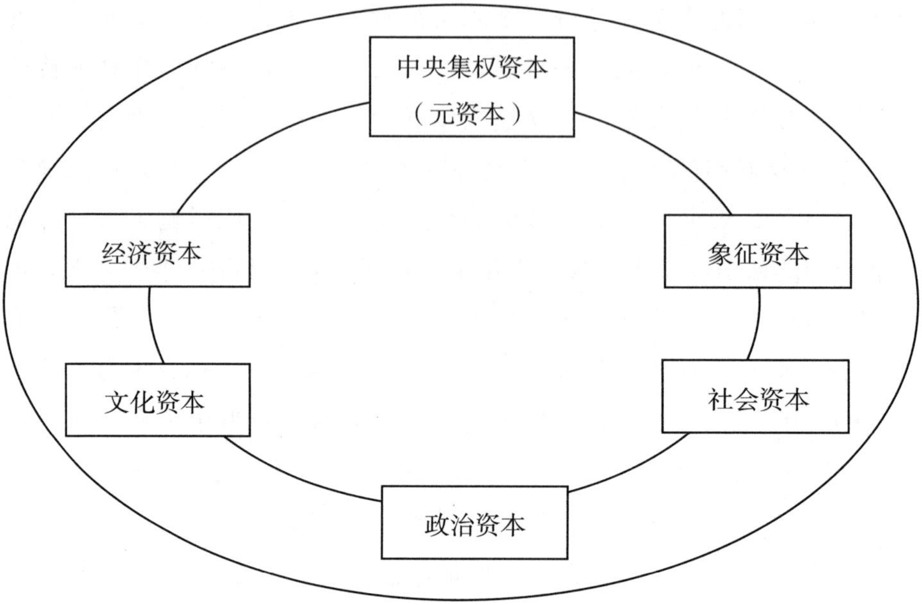

图 3–2　转型中国政治社会场域中的资本总量及其分布

如上分析，在转型社会的大背景下，互联网信息技术的升级换代带来了政府 Web2.0 的全面更新和媒介信息技术的融合发展。当下转型中国面临着信息技术转型、政府信息技术转型和媒介信息技术转型的多重背景。所谓信息技术转型是指互联网信息技术的升级换代，从传统信息技术发展到互联网信息技术，再过渡到当下的移动互联网信息技术；所谓政府信息技术转型是指政府的信息技术从电子政务（政府网站）阶段转型到当下的政务社交媒体阶段（政务微博和政务微信）；所谓媒介信息技术的转型则意味着传统媒体向新媒体（两微一端）的融合发展与迈进。显然，当信息技术成为产业革命的核心资源时，人与人之间的信息沟通和信任支持便成为新的政治生产力和社会生产力的培养基液。

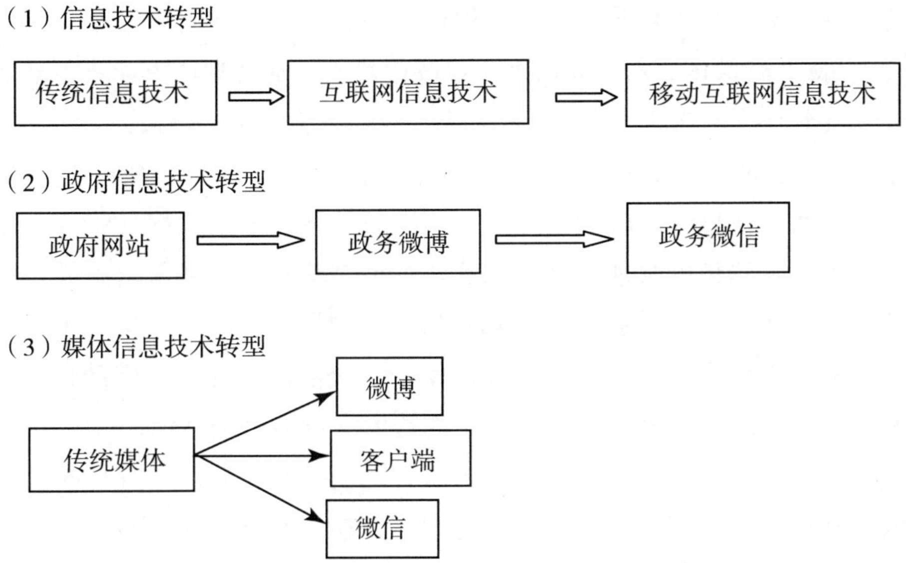

图 3-3 转型中国信息技术的转型示意图

当下政务微信是在移动互联网技术创新扩散的前提下所推行的一种公共行政创新方式，它的主要功能就是通过对信息的精准传递来实现政民之间的良好互动与沟通，从而推动社会的对话机制、信任机制和动员机制的创新，进而提高政府的公信力与政治合法性。因此，在某种程度上，推广政务微信也是党和国家实施“政治吸纳”和“社会嵌入”的一种技术手段。一般来说，政府要想采纳一种新媒体技术，首先政治场域内的政治决策者必须意识到这种新媒体技术所能带来的意识形态和传播功效，需要他们具备一定的认知基础和认知条件，即具备与数字化时代相匹配的新媒体素养。然而，中山大学传播与设计学院与凯迪数据研究中心推出的一项中国网民网络媒介素养调查报告显示，在中国网民的不同职业群体中，政府公务人员的网络媒介素养偏低。[①] 当然，我们并不否认在政治场域中存在着一批先知先觉的媒

① 凯迪数据研究中心．中国网民网络媒介素养调查报告 [R]. 2015.

介素养较高的政治精英，比如佛山市南海区原区委书记邓伟根。

“他是新媒体达人，暨南大学经济学博士，也是暨南大学产业经济研究院教授。他既抓经济，也抓社会管理和创新改革，全面开花，思路很超前，对网络发展很重视。”（受访者 15，2015 年 7 月 17 日访谈笔记）

然而，在总体的政治场域中，不同政治行动者的新媒体素养总是存在着高低错位的势能落差。那么，如何来弥补这种势能落差并最终确保行政效率、公共服务质量和政治效能的提高呢？通常情况下，为了提升当地政府公务人员的新媒体素养，政治精英往往会借助自己的社会支持网络体系来寻求社会力量的智力支持与合法性保障。

对于学术场域内的学术精英来说，他们拥有良好的新媒体技能和新媒体素养（即拥有足够的文化资本）。在“互联网 +”的时代语境下，一方面，传播创新观念和创新思维，推动时代的进步，是历史赋予他们的社会责任。另一方面，与政治场域和行政系统的连接打通，能够提升学术精英的社会资本和象征资本，这些资本往往被合法地认可成为一种信誉，并且这种信誉能够保证经济利润的实现。

“我们参与地方政府的政务新媒体培训课程，是为了在互联网时代，响应民意，推动信息公开，为公众服务。同时也有利于扩大学院的知名度，拉近政学关系和政学距离，另一方面也有利于横向课题的开拓，增加个人收入。”（受访者 1，2016 年 1 月 25 日访谈笔记）

对于经济场域内的媒体精英来说（同样拥有良好的新媒体技能和新媒体素养，拥有足够的文化资本），自 1949 年以来，中国一直奉行严格的“党管媒体”制度，以确保中国共产党的领导，并坚持现有的社会主义制度。一方面当下媒体所固有的意识形态属性在“互联网 +”时代得到了空前强化，媒体从业者必须与政府保持良好的互动——讲好中国故事，解读“中国梦”，以此作为安身立命的筹码并寻求政府的继续支持；另一方面在当下的媒介融合和媒介转型的大背景下，媒体精英们必须学会在各个社会场域中腾挪转移，以寻求媒体与自身安身立命和创新发展的经济增长点。

20 世纪 60 年代，美国社会学家伊兹尼在《控制性社会》一书中，试图把社会科学的理论和社会变迁的积极参与统一起来，于是提出了自控性社会的观点。“所谓自控性社会，就是人们对他们处于其中的世界负责的社会。自控取向有三个主要组成部分：自我意识和聪明的行动者，一个或多个行动者所致力于实现的目标，拥有改变社会秩序的能量。”[①] 当下中国的转型社会语境符合这种自控性社会的基本特征。如上分析，在中央集权资本（元资本）的统一调度下，在“互联网 +”时代精神的感召下，来自社会系统的社会精英们与来自政治场域的政治精英们在行政管理（服务）的实践场域相遇合，他们为了共同的信念、目标和利益从而连接在一起。至此，不同类型的社会行动者遵循着各自的利益诉求和行为逻辑，跨越不同的场域边界与职业壁垒，与政治行动者在公共行政实践场域中进行着思维观念的碰撞与接合。当然，这也是一个由社会行动者和政治行动者共同创造维持同意的过程以及共同确定利益的过程。于是，双方共同开启了政务新媒体创新扩散的风气之先。其“接合”情况如图 3-4 所示：

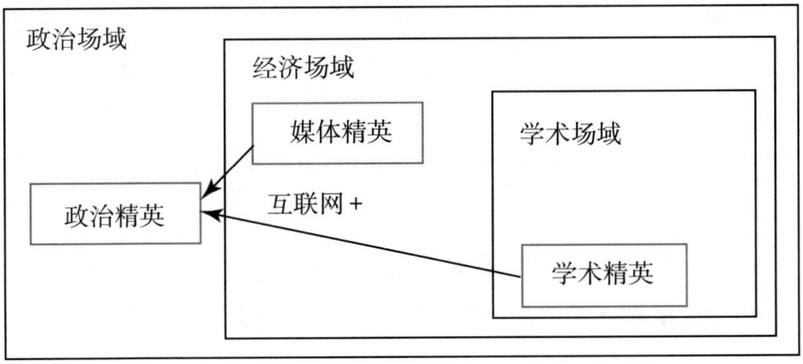

图 3-4　转型中国政治场域中的精英“接合”示意图

① 陈卫星 . 传播的观念 [M]. 北京：人民出版社，2004：27.

“目前，我国互联网用户 6.49 亿，其中手机网民规模达 5.57 亿，渗透率达到 85.8%，高于全球 58% 的渗透率，以移动互联网为主体的信息经济成为国家经济增长的重要源动力。2013 年，中国信息经济规模达到 2.18 万亿美元，成为仅次于美国的全球第二大信息经济体，占GDP的比重由1996年的5.0%提高至2013年的23.7%。”① 当下，通过微信平台“互联网 + 政务”的渠道，政务微信的创新扩散对于提高公共服务质量和拓宽公民的参与交流渠道具有显著功效，有效地推进了“智慧城市”“智慧民生”“智慧旅游”“智慧交通”等利国惠民举措，增强了国家层面的经济实力，并且提高了公民对国家的政治效能感。显然，在国家总体战略“互联网 +”的顶层设计下，对于转型中国来说，来自社会系统的社会行动者与来自政治场域的政治行动者在行政管理（服务）实践场域的竞相“接合”以及不同社会精英之间各类资本总量的转化、置换和放大，最终带来的是中央集权资本（元资本）的一个实践的增量。诚如下图所示：

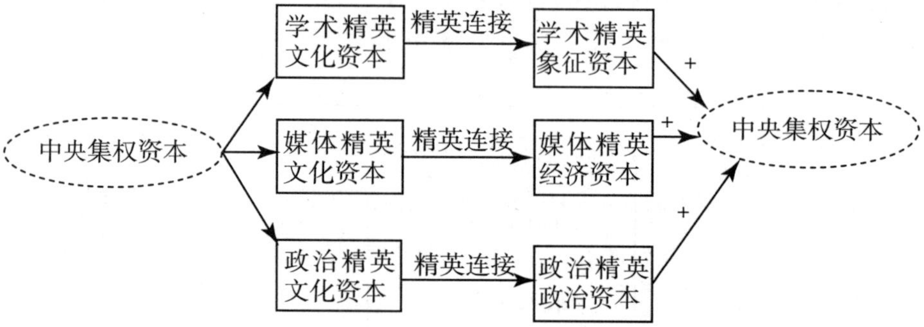

图 3–5　转型中国社会系统中的精英资本转化图

当然，除了精英们的思维观念在公共行政场域内进行“接合”之

① 马化腾，张晓峰，杜军 . 互联网 + 国家战略行动路线图：李克强总理互联网 + 国家战略腾讯官方解读 [M]. 北京：中信出版社，2015：90.

外，政务微信的创新扩散还需要得到实操运营层面的“行政接合”。众所周知，微信是腾讯公司推出的一个信息技术平台，作为政务微信的创新代理人，腾讯立志成为一家连接型的公司，并力图把自己打造成“互联网的连接器”。换言之，腾讯的目标定位于国家高层战略规划和互联网生态改造，因而无暇顾及基层政治实践的具体内容操作和技术指导。据调研所知，目前腾讯公司除了推出过内部微信公开课之外，几乎没有委派过任何的微信团队到具体的政府部门进行过实操内容或技术层面的业务指导。此外，我国的政府机构自 1982 年以来，经历了六轮行政体制改革，大大精简了人员机构并提高了政府的行政服务效率。这些年来，政府行政机构岗位设置可谓精兵简政，一个萝卜一个坑，有时甚至是“一个萝卜多个坑”，“能者多劳”或“贤者多劳”。据笔者调查统计，广东目前没有一家政府部门专门下拨人事编制来补给政务微信的运维管理，其运营维护一般都是由本部门的宣传人员或办公室行政人员兼职完成的，这种人力资源紧缺的状况严重影响了政务微信的创新扩散。

“我们没有专项拨款，也没有配备专职人员，只是由负责宣传工作的人员兼职管理政务微信平台，这在一定程度上影响了政务微信的发展。”（受访者 32，2015 年 9 月 25 日访谈笔记）

此种情境下，若能有其他的创新代理机构主动承担政务微信的内容运作和品质管理，实现政务微信在后台运营层面的“行政接合”，那么，这势必将极大地推动政务微信在基层政府部门的创新扩散。

诚然，不管是前期创新采纳过程中的“行政接合”，抑或是后期运营管理过程中的“行政接合”，本书认为，“行政接合”必将是影响政务微信创新扩散的一个重要的解释变量。故此，本书提出，“行政接合”程度是衡量信息技术能否在政府系统创新扩散的一个关键的外生性解释变量，基于前述的“接合”理论、“行政接合”概念以及场域理论的分析，本书尝试提出如下理论假设：

理论假设一：当社会系统中的媒介 / 中间人——社会精英（媒体精英与学术精英）与政治精英在行政管理（服务）的观念层面（前期采纳阶段）互动连接达成“接合”机制时，政务微信会在该地区优先扩散，并迅速开启创新扩散的机会之窗，这是政务微信创新扩散的充分条件。

理论假设二：当社会系统中的媒介 / 中间人——创新代理人（腾讯公司与其他社会机构）在行政管理（服务）的操作层面（后期运营阶段）分工协作达成“接合”机制时，政务微信会在该地区优先扩散，并迅速开启创新扩散的机会之窗，这是政务微信创新扩散的必要条件。

本章拟提炼出两个理论命题：

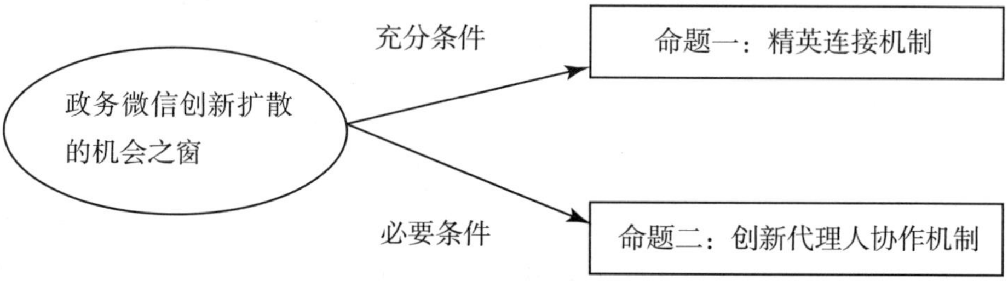

图 3–6　本章研究假设图

第三节　比较案例分析：案例设计与实证分析

为了对本章第二节提出的理论假设进行验证，本书接下来以比较案例分析的方法来解释基层政府政务微信创新扩散的“行政接合”机制，比较并提炼出那些具有不同的政治社会结构却都能成功创新扩散的案例与那些具有大体相同的政治社会结构却没能取得成功扩散的案例之间的本质差别。

一、案例设计

本书分析转型中国基层政府政务微信创新扩散的现实可能性，旨在回答两个问题：（1）为何拥有不同的政治经济结构和电子政务基础的行政区域，却能取得政务微信创新扩散的同时成功？（2）为何在拥有同样良好的政治经济结构和电子政务基础的区域，有些地区政务微信的创新扩散开展得如火如荼？而有些区域却籍籍无名？本书从“接合”理论出发，尝试提出了“行政接合”这个解释变量。

本书认为，首先，“行政接合”意味着社会系统中各方行动者对信息技术在政府行政管理（服务）实践场域创新扩散的积极参与和中介化效应。其次，在创新扩散发展的过程中，“行政接合”有着更为丰富的内涵，其操作化处理方式与测量也各不相同。在政务微信创新扩散的前期采纳阶段，“行政接合”意味着社会系统中的媒介/中间人——社会精英们与政治场域中的政治精英们在行政管理（服务）领域的思维碰撞与观念“接合”。在政务微信创新扩散的后期运营阶段，“行政接合”是指社会系统中的媒介/中间人——创新代理人为了提高政府行政效率不谋而合上下协同的操作“接合”。因此，“行政接合”的发生需要具备两个基础条件：第一，有不少具备行动意识的社会精英和政治精英的存在；第二，政府信息技术的创新扩散迎合了社会需要并且契合了公共利益的多元诉求。此外，在政府创新扩散场域内，“行政接合”除了隐含媒介/中间人等社会力量的参与和介入之外，还意味着该创新内生于社会，具有社会根基，因此能够回应公共行政和公共利益的需求。

根据上文提出的理论假设：当“行政接合”顺利达成时，地方政府的信息技术创新将会优先扩散，反之则否。本书重点关注政务微信的创新扩散，由于政府部门采用的政务微信直接与公共利益、公共服务以及公众参与的利益诉求渠道相对接，因此能更有效地对“行政接合”这一变量进行观测。为了与前续研究更好地衔接，本部分的研究同样选取在特定时间节点上（截止到2015年6月30日）已经成功创新扩散的与还没有成功创新扩散的四个比较案例，它们分别是佛山市的南海区、顺德区和三水区以及广州市的越秀区。通过对不同案例的比较，分析“接合”机制将如何在政务微信的创新扩散场域中发挥作用，并跟进分析“行政接合”的程度和状况与政务微信的创新扩散将在何种层面上进行互动。

二、三个正面案例的实证分析

佛山市是广东省重要的地市级城市，位于广东省中部，属珠三角中心地带，与广州市、肇庆市、中山市、清远市和江门市相毗邻。佛山市下属五个行政辖区，分别是南海区、顺德区、禅城区、三水区和高明区。当下佛山市是一个经济发展活力显现，城市升级成效显著和改革红利竞相释放的国家创新型城市。对此，国家发改委学术委员会秘书长张燕生认为，充分的简政放权极大地释放了佛山基层和社会的活力。《南方周末》在封面发表的《佛山故事》中指出：“佛山是一个典型的中国故事，这并不是一个关于政府与市场对立的故事，而是不断演进的政府与市场互补推动增长的故事。”众所周知，佛山市政务新媒体环境发育良好，这跟佛山市的社会结构和政治生态是息息相关的。

“佛山政务新媒体的发展跟佛山市的政治、经济和文化底蕴有关。佛山市以前是行署架构，行政结构比较松散，类似于组团式的联邦制结构，2002年，当时的佛山市委书记利用行政权力把佛山行政结构统一起来，依托各个区域自治发展。可以说，佛山属于典型的分权治理方式，各个区直和广深（广州和深圳）的行政结构不一样，主动求新求变的意识和理念都很强，素有“不是特区的特区”之称。不像广深两地，高度行政集权，行政权力向上级聚拢聚焦，形成一种庇护式的组织结构，这样就影响到基层的主动性和创新性，缺乏动力机制。而佛山地市级和区直级的政府组织之间是一种分权式结构，政府组织和市场之间也是一种分权关系，市民参与社会治理和社会管理的意识都很强。”（受访者 15，2015 年 7 月 17 日访谈笔记）

显见，在当下转型中国的政治语境下，佛山市天然拥有“小政府—大社会”的开放性政治结构与社会生态，这一点使其与广州、深圳两地有明显区别。

图 3–7　佛山市五个行政辖区分布地图

（一）三区政务微信发展概述

1. 南海区

南海区是佛山市的五个行政辖区之一，其电子政务基础条件较为优越：一是信息基础设施发展超前；二是信息化管理系统应用在区镇两级得到了全面普及；三是政府职能部门实现了信息资源的互通共享；四是风气浓厚，形成了全区学习运用信息网络技术的良好氛围。在信息化建设过程中，南海创造了不少的全国领先：1996 年，南海在全国县级市中第一个联通因特网；1997 年，南海成为全国城市信息网络服务系统建设中的首批试点市；2000 年，南海又成为国家层面的信息化试点城市；2001 年，南海通过“中国电子政务示范工程”的试点市立项评审；2011 年，“南海一点通”电子政府平台正式开通。政府如何借助网络工具施政？对此，南海区委书记邓伟根有着自己的理解：“影响稳定的一是基层，一是网络。”[①] 目前，南海区级的基层行政单位都在南海政务网上建立了自己的网站，南海区委区政府与下属行政事业单位以及各镇街全部实现了办公网络化和自动化，并且做到了互联互通。

“佛山历史遗留下来的行政惯性，南海区的自治能力比较强。佛山几次大的改革，放权力度比较大，再加上区直资源的沉淀。南海的电子政务基础很好，朱镕基曾经来视察过，之前南海的行政主官邓耀华也力推电子政务改革，以前就有很深厚的基础，现在政务微博和政务微信的良好发展都是循序渐进的结果。”（受访者 15，访谈笔记 2015 年 7 月 17 日）

由于拥有前期良好的电子政务基础，南海区的政务微信得到了迅速推广与扩散。

“目前佛山五区里政务微信做得最好的是南海区，这跟上任区委书记邓伟根有关系，他是全国最早开通微博认证（樵山潮人）的副厅级干部，在南海任职时曾经明令要求各政府部门开通政务微博。一把手领导一边倒地力推政务微博创新，并且采取了双塔结构：南海微力 + 南海发布，充分利用了新媒体技术的先发优势。另外当时南海区是

① 舒泰峰，尹冀鲲，黎诚 . 村治之变：中国基层治理南海启示 [M]. 北京：北京大学出版社，2014：137-138.

省委书记胡春华挂点，既然有省委书记坐镇，南海就敢于创新，敢于实验，不怕试错。”（受访者 22，2015 年 7 月 15 日访谈笔记）

此外，在南海区人民政府网站首页上设有“南海一点通”政务微信的二维码，市民通过扫码即可进入南海区政府的政务微信群进行交流互动和办事查询。

截止到 2015 年 6 月 30 日，南海区级政府层面已经开通的政务微信号有 40 个，它们分别是：

表 3-1 南海区政务微信开通情况表

序号	政务微信公众号	主管政府部门	公众号类别	开通时间
1	南海发布	南海区宣传部	订阅号	2015/01/15
2	南海政务通	南海区行政服务中心	订阅号	2015/05/25
3	南海旅游	南海区文化旅游局	订阅号	2014/01/13
4	南海检察	南海区人民检察院	订阅号	2014/11/14
5	健康南海	南海区卫生和计划生育局	订阅号	2015/01/12
6	南海食安	南海区食药监局	订阅号	2015/01/05
7	南海共青团	共青团南海区委	订阅号	2014/11/21
8	人才南海	南海区人才工作领导小组办公室	订阅号	2015/01/14
9	南海城管	南海区国土城建和水务局	订阅号	2015/05/15
10	南海献血	佛山市中心血站南海血站	订阅号	2015/01/22
11	南海科技	南海区经济和科技促进局	订阅号	2015/06/08
12	南海安监	南海区安全监督委员会	订阅号	2015/05/29
13	南海燃气	南海燃气发展有限公司	订阅号	2014/08/20
14	南海青年	共青团佛山市南海区委员会	订阅号	2015/05/21
15	南海一点通	南海区政府办	订阅号	2014/05/09
16	南海数据统筹	南海区数据统筹局	订阅号	2015/05/26
17	南海邮政报刊	南海区邮政局	订阅号	2014/12/29
18	南海博物馆	南海区文化旅游局	订阅号	2015/05/18

续表

序号	政务微信公众号	主管政府部门	公众号类别	开通时间
19	南海非遗	南海区文化旅游局	订阅号	2015/05/31
20	南海区第二人民医院	南海区卫生和计划生育局	订阅号	2014/12/11
21	南海知识产权	南海区知识产权协会	订阅号	2015/04/13
22	佛山市南海区婚姻登记处	南海区民政局	订阅号	2015/04/30
23	南海公证处	南海区民政局	订阅号	2015/05/14
24	南海区直机关工委	南海区直属机关工作委员会	订阅号	2014/09/21
25	南海纪检监察	南海区纪检委	订阅号	2014/08/30
26	南海区委组织部	南海区组织部	订阅号	2014/12/23
27	南海殡仪馆	南海区民政局	订阅号	2015/04/20
28	南海经济开发区人民医院高新区医院	南海区卫生和计划生育局	订阅号	2015/06/05
29	南海公安	南海区公安局	服务号	2014/04/18
30	南海妇幼保健院	南海区卫生和计划生育局	服务号	2014/11/28
31	南海邮政	南海区邮政局	服务号	2014/07/02
32	南海环保	南海区环境保护局	服务号	2014/03/10
33	南海经济开发区人民医院	南海区卫生和计划生育局	服务号	2015/05/12
34	南海第二人民医院	南海区卫生和计划生育局	服务号	2015/04/13
35	广东金融高新区	南海区政府办	订阅号	2014/12/15
36	南海妇联	南海区妇联	订阅号	2015/06/28
37	文明南海	南海区文明办	订阅号	2015/06/24
38	就业南海	南海区人才服务中心	订阅号	2015/06/25
39	南海司法	南海区司法局	服务号	2015/05/20
40	南海外侨	南海区民政和外事侨务局	订阅号	2014/08/29

2. 顺德区

顺德区是佛山市的五个行政辖区之一，位于珠三角中心地带，是广东省唯一的省直管县。一直以来顺德是一块敢于创新敢于突破的试验田，它承担了国家和广东省各项改革的试点任务。其中在1992年和1999年顺德先后被确定为“全省综合改革试验县”，并且在1999年还被赋予了地级市的管理权限。2009年8月，顺德成为广东省继续开展以落实科学发展观为核心的综合改革试验区。一直以来，顺德的政府改革是全省乃至全国体制改革创新的一面旗帜和一个品牌。当然，政府的信息化建设与政府的体制改革创新也是息息相关，须臾不能分开的，顺德的信息化程度也是佛山地区信息化的标志和主要体现。目前顺德在政务信息化建设方面，已有将近二十年的时间。顺德区电子政务系统起步较早，前期基础设施完善，故其政务社交媒体发展也较为迅速，尽管与南海相比还有一定距离。对此，顺德区宣传部的政府官员是如此解释的：

“我们的政务微信还没有全面铺开，基本上就是各单位根据自己的需要进行开通，不像南海那边发了关于开通微博微信的一个纲领性文件，南海还设置了政务新媒体考核分数，他们以前就搞得比较早，以前邓伟根在的时候也出了考核办法，但是现在评比考核不采纳这个了，所以我们也就没有搞了。”（受访者10，2015年9月14日访谈笔记）

如果打开顺德区人民政府网站，可以看到网站首页上设有顺德百事通的政务微信二维码，市民扫码即可进入顺德区的政务微信群进行办事和交流。

截止到2015年6月30日，顺德区级政府层面已经开通的政务微信号有37个，它们分别是：

表3-2 顺德区政务微信开通情况表

序号	政务微信公众号	主管政府部门	公众号类别	开通时间
1	顺德图书馆	顺德区文化局	订阅号	2014/03/07
2	顺德警察	顺德区公安局	订阅号	2014/12/24

续表

序号	政务微信公众号	主管政府部门	公众号类别	开通时间
3	顺德区妇幼保健院订阅号	顺德区卫生和计划生育局	订阅号	2015/06/03
4	顺德百事通	顺德区政府办	订阅号	2014/07/18
5	顺德公交	顺德区交通局	订阅号	2014/12/01
6	顺德博物馆	顺德区文化局	订阅号	2014/11/18
7	顺德邮政	顺德区邮政局	订阅号	2014/12/11
8	顺德消防	顺德区消防大队	订阅号	2014/12/30
9	顺德天气	顺德区气象局	订阅号	2014/09/29
10	顺德教育	顺德区教育局	订阅号	2015/06/15
11	顺德青年	共青团佛山市顺德区委员会	订阅号	2015/06/01
12	顺德区城市更新发展中心	顺德区城市更新发展中心	订阅号	2015/06/08
13	顺德市场监管	顺德区市场监督管理局	订阅号	2015/06/06
14	顺德安监	顺德区安全生产监督管理局	订阅号	2015/06/09
15	顺德农讯	顺德区农业局	订阅号	2014/07/18
16	顺德区中心血站	顺德区卫生和计划生育局	订阅号	2014/02/07
17	顺德区卫计局	顺德区卫生和计划生育局	订阅号	2015/01/12
18	顺德中小企业服务中心	顺德区经科企业服务中心	订阅号	2015/04/28
19	顺德工程监督	顺德区建设工程质量安全监督站	订阅号	2015/06/18
20	正义顺德	顺德区人民检察院	订阅号	2014/11/19
21	顺德人才市场	顺德区政府办	服务号	2014/09/30
22	顺德就业	顺德区劳动就业服务中心	服务号	2015/06/16
23	顺德区妇幼保健院服务号	顺德区卫生和计划生育局	服务号	2015/01/12
24	顺德国税纳税服务	顺德区国家税务局	服务号	2015/05/26
25	顺德汽运	顺德区汽车运输有限公司	服务号	2015/01/27
26	顺德第一人民医院	顺德区卫生和计划生育局	服务号	2015/04/07
27	顺德区邮政局	顺德区邮政局	服务号	2014/10/17
28	顺德区中医院	顺德区卫生和计划生育局	服务号	2014/11/01

续表

序号	政务微信公众号	主管政府部门	公众号类别	开通时间
29	顺德人才	顺德区人社局	服务号	2014/06/20
30	顺德供水	顺德区供水公司	服务号	2014/02/14
31	顺德交警	顺德区交通局	服务号	2013/07/25
32	顺德财税	顺德区财税局	服务号	2014/11/14
33	顺德民生保障	顺德区民政局	服务号	2015/05/12
34	财富顺德订阅号	顺德区财税局	订阅号	2015/06/08
35	旅游在顺德	顺德区旅游局	订阅号	2015/05/07
36	顺德易买房	顺德区住房保障局	订阅号	2015/05/07
37	顺德教育在线	顺德区教育局	订阅号	2015/05/07

3. 三水区

三水区位于广东省中部、佛山市西北部，素有“产业新城、南国水都、广佛肇绿芯”之美誉。2003 年，三水撤市建区，成为佛山市行政辖区。三水自 1991 年以来，多次被列入全国农村综合实力百强县（市）当中，并一度被评为全国农村实现小康县（市）和全国明星县（市）。2002 年被列入全国综合实力百强县（市），同时也是广东省首批信息市试点。三水区电子政务于 1997 年正式开始投入建设，截至 2005 年初步实现了办公室办公自动化。在佛山市整体良好的电子政务基础的带动下，三水区当前的政务新媒体发展势头强劲，其区级政府层面的政务微信得到了迅速扩散。对此，《南方日报》三水站的记者如是说：

“三水区目前的区委书记 ××× 是顺德人，已经在任了两届，如今是任期的第十年，即将面临调任和升迁的政治压力，需要提高见报率。三水区区长 ×××，他们都具有比较开放的领导意识。目前我所接触到的三水区局级领导都比较开明。”（受访者 22，2015 年 7 月 15 日访谈笔记）

三水区政务微信的发展得到了党委和政府的高度重视，并被打造成三水区电子政务发展的一张靓丽的名片。

“三水区的政务微信，除了区委区政府领导的推动之外，宣传部部长 ×××，善用媒体，善于利用新媒体做好关系。宣传部副部长 ×××，媒体记者出身，比较熟悉新闻传播规律，他们的推动力度都很大，此外，具体负责舆情管理的宣传干事也在慢慢推。”（受访者 22，2015 年 7 月 15 日访谈笔记）

市民们如果打开三水区人民政府网站，即可看到三水区政务微信专栏。

截止到 2015 年 6 月 30 日，三水区级政府层面已经开通的政务微信号有 36 个，它们分别是：

表 3-3 三水区政务微信开通情况表

序号	政务微信公众号	行政类别	公众号类别	开通时间
1	三水发布	三水区宣传部	订阅号	2014/03/18
2	三水教育	三水区教育局	订阅号	2014/04/08
3	三水国土	三水区国土局	订阅号	2014/05/22
4	三水旅游	三水区文体旅游局	订阅号	2014/04/28
5	三水环保	三水区环保局	订阅号	2014/04/17
6	今日三水	三水区宣传部	订阅号	2015/06/18
7	三水公安	佛山市公安局三水分局	订阅号	2015/06/01
8	三水人社	三水区人社局	订阅号	2014/03/11
9	三水老干	三水区老干部局	订阅号	2015/04/27
10	三水国税纳税服务	三水区税务局	订阅号	2014/02/25
11	三水普法	三水区司法局	订阅号	2014/12/03
12	三水团区委	三水区共青团委	订阅号	2014/02/13
13	乐享三水	三水区科教信息局	订阅号	2015/06/11
14	三水经科	三水区经济和科技促进局	订阅号	2015/05/01
15	三水城管	三水区城市管理委员会办公室	订阅号	2015/04/17

续表

序号	政务微信公众号	行政类别	公众号类别	开通时间
16	三水检察	三水区人民检察院	订阅号	2015/05/12
17	健康三水	三水区卫生和计划生育局	订阅号	2015/06/01
18	三水燃气	佛山市三水燃气有限公司	订阅号	2015/06/24
19	三水审计	三水区审计局	订阅号	2015/05/18
20	三水卫计	三水区卫生和计划生育局	订阅号	2014/08/19
21	三水住建	三水区住房建设保障局	订阅号	2014/05/20
22	三水发改统计	三水区发展规划和统计局	订阅号	2014/10/27
23	佛山三水区委政法委	三水区政法委	订阅号	2014/04/09
24	三水交通	三水区环境运输和城市管理局	订阅号	2014/10/29
25	三水区民政局	三水区民政局	订阅号	2015/02/10
26	三水社保	三水区社会保障局	服务号	2014/05/27
27	三水天气	三水区气象局	服务号	2014/11/28
28	三水农信	三水区农村信用合作联社	服务号	2014/11/21
29	佛山市三水区人民医院	三水区卫生和计划生育局	服务号	2014/12/17
30	佛山市三水区妇幼保健院	三水区卫生和计划生育局	服务号	2015/06/08
31	三水血站	佛山市中心血站三水血站	服务号	2015/03/26
32	三水工商	三水区工商局	服务号	2014/10/09
33	三水区消防大队	佛山市公安消防支队三水区大队	订阅号	2015/07/01
34	佛山市三水区慈善会	佛山市三水区慈善会	服务号	2015/03/19
35	三水南山消防	佛山市公安局三水分局	订阅号	2015/06/08
36	三水公资办	三水区公有资产管理办公室	服务号	2015/07/01

（二）社会精英的“行政接合”——精英连接机制

广东省佛山市的电子政务尤其是政务新媒体有着良好的运行环境和群众基础，目前全市已经形成了“佛山微博微信发布厅”的强大阵容，其政务微信已经覆盖了市、区、镇、村居四个层级，政务微信的主要信息来源于广佛两市各大报纸，各单位、各区官网信息，各单位、各区微博微信信息等。在政务新媒体的制度建设方面，佛山市委、市政府近年来出台了关于互联网工作的各项规章制度，为佛山市政务新媒体的快速创新与扩散保驾护航。其中包括：佛山市委办公室、市政府办公室《关于加强政务微博建设有关工作的通知》（2012年）；佛山市委办公室、市政府办公室《关于印发〈关于加强政务微博建设有关工作的通知〉的通知》（2013年）；佛山市委办公室、市政府办公室《关于印发〈佛山市2014年网络问政和政务微博微信工作方案〉的通知》（2014年）；中共佛山市委宣传部关于以市委办公室、市政府办公室名义印发《关于加快推进全市政务微信应用的通知》（2015年）。

本书认为，佛山市及其下属行政辖区的政务新媒体之所以能够得到顺利的创新扩散，主要得益于在佛山市政治场域内开创的两种“行政接合”机制或社会创新模式——两种精英连接机制。

精英连接机制一：佛山“微访谈”模式（媒体精英＋政治精英）。

2013年以来，佛山市委宣传部、市网宣办探索以“键对键、线对线、面对面”的网络问政新模式，积极策划开展市领导上线微访谈，带动推进各级领导开展微访谈系列活动，在全市形成“微”践行群众路线的新局面，解决了一批热点难点问题，增强了政府公信力，受到了广大群众的欢迎和境内外网媒好评。《人民日报》《光明日报》、人民网刊发《广东佛山书记市长带头微博问政》《领导干部用“微”好处多》《以微访谈来“去官气”“接地气”“聚人气”》《@佛山发布通过官微践行群众路线》等8篇报道，通过@佛山发布更好地践行了“微”时代的群众路线。佛山由此获得了一系列荣誉，其中包括：@佛山发布被腾讯评为2013年度新锐微博奖、被新浪评为2013年度最具影响力政务微博（广东）；“佛山微访谈”被评为“政府治理能力现代化”2013—2014年度优秀案例中的“网络问政优秀案例”；佛山蝉联新华网举办的2013年中国城市网络形象十佳地级市（第3名），并斩获政务网络形象奖（全国共5名，排第2）；“佛山市长微访谈”等案例入选2013年全国政务微博案例（50个）排行榜单。

概括起来，佛山市“微访谈”模式的主要做法是：

第一，搭建“3+3”平台，以全网便民方式广泛收集问题建议。一是在人民、新浪、腾讯等三大微博平台，搭建专题页面。二是通过全市政务微博微信群、本地主流论坛版面、市内外传统媒体三大平台，收集网民问题和建议并以其官博代为提问，最大限度地方便了网民参与。

第二，调动“全媒体+政务微博/微信”资源，高密度宣传发动。一是在市内外媒体高频宣传预告（市属媒体每天预告）。二是在@广东发布、全市政务微博微信、本地媒体和论坛重点推介。三是协调人民、腾讯、新浪网推介，特别是成功协调腾讯QQ向全市230多万用户弹窗推送传播信息。四是大胆运用政务微博资源，召开30多个相关热点部门筹备会，协调全市政务微博群“微”联动转评。

第三，创新运用政务微信等“6+1”直播，最大限度地凝聚人气传递声音。一是协调国内三大微博和市政府网、广佛都市网视频图文直播、佛山电台音频直播，建立6个直播通道。二是创新运用市委市政府官方微信“佛山发布”同步视频文字直播，有效覆盖移动化人群。

据统计，2013年以来佛山市委书记、市长的微访谈每场围观人数均超过200万，有关话题标签近3万。微博平台运营人员直言“人气之旺在近年政府官员微访谈中实属罕见”。微访谈活动结束后，《人民日报》《南方日报》《香港东方日报》等10余个权威、知名传统媒体予以关注报道，人民网、新华网、BBC中文网、谷歌新闻、多维网等近300家境内外知名网站、论坛纷纷进行报转评，国内主流微博平台相关微博条数近2万条。

在佛山微访谈模式的潜移默化下，佛山市及其所属行政辖区内的政府官员及民众几乎都拥有了良好的新媒体技术习得与媒介素养。据中国网民网络媒介素养调查报告显示，在中国二线城市中，佛山市网民的媒介素养水平最高[①]。另外，据不完全统计，2010—2015 年，佛山市南海、顺德、三水三区政府及其部门分别踊跃参加了广佛都市网主办的将近 40 场次的领导微访谈活动，通过领导微访谈活动的涵化培养与学习，这些微访谈活动慢慢地将政务新风和新媒体素养渗透并移植到佛山市的政治场域中。即通过社会精英与政治精英的巧妙对接顺利达成了“政治吸纳”与“社会嵌入”等政治管道与社会情境互动互嵌的传播功效。据研究者实地调研，佛山三区领导微访谈活动统计情况如表 3-4 所示：

表 3-4　佛山三区微访谈上线情况表（2010 年—2015 年）

微访谈辖区	微访谈时间	微访谈领导	微访谈主题
南海区	2010 年 11 月	市委常委、南海区委书记邓伟根与网友在线交流	落实“三着力一推进”，建设“五星级南海”
	2011 年 6 月	南海区区长欧邦敏与网民交流	富民强区 幸福南海
	2014 年 4 月	南海东部三镇领导微访谈	东部片区经济发展
	2014 年 4 月	南海中部片区领导微访谈	中部片区经济发展
	2014 年 4 月	南海西部三镇领导微访谈	西部片区经济发展
	2014 年 5 月	邓伟根微访谈	狠刹“四风”问题，推动南海再出发
	2015 年 7 月	南海区升级办	南海区城市升级微访谈
	2015 年 8 月	南海区西樵镇	品质南海，至善西樵
	2015 年 8 月	南海区桂城街道办	品质南海，魅力桂城
	2015 年 8 月	南海区大沥镇	品质南海，幸福大沥
	2015 年 8 月	南海区九江镇	品质南海，幸福九江
	2015 年 8 月	南海区里水镇	梦里水乡，和善家园
	2015 年 8 月	南海丹灶镇	品质南海，有为丹灶
	2015 年 8 月	南海狮山镇	品质南海，动感狮城

① 凯迪数据研究中心．中国网民网络媒介素养调查报告 [R]. 2015.

续表

微访谈辖区	微访谈时间	微访谈领导	微访谈主题
顺德区	2010 年 12 月	佛山市委常委、顺德区委书记梁毅民与网友在线交流	打造“现代产业之都”“品质生活之城”
	2011 年 8 月	顺德区代理区长黄喜忠与网民在线交流	城市升级引领转型发展 共建共享幸福顺德
	2014 年 7 月	顺德区政府	建设人民满意的政府
	2014 年 7 月	顺德区经促局	围绕践行群众路线、做好企业服务
	2014 年 8 月	顺德区人力资源和社会保障局	围绕践行群众路线、做好高校毕业生就业服务
	2014 年 9 月	顺德区卫生和计划生育局	社区卫生服务的改革成效、功能定位和下阶段发展建设
顺德区	2015 年 5 月	顺德区升级办	顺德区城市升级微访谈
	2015 年 6 月	佛山新城管委会	佛山新城城市升级微访谈
三水区	2011 年 1 月	三水区委书记卢立湃与网民畅谈	以“发展为先，民生为重，生态为大”理念，建设“现代产业之区、生态时尚之城、幸福长寿之乡”
	2011 年 12 月	三水区区长陈英文与网民在线交流	三水新城建设，全面开创幸福三水事业新局面
	2014 年 3 月	三水区政府	畅谈下一步全面深化改革和提速提质
	2014 年 5 月	三水区政务委员、大塘镇党委书记罗卫平、三水区芦苞镇党委书记李伟锚、南山镇党委书记戴志新	将优质生态资源转化为核心竞争力，打造三水新的经济增长极
	2014 年 5 月	三水区副区长、乐平镇党委书记乐绍才、三水区新城建设管理委员会副主任、云东海街道党（工）委书记何勇祥	加快三水新城建设，促进佛高区三水园提速提质发展
	2014 年 5 月	三水区委常委、西南街道党（工）委书记孔耀明、白坭镇党委书记杨伟亮	加快产业转型升级，发挥主城区城市功能

注：2012—2013 年的佛山微访谈活动是以单纯网站形式制作的，没有采纳微博和微信等社交媒体的参与形式与手段，故未加统计。

为了进一步佐证说明佛山三区领导微访谈活动的传播功效，本书还摘选了佛山市三水区委书记和区长参加微访谈活动的部分实录和新闻报道。

书记邀您“灌水”、“拍砖”

本月20日，三水区委书记苏伟波将上线微访谈

为了广泛听取民意，汇集民智，3月20日上午10：00～11：30，三水区委书记苏伟波将上线微访谈，就当前全区中心工作及热点民生话题与网民交流互动，借此调动广大网民参与、支持三水发展的积极性，推动三水新一轮发展。

日前，三水区政府官方微博“@三水发布”已经分别在新浪和腾讯设置了访谈直播页面。广佛都市网也专门设立了访谈直播页面，同步进行网络图文视频、微信直播。网民也可以通过点击公众微信“佛山微新闻”、“三水发布”的“微信直播”菜单，新三水网论坛，@新三水网微博，通济论坛相关链接进入直播页面，参与本次活动，欢迎广大网民“灌水”、“拍砖”，建言献策。

网民可通过上述平台了解相关情况及活动进展，通过网站直播页面、论坛、微信等渠道建言献策。即日起，新三水网论坛和@新三水网微博将专题置顶设置微访谈话题，提前收集网民意见和问题，在微访谈当日统一接入微访谈页面。

据悉，接下来，三水区将陆续开展多场微访谈活动，旨在探索形成常态化的政民互动机制，以实际行动落实“为民、务实、清廉”的相关要求。

（相关网站访谈直播页面链接：广佛都市网：http://www.citygf.com/plcs/2014zt_live/04/，新浪：http://talk.weibo.com/ft/2014032011719，腾讯：http://zhibo.qq.com/mbask/9216/index.html）

“三水区主要领导微访谈”

网友所提问题得到部门积极回应

昨日，区政府新闻办发布通报表示，区委书记苏伟波“全面深化改革和提速提质发展”微访谈活动中的752条网友问题，已全部回应答复。未来，区委区政府将继续线上线下听民声、汇民智、解民困，形成全区“微”践行群众路线的良好局面。

3月20日上午，苏伟波通过区委区政府官方微博@三水发布，就“全面深化改革和提速提质发展”的话题开展微访谈活动，与网友们互动交流。此次微访谈活动得到广大网友的热烈响应与支持，相关统计数据显示，共有近60万名网友围观本次微访谈，近万人（次）参与在线讨论，共收到提问、意见和建议1600多条。

因时间限制，苏伟波对网友提出的问题和建议未能在现场一一回复。微访谈结束后，区政府新闻办对网友问题进行归纳梳理，共归纳汇总为752条，并分发至镇街及区直单位，要求各镇街、各部门4月21日前在本单位官方政务微博上一一进行回复。截至近日，752条网友问题已全部完成回应答复。

本次微访谈活动，网友关心的话题主要集中于城市规划、产业发展、交通环保、教育医疗、社会保障等领域。其中不少问题涉及民生。

据悉，目前我区已形成“微访谈”的长效机制，区、镇（街）两级党政领导及部门负责人将不定期上线开展微访谈活动。区政府新闻办希望网友能一如既往地踊跃参与，积极建言献策，共同把三水建设得更加美好。

尊敬的各位网友：

为贯彻落实党的十八大精神，推动党的群众路线教育实践活动的开展，11月22日上午，区长陈英文同志通过@三水发布就“产业新

城 南国水都 广佛肇绿芯”与广大网友进行了实时在线交流。此次交流，广大网友响应热烈，给力“拍砖”，共在新浪、腾讯微博、广佛都市网三大平台提问或献计献策近3000条。因时间限制，陈英文区长未能对网友们提出的所有问题和建议进行一一回复。活动结束后，陈英文区长立即要求区政府新闻办将问题和意见建议进行认真梳理和归纳汇总，并迅速分发至各镇街、各单位，要求各镇街、各单位及时认真回复和迅速处理解决。

经认真梳理，已将问题和意见建议归纳汇总为1906条，分发至七镇街及24个区直单位，并已于12月9日前，各单位在本单位官方政务微博上一一进行了回复，敬请各位网友留意。

同时，真诚感谢大家对三水建设发展的真切关心和热心建议，希望大家一如既往地关心和支持三水建设，共同把三水建设得更加美好。

（三水区镇微访谈活动网址：http://www.citygf.com/news/tf/1014_2/sanshui/）

佛山微访谈模式可以说是开启了中国政坛的网络问政新风，同时也在无形中提升了佛山政治场域中政府官员和市民的新媒体技能和媒介素养。诚然，“行政接合”的达成需要各种主观意愿、客观条件的因缘际会。当初这个模式的开创也是各种政治、社会、历史和技术条件在行政管理（服务）的实践层面达成有机接合的结果。佛山微访谈模式的创立，离不开媒体精英和政治精英两股社会力量的连接和碰撞。媒体精英成为连接过程中的一股重要推动力量，其中广佛都市网在佛山微访谈模式的整个创建过程中功不可没。诚如其新闻部管理人员所言：

“我在这里工作五年啦，从2009年到现在，也是一路见证和参与了佛山的网络问政的过程。我们的佛山微访谈模式应该是在2010年的时候已经打下基础了，那时候已经有一个雏形，那个雏形是叫作网络访谈，2010 年就已经在实操当中了，筹备可能还要早一年。网络访谈的操作邀请了领导，譬如说我们也固定了一个话题，或者就是那一期聊一些什么样的内容，然后就邀请到部门的领导，当时也就是分佛山五个区吧，到这里来聊，主持人也是我们第一批成长起来的，都是在我们这里操作的。因为其他地方还没有搞过类似的网络节目。我们在网站上做专题，然后专题上面我们用直播机直播出去，我们做的都是现场直播。政府和我们媒体双方都有这种意愿，政府也需要我们弄一个创新一点的渠道，除了传统媒体还想在网络上露面什么的，我们这边直接提供技术条件就行了，可能是双方一拍即合吧，或许也是领导们开会讨论碰撞出来的结果。”（受访者 12，2015 年 9 月 15 日访谈笔记）

“有这个条件后我们就开始做网络访谈了，当时我们也邀请其他媒体的记者过来采访，然后通过他们报道出去，这样慢慢地一步一步推展，也不是很频繁的，因为毕竟新的内容的推广还是需要一个时间吧。刚开始时可能我们一个月有一场就很了不起了，如果是集中区域的话，可能会多一点，两会期间肯定更多一点，我们就逐渐地扩大规模和影响力，也就这么一直做下去。2010、2011、2012 年都有，2012 年年底微博出现了，然后 2013 年的时候全国各地风风火火都开了政务微博，然后我们就想要不然我们就把直播放到我们的微博上面去吧，因为当时关注的号很多嘛，我们自己的微博平台聚拢了不少粉丝。而且一开始的时候，新浪那边也开发了微访谈的平台，透过他们的微访谈可以搭建一个页面，我们的专题、图片、主题、访谈嘉宾可以通过那个页面和格式传上去。新浪页面的好处，好就好在一个微访谈过程中网友提问，然后我们在访谈时间内回答就可以直接圈到那个用户，而在专题上面做的话我们就圈不到用户。我们的微访谈区里面的影响可能小一点，市里面的微访谈我们一般借助腾讯的弹窗，辐射力很大，腾讯给到我们的数据是可以辐射到 200 万个用户。当时微博的传播力很广，到了2013年年底又兴起了微信，2014年6月份我们首次采用微信来做，在微信上我们通过后台专门做了一个微信微访谈的界面，通过预告引导用户点击那个界面进行留言，节目后我们也会对问题进行总结和梳理，然后再反馈给用户，那个回复完成之后我们还会集中统一用长微博再回复一次。平均每场微访谈可能就有好几百个问题，如果是市里面的访谈一般可以收集到2000多个问题，我们都会通过时间和节点一个一个地进行梳理。”（受访者12，2015年9月15日访谈笔记）

如果说媒体精英是佛山微访谈模式的重要社会推动力量，那么佛山市委、市政府领导的关注和重视也是至关重要的“行政接合”元素，因为佛山政治场域中的政治精英们也不缺乏这种积极策划和主动连接的意识。

“佛山微访谈模式总的说来是佛山市委宣传部在牵头，由政府主导，策源地是宣传部，由宣传部指导和监控的，可以说我们网信办是灵魂、头脑，负责顶层设计的。从搞方案——调研——发文流程下来，广佛都市网给我们提供了技术支持和形式上的操作。那么市委、市政府领导为什么会同意微访谈呢？我们佛山网信办边干边学习，了解网络运用的大趋势，大力呼吁，让领导意识到网络的重要性，利用微博、微信，利用原来的在线交流，然后再附上前期所取得的网络工作成果和奖项。此外，媒体关注也取得了成效，《人民日报》在做，我们可以效仿。2015年9月6日，中央政治局常委张德江在佛山调研，佛山市委书记就把领导微访谈栏目作为亮点和特色重点汇报。总之，我们把微博、微信作为网络问政的载体和手段来推进，运营双微也是网络问政的一部分，它不但便捷，而且成本低廉。习大大在8·19讲话中说，人民群众到了哪里，我们的工作就要做到哪里。虽然微访谈活动需要耗费人力和精力，这个必须要专人，要流程，但是回应网友的问题是我们的职责，否则就会闭塞视听，罔顾民意，我一直认为

‘问题在下面，根子在上面’。”（受访者7，2015年9月15日访谈笔记）

由此可见，佛山微访谈模式是佛山政治场域中媒体精英和政治精英的思维观念在行政层面相互连接达成“行政接合”的结果。

精英连接机制二：政务新媒体培训模式（媒体精英＋学术精英＋政治精英）。

如前所述，在转型中国“互联网＋”的顶层设计和战略驱动下，各方社会行动者遵循不同的利益诉求和行动逻辑，为了共同的理想价值汇聚到佛山这片改革创新的沃土。毋庸讳言，政府信息技术创新扩散的先行条件是政治决策者对创新观念的认知和接纳，这一方面得益于佛山市良好的电子政务环境、宽裕的财政经济基础和相对开明的政治行动者；另一方面也得益于广东这片热土孕育了较为自由开放的媒体气质和学术精神，从而使得一批媒体精英和学术精英得以脱颖而出，自觉成为社会创新方式的引领者、推动者和实践者。而更为本质的原因在于，这些客观的政治、社会、历史和技术条件能够在公共行政场域达到“接合”状态——相互连接，否则各种社会力量依然处于分散的、游离的原子化状态，无法突破并发挥其主观能动性。换言之，在佛山的政治场域中，政治精英、媒体精英以及学术精英们在“互联网＋”时代精神的感召下，他们对政务新媒体提升行政效率和改善治理的潜能和愿景抱持相对客观中肯的评估，从而形成主观共识，以致达到了思维观念层面的默契与“接合”。于是，社会系统中的媒体精英和学术精英们纷纷渗入佛山政治场域中，他们通过与当地上层政治精英的观念“接合”从而对下层政治精英施加启蒙与教化，进而建构了佛山政治场域中政治行动者们对政务新媒体的全新认识。由此可见，良好的政媒关系和政学关系是“行政接合”产生的首要条件，这种“接合”机制即精英连接机制，我们可以从佛山市乃至佛山市下属行政区（南海区、顺德区和三水区）政府层面主办的政务新媒体培训活动上得到检验和证实。当下佛山市政治场域中社会精英的连接情况如图 3-8 所示：

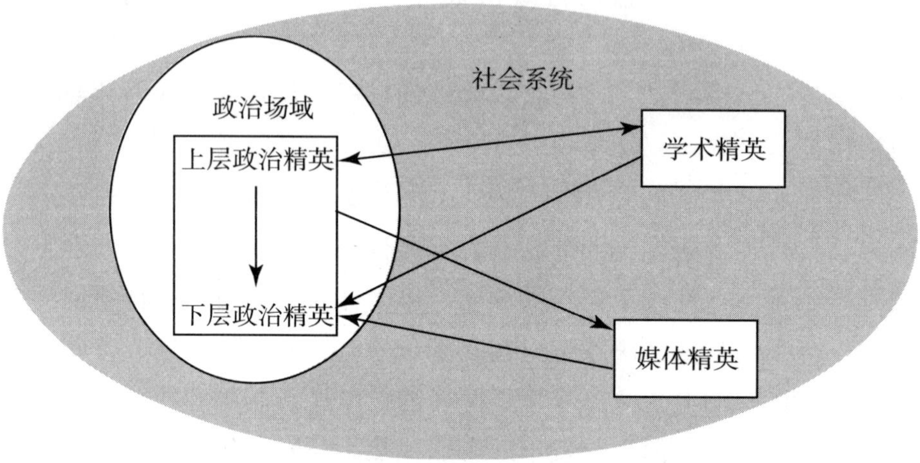

图 3-8　佛山市政治场域中精英连接示意图

据不完全统计，2013—2015 年佛山市政府主办的与政务新媒体相关的各类培训活动如表 3-5（据内部资料整理）所示：

表 3-5　2013—2015 年佛山市政务新媒体培训情况

序号	培训时间	培训内容	培训地点
1	2013 年	佛山市新闻发言人业务培训一：《南方日报》佛山站副站长何又华和《佛山日报》都市新闻中心主任罗聪良授课	佛山创意产业园
2	2013 年	佛山市新闻发言人业务培训二	佛山市委小礼堂
3	2013 年	佛山市新闻发言人业务培训三	佛山市委小礼堂
4	2013 年	佛山市新闻发言人业务培训四	佛山市委小礼堂
5	2013 年	佛山市新闻发言人业务培训十 佛山市政府新闻办	广东伊之密精密机械股份有限公司
6	2013 年	佛山市委宣传部——北京大学研究班 （新闻发言人培训）	北京大学研讨班
7	2014 年	佛山媒体大讲堂第 14 场（新闻发言人培训）	佛山市委小礼堂

续表

序号	培训时间	培训内容	培训地点
8	2014 年	佛山媒体大讲堂第 15 场（新闻发言人培训）	佛山市委小礼堂
9	2014 年	佛山媒体大讲堂第 16 场（新闻发言人培训）	佛山市委小礼堂
10	2014 年	佛山媒体大讲堂第 17 场（新闻发言人培训）	佛山市委小礼堂
11	2014 年	佛山媒体大讲堂第 18 场（新闻发言人培训）	佛山市委小礼堂
12	2014 年	佛山媒体大讲堂第 19 场（新闻发言人培训）	佛山市委小礼堂
13	2014 年	佛山市新闻宣传工作专题培训——佛山市新媒体培训	佛山市委小礼堂
14	2014 年	网络舆情分析师职业培训——佛山市新媒体培训	佛山市委小礼堂
15	2014 年	佛山媒体大讲堂——从民生新闻读懂新闻媒体	佛山市委小礼堂
16	2015 年	佛山 2015 年首场新闻发言人开讲 南都报系副总裁苟骅《大数据与政府治理能力现代化》	佛山市委小礼堂
17	2015 年	佛山新闻发言人大讲堂第 26 场	佛山市委小礼堂
18	2015 年	佛山新闻发言人大讲堂第 27 场	佛山市委小礼堂
19	2015 年	佛山新闻发言人大讲堂第 28 场	佛山市委小礼堂
20	2015 年	佛山新闻发言人大讲堂第 29 场	佛山市委小礼堂
21	2015 年	佛山新闻发言人大讲堂第 30 场	佛山市委小礼堂
22	2015 年	佛山市 2015 年宣传思想文化人才培训班（佛山市委宣传部、佛山市传媒集团主办）	佛山市委党校
23	2015 年	佛山市 2015 年新闻宣传工作专题培训班（佛山市委宣传部、佛山市传媒集团主办）	佛山市委党校

在佛山市南海、顺德和三水三区中，尽管三水区的经济基础和电子政务条件不是最好，但其政务新媒体培训力度最大，由此也可见在三水区政务微信的创新扩散场域中其政府主导的决心与力度。诚如三水区宣传部的政府官员所言：

“我们宣传部每一个季度都有一个新闻宣传工作会议，邀请区直和镇街的领导参加，我们有时还会邀请业界和学界的专家和教授过来讲课，讲各种不同的专题，比如网络发展和新闻策划，如我们请了广佛都市网的运营专家给我们政府部门领导干部讲网络应用，实操性比较强。我们曾经请了中山大学传播与设计学院张志安教授、广东外语外贸大学新闻传播学院朱颖教授给我们讲新闻发布、网络传播策略等。2013—2014 年，我们在新浪、腾讯视频推出了“领导微访谈”系列直播节目，通过实际操演，让各个政府部门的领导对网络有了新的认识，从“一无所知”到有了一个质的飞跃。我们在“微访谈”活动中会阶段性地推出不同选题，不同版块，如党委版块、政府版块、民生版块，不同单位的领导现场练兵，通过网络、微博和微信及时回应群众的不同需求。同时，也在地方政府领导中普及了网络和新媒体发展的思想，总之，我们采取了这种大型培训和日常工作交流相结合的渗透模式。”（受访者 20，2015 年 7 月 15 日访谈笔记）

据不完全统计，2013—2015 年三水区政府主办的与政务新媒体相关的各类培训项目与活动如表 3-6（据内部资料整理）所示：

表 3-6　三水区政务新媒体培训情况

序号	培训时间	培训地点	培训主题	授课培训人	培训对象
1	2013 年	三水区政府会议室	区第三季度新闻宣传工作联席会议暨模拟新闻发布会实训演练	张求会（省委党校教授）	宣传业务员
2	2014 年	三水区政府会议室	新闻宣传业务培训—如何平衡工作、生活的压力	旷志伟（肇庆学院教授）	宣传业务员
3	2014 年	三水区政府会议室	新闻宣传业务培训：新形势下如何实现政媒互动共赢	吴伟光（暨南大学客座教授）	宣传业务员
4	2014 年	三水区政府会议室	新闻宣传业务培训：新媒体环境下政务传播与社会治理	张志安（中山大学教授）	宣传业务员
5	2014 年	三水区政府会议室	宣传业务工作人员的核心价值观培训	张喜平（佛山科学技术学院教授）	宣传业务员

续表

序号	培训时间	培训地点	培训主题	授课培训人	培训对象
6	2014年	三水区政府会议室	佛山传媒大讲堂送培训到基层：网民心理与网络舆论引导	朱颖（广东外语外贸大学教授）	宣传业务员
7	2014年	三水区政府会议室	新闻宣传业务培训：如何抓取新闻宣传亮点	张喜平（佛山科学技术学院教授）	宣传业务员
8	2015年	三水区政府会议室	名家大讲堂“提高科学素质、促进自主创新”专题学习会	王渝生（中国科技馆原馆长）	宣传业务员
9	2013年	三水区南山镇政府会议室	南山镇政媒关系培训	陈伟鹏（《佛山日报》“今日三水”主编）	镇宣传人员
10	2013年	三水区政府会议室	全区第一季度新闻宣传工作联席会议暨宣传工作学习培训	何又华（《南方日报》“佛山观察”主编）	宣传业务员
11	2013年	三水区芦苞镇政府会议室	芦苞镇宣传工作培训	赵进（《南方日报》三水记者站执行站长）	镇宣传人员
12	2013年	三水区西南街道会议室	西南街道舆情处置培训	何又华（《南方日报》“佛山观察”主编）	街道宣传员
13	2013年	三水区地税局会议室	区地税局宣传策划培训	赵进（《南方日报》三水记者站执行站长）	地税宣传人员
14	2013年	三水区教育局会议室	区教育系统宣传工作培训	刘先进（《佛山日报》记者）	教育宣传员
15	2013年	三水区芦苞镇政府会议室	芦苞镇宣传策划和舆情处置培训	赵进（《南方日报》三水记者站执行站长）	镇宣传人员
16	2013年	三水区乐平镇政府会议室	乐平镇宣传策划培训	何又华（《南方日报》“佛山观察”主编）	镇宣传人员
17	2013年	三水区云东海街道会议室	云东海街道舆情处置培训	赵进（《南方日报》三水记者站执行站长）	街道宣传员

续表

序号	培训时间	培训地点	培训主题	授课培训人	培训对象
18	2013年	三水区市场监管局会议室	区市场监管局舆情处置培训	何又华（《南方日报》“佛山观察”主编）	市监局宣传人员
19	2013年	三水区创文城管办会议室	区创文城管办宣传策划和舆情处置培训班	赵进（《南方日报》三水记者站执行站长）	文化宣传人员
20	2013年	三水区政府会议室	微访谈实操培训	谢庆忠（广佛都市网）	宣传业务员
21	2013年	三水区政府会议室	微访谈实操培训	谢庆忠（广佛都市网）	宣传业务员
22	2014年	三水区政府会议室	新闻宣传业务培训：如何提高部门信息写作质量和水平	赵进（《南方日报》三水记者站执行站长）	宣传业务员
23	2014年	三水区政府会议室	新闻通讯员业务培训	陈伟鹏（《佛山日报》“今日三水”主编）	新闻通讯员
24	2014年	三水区政府会议室	新闻危机公关应急演练培训	何又华（《南方日报》“佛山观察”主编）	宣传业务员
25	2014年	三水区政府会议室	新闻宣传业务培训：如何提高部门信息写作质量和水平	宾水林（《佛山日报》记者）	宣传业务员
26	2014年	三水区政府会议室	重大活动宣传报道策划专题培训	王伯乐（《南方日报》三水记者站站长）	宣传业务员

另据不完全统计，2013—2015年南海区政府主办的与政务新媒体相关的各类培训项目如表3-7（据内部资料整理）所示：

表3-7 南海区政务新媒体培训情况

序号	培训时间	培训地点	培训主题	培训人	培训对象
1	2011年	清华大学	南海区新闻发言人培训	清华大学授课团队	南海区新闻发言人

续表

序号	培训时间	培训地点	培训主题	培训人	培训对象
2	2012 年	南海区政府	2012 年全区舆论宣传工作培训	《羊城晚报》总编辑刘海陵、《珠江时报》总编辑李国臣等	区直、镇街等宣传人员
3	2012 年	厦门大学	南海区新闻发言人培训	厦门大学授课团队	南海区新闻发言人
4	2012 年	南海区政府	2012 年全区政务微博工作培训	暨南大学麦尚文、汤景泰、王拥军等	政务微博管理员
5	2013 年	南海区政府	“网络舆情和政务微博”培训	武汉大学信息管理学院沈阳教授	新闻发言人和微博管理员
6	2013 年	南海区政府	新闻业务提升培训	中央人民广播电台评论员、清华大学国际传播研究中心研究员丁兆林	南海区直宣传人员
7	2013 年	南海区政府	网络舆情应对专题培训	人民网舆情监测室秘书长祝华新	新闻发言人、微博管理员
8	2014 年	南海区政府	新闻写作培训	《南方日报》“佛山观察”主编何又华	南海区宣传人员
9	2014 年	南海区政府	2014 年互联网宣传培训	南都全媒体数字平台负责人苟骅	政务微博管理员
10	2014 年	南海区政府	互联网宣传培训	南都全媒体数字平台负责人苟骅	南海区宣传人员
11	2014 年	南海区政府	新闻宣传策划培训	《珠江时报》副总编辑吴礼晖	南海区宣传人员
12	2014 年	中山大学	新闻发言人培训	中山大学传播与设计学院张志安教授、张宁教授	新闻发言人
13	2014 年	南海区政府	新媒体时代的主要特征及危机应对	《珠江时报》总编辑李国臣	南海区舆情宣传员
14	2014 年	南海区政府	危机管理与媒体沟通	中山大学传播与设计学院张志安教授	南海区舆情宣传员
15	2015 年	各大媒体	第一期南海区新闻宣传人员到媒体学习培训	各媒体负责人	新闻宣传人员

续表

序号	培训时间	培训地点	培训主题	培训人	培训对象
16	2015 年	深圳市腾讯、华为总部	第一期深圳腾讯、华为总部参观学习培训	廖绍饶、费飞、杨钧函、孔明庚	新闻宣传人员
17	2015 年	各大媒体	第二期南海区新闻宣传人员到媒体学习培训	各媒体负责人	新闻宣传人员
18	2015 年	南海区政府	模拟新闻发布会培训	广东省委党校张求会教授	南海区新闻发言人
19	2015 年	各大媒体	第三期南海区新闻宣传人员到媒体学习培训	各媒体负责人	新闻宣传人员
20	2015 年	深圳市腾讯、华为总部	第二期深圳腾讯、华为总部参观学习培训	廖绍饶、费飞、杨钧函、孔明庚	新闻宣传人员
21	2015 年	南海区政府	2015 年南海区微博微信培训	广佛都市网新媒体总监龙上淳、大粤网执行主编李洁茹	南海区微博、微信管理员

此外，据不完全统计，2013—2015 年顺德区政府主办的与政务新媒体相关的各类培训项目与活动如表 3-8（据内部资料整理）所示：

表 3-8 顺德区政务新媒体培训情况

序号	培训时间	培训地点	培训主题	培训人	培训对象
1	2013 年	武汉大学	顺德新闻发言人培训：微博舆论发展态势及应对策略	武汉大学授课团队沈阳、夏琼教授等	58 名顺德区新闻发言人
2	2013 年	顺德区政府	信息和新闻宣传培训	《珠江商报》新媒体部编辑部主任黄琨	顺德区新闻宣传人员
3	2014 年	浙江大学	顺德新闻发言人培训：微博微信等新兴传播媒体的使用与特点	浙江大学授课团队	67 名顺德区新闻发言人
4	2014 年	佛山市委党校	顺德区新闻宣传培训	《南方日报》佛山记者站何又华站长	顺德区新闻宣传人员

续表

序号	培训时间	培训地点	培训主题	培训人	培训对象
5	2014 年	顺德区政府	顺德区宣传培训：全民皆记者时代的危机化解之道	《南方都市报》副总编辑陈文定	顺德区新闻宣传人员
6	2015 年	顺德区政府	顺德区委理论学习中心组专题报告会：全媒体舆论引导实务	中国传媒大学媒介与公共事务研究院院长董关鹏教授	顺德区新闻发言人和宣传人员
7	2015 年	《南方日报》社	顺德区新闻发言人培训：《政府互联网思维和大数据治理》《新媒体时代的政府舆情预警、分析与引导》	南都报系苟骅、南方舆情研究院秘书长蓝云、中山大学传播与设计学院院长张志安教授	顺德区新闻发言人和微博微信管理员

根据前文对“接合”理论和“行政接合”概念的分析，本章提出的理论假设一为：当社会系统中的媒介 / 中间人——社会精英（媒体精英与学术精英等）与政治精英在行政管理（服务）的观念层面（前期采纳阶段）互动连接达成“行政接合”时，政务微信会在该地区优先扩散，并迅速开启创新扩散的机会之窗——这是政务微信创新扩散的充分条件。故此，本章提出的理论假设一得到了实证检验。

（三）创新代理人的“行政接合”——分工协作机制

当然，如果仅仅只是在思维观念层面打开创新扩散的机会之窗（创新采纳），而没有后期实操运营层面的支持与保障的话，政务微信的创新扩散也是难以持续的。诚如前文分析，一方面腾讯公司作为政务微信的创新代理人，其目标和志趣旨在改造中国的政治生态与互联网环境，无暇顾及基层政府政务微信的具体操作和内容实践。另一方面，政府机构人手紧缺，人事编制紧张，缺乏必要的人员配置成为掣肘政务微信创新扩散的又一大瓶颈。

“领导很重视我们的工作，一重视就给我们增加工作量。我到机关这么久，其实可以透彻理解了，宣传部门是一个弱势部门，但它的工作其实很重要。上面领导就是给你派任务，或者出了问题批你。我们要人要物没有，一旦事情来了，我们领导就会说‘给我顶住’。我们宣传部很忙，我们这个科室不敢说是最忙的，但绝对是很忙的。发布新闻太多，还有我们舆情科365天天天都要值班，我们的政务微信运营可以外包，但我们的领导不放心，必须自己看，就是大年初一我们还得一条条地看，都要值班，并且手机还要24小时开机。所有突发事件和舆情就是这样的工作，常年这样子干活。”（受访者16，2015年7月17日访谈笔记）

此外，鉴于中国当下特殊的政治生态（党管技术和党管媒体的意识形态属性与互联网监管的政治环境），此种情境下（如果地方政府财政健康状况运行良好的话），一方面政府部门需要寻找一个既讲党性原则，又懂技术和内容操作的创新代理人来负责维持政务微信的日常运营和管理。

“我们现在跟大多数的政府部门建立了一个比较稳定的合作，因为我们很多政府机关的官方微信都是我们维护运营的，技术和内容外包。因为他们如果要外包的话，选择单位也会比较严谨，选一些就是说背景好的，不能随便到外面找一个商业网站就代维护了，所以我们单位在这一块信誉度还是比较高的。我们在佛山的政务微信差不多做了三分之二的市场，其他媒体也在做，好像《南方日报》《佛山日报》也在做。”（受访者12，2015年9月15日访谈笔记）

“政务微信的合作，目前我们主要是提供：1. 微信建设服务，包括申请、认证、内容规划、微网站建设、应用接口开发；2. 日常内容的策划及采编。日常由我们运维，内容审核由政府部门把关。”（受访者11，2015年9月15日访谈笔记）

“在关键时刻的官方微信必须经过我的预览，经过我的同意之后才能发出去，政务微信的内容主要是我在把关。为什么我的上级不再设把关人了呢？第一，我是这个工作室的主任，我要为这个工作室负全责。第二，我是党员，讲究党性。第三，我也是区纪委讲师团的讲师和特约监察员，所以在这一块上级充分信任。在这一块，党性跟讲规矩、守纪律还是要充分地结合在一起的。万一对政治不敏感出现了什么政治性错误，或者记者情绪用事，搞报复，那就麻烦大了。”（受访者 24，2015 年 10 月 21 日访谈笔记）

另一方面地方媒体在媒介融合的大背景下，也需要积极寻求突围创新的生存发展之道，亟须更换新的经济增长模式和盈利运营理念。

“目前运维政务微信也是我们的一项业务收入了，微信外包大概一年的运维收入有多少呢？除了基本的协议收入之外，还有其他的广告收入，一揽子计划，打包在一起。不同单位的运维费用不一样，看单位的要求，有些单位一周只要求发一条微信，有些单位要求七天都要发，有些单位可能没有要求，只要发普通的信息就可以了，所以不同微信号的运维费用就相差很远了。要求不同，价格肯定不一样，会差很远。普通号（每周一两次）报价不会超过十万，特殊号报价可能高达四五十万，这样每天基本上要一个专人来运营和维护，专人负责，而那些要求简单的微信号我们一个人可以做 2—3 个，有些特别号我们现在是两个人做一个，看要求不一样，其实就是算工时啊，花的时间，算那个人力的工时。”（受访者 12，2015 年 9 月 15 日访谈笔记）。

在这个光影交错的互联网时代背景下，地方党媒恰好接过了腾讯公司政务微信创新代理人的担子。

“我们是腾讯微信最早的合作伙伴之一，包括腾讯微信团队当时做政务微信的案例时，就选择跟我们合作，在全国推出了第一个实现微信挂号服务的微信号‘健康佛山’。全国最早实现微信城市服务入口的三个城市分别是广州、深圳和佛山，其中佛山的微信城市服务入口，我们提供了相应的技术开发服务。”（受访者 11，2015 年 9 月 15 日访谈笔记）

当然，地方党媒承担政务微信的创新代理人，一方面是出于经济利益的考虑（增加经济资本），另一方面也是为了更好地延续和推进其与腾讯公司以及地方政府多年来苦心经营的业务合作与政治支持关系（增加社会资本和政治资本）。

由此，我们可以设想一幅政务微信创新代理人之间更换交迭的现实图景：一方面，名义上的创新代理人（腾讯公司）通过技术开发平台在中央政府高层攻城略地铺盘子，力图通过技术手段达到连接一切的终极目的；另一方面，实质上的创新代理人（地方党媒）通过内容平台在基层政府步步为营扎围子，希冀通过内容平台和技术手段的精耕细作来开拓挖潜新媒体业务。可以说，二者之间自觉或不自觉地达成了一种巧妙的分工协作安排（上下协同或纵向协作机制），即政务微信的创新代理人在现有的资源约束和体制结构的背景下形成了一种事实上的分工协作关系，这是创新代理人在“互联网 +”时代巧妙构筑的一种“行政接合”方式，它折射了各种政治、历史、社会和技术条件以及各方行动者的主观意愿在转型中国公共行政实践场域的巧妙“接合”。当下政务微信创新代理人之间的协作关系如图 3-9 所示：

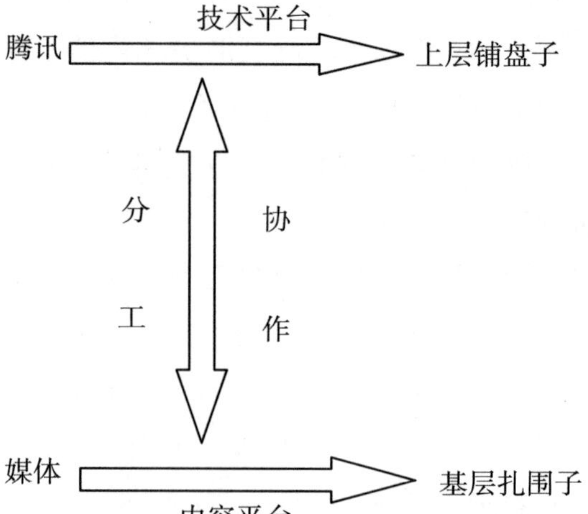

图 3–9　创新代理人分工协作机制示意图

创新代理人之间的这种分工协作的“行政接合”机制在佛山市南海区、顺德区和三水区得到了非常明显的实证检验。据笔者前期调研所知，南海区的电子政务基础得益于前区委书记邓伟根的大力推动。

“邓对信息的敏感度很强，重视行政绩效改革这一块。南海的电子政务发展很快，当时中央多个常委来到南海考察，电子政务发展突破很快，到后来远远超过了网络问政的范畴。从2010年年底到2011年年初，政务微博兴起初期，邓付出行动，做出大胆尝试。南海20世纪90年代末到21世纪初就有一定的信息化基础，2011年3月份进入微博发展期，2014年南海建立了大数据库，成立了数据统筹局，直接向两办（区委、区政府）负责。2011年3月，南海以区委办名义下发文件，要求所属政府部门、事业单位、镇街开通政务微博，2011年中期打造政府门户网站，建立微博广场（由南海科技局统筹），它是全国首个县区级政务微博群。2011年12月份，南海参加了新浪网举办的微博元年研讨会高级论坛，作为全国第一个县区级代表做了专题发言。2012年，南海区开始把政务微博的开通和运营情况纳入全区的绩效考核。2013年下半年政务微信开始兴起，南海两办统一发文，要求区直、直属事业单位、镇街开通政务微信。从目前运营情况来看，南海的政务微信着重挖掘服务号，如南海发布，南海政务通等。”（受访者15，2015年7月17日访谈笔记）

目前南海区的政务微信号基本上都是由佛山传媒集团麾下的广佛都市网运维托管的。

“广佛都市网代运维的政务微信号有七十多个，包括佛山发布及五区发布，以及市直重要民生部门、主要镇街的微信。应该说在政务微信代维方面，广佛都市网处于绝对领先位置。我们原先主要做政务网站、政务微博以及政务活动等，这两年开始拓展微信服务，所以说我们的客户，大部分原来就是有合作的。政务微信的客户，多数是我们原有的客户，部分是通过向其他客户了解后找到我们的。我们做得早，面广，市区主要部门和核心单位都是我们在做的。佛山政务微信排行榜上榜的微信，基本上都是我们做的。”（受访者 11，2015 年 9 月 15 日访谈笔记）

那么，为什么南海区的政务微信号多由广佛都市网托管呢？对此，广佛都市网的资深记者补充说：

“南海区每年在我们这里做系列访谈，今年 8 个镇街做了 8 场微访谈，上个月刚刚做完。微访谈南海区相对多一点，这个也有区域的问题，因为三水、高明离我们这里稍微远一些，而且这也跟领导的政治意识有关，南海一直以来的政务微信、微博，还有网络问政走得比较靠前，领导意识很关键。而且南海之前搞的那个微博是有考核的，年底评优可以加分的，所以每个局每个单位在电子政务这一块做的积极性都是很高的，并且南海区里面的财力也雄厚些，电子政务基础也好些，各方面资源都要好些。”（受访者 12，2015 年 9 月 15 日访谈笔记）

笔者分析，广佛都市网之所以能够运维南海区的众多政务微信号，一方面在于南海区与佛山市政府所在地（禅城区）的地缘优势，另一方面也在于广佛都市网和南海区政府经年积攒下来的业务合作联系（社会资本）及其在佛山地区长期经营的口碑与品牌效应。而南海区的本地媒体《珠江时报》（原《南海报》，南海区委区政府的机关报）由于人员编制少、中心任务多等原因主动放弃了这块新媒体业务。

表 3-9 南海区政务微信托管运维情况表

序号	政务微信号	所属政府部门	运维部门	托管单位
1	南海发布	南海区委宣传部	新闻部	广佛都市网
2	南海旅游	南海旅游局	新闻部	广佛都市网
3	南海政务通	南海区行政服务中心	新闻部	广佛都市网
4	健康南海	南海区卫计局	社区生活部	广佛都市网

续表

序号	政务微信号	所属政府部门	运维部门	托管单位
5	广东金融高新区	南海区金融办	新闻部	广佛都市网
6	人才南海	南海人才办	新闻部	广佛都市网
7	南海食安	南海区食药监局	社区生活部	广佛都市网
8	南海安监	南海区安委会	新闻部	广佛都市网
9	南海妇联	南海区妇联	新闻部	广佛都市网
10	文明南海	南海文明办	新闻部	广佛都市网
11	就业南海	南海人才服务中心	新闻部	广佛都市网
12	梦里水乡	里水镇宣传办	新闻部	广佛都市网
13	南海狮山	狮山镇宣传办	新闻部	广佛都市网
14	南海大沥	大沥镇宣传办	新闻部	广佛都市网
15	南海九江	九江镇宣传办	新闻部	广佛都市网
16	九江招商	九江镇经促局	新闻部	广佛都市网

与南海区不同，顺德区的政务微信号基本上都是由本地媒体《珠江商报》（原《顺德报》，顺德区委区政府的机关报）在代运维管理，广佛都市网和《南方日报》只是承接了其中很小的一部分业务。对此，某党报驻顺德站的记者告诉笔者：

“为什么我们在这里很难接管到一些政府部门的微信呢，有很大的一个问题，我们也想接啊，但接不到，本地媒体很强势，这跟顺德人的传统有关。我们刚来这里的头几年，政府所有的事情只通知本地四大媒体：顺德电台、顺德电视台、《珠江商报》和顺德城市网。包括现在少数保守的部门，如卫生、安监、检察什么的，到现在还只通知这四家媒体。跟我们关系好一点的部门有新闻才会通知我们，关系相对没那么熟的、打交道打得少的部门一年才通知那么两次活：年初一次，年终总结一次。如果连他们的信息你都获取不到，那么怎么可能托管到他们的微信啊，他们也不信任你啊。因为本地人好控制嘛，他们能够控制本地媒体。顺德政府相对保守，他们认为媒体要可操纵才能信任，才会给你托管，万一我给你托管出了什么问题不可控怎么办？因为微信的传播渠道是不一样的，影响力也是不一样的，微信的影响力、杀伤力太大了，万一出现一两个问题没有及时沟通好，那政府面临的压力就会很大的。”（受访者 9，2015 年 9 月 13 日访谈笔记）

此外，运维顺德区政务微信的《珠江商报》记者告诉笔者：

“整个佛山我不敢说，但是在顺德来说，《珠江商报》做的政务微信是不可替代的，而且《珠江商报》代运行的那些政务微信号也是不可替代的。”

“今年 5 月底，我们报社组成了两大中心，融媒中心全心去做新媒体，他们做《珠江商报》的官方微信、App 和新闻网，其他剩下来的承接外部业务的那些政务微博和政务微信就放到我们采访中心这里，我们接到的业务我们自己做。目前来说，还有一些镇街也在找我们做。顺德的新媒体市场竞争是无序的，还有广佛都市网、顺德城市网、顺商传媒公司、新浪佛山，这些媒体对我们报社构成了一种比较大的压力，而且他们在新媒体市场上的价格是不可能统一的，所以为了获得更多的平台的时候，就没有管理，也没人管，新媒体市场没有一个统一价格，完全是内部谈价，很封闭的那一种，不透明，什么机制都没有，所以导致这个市场秩序很乱，你想这样做，他想那样做，做的结果也不一样，所以感到很困惑。”（受访者 24，2015 年 10 月 21 日访谈笔记）

可见，当下顺德区政务微信的运维托管市场虽然是由本地媒体所垄断，但是整个新媒体市场竞争激烈无序，相关的约束机制和监管体系都还没有跟上去。

表 3-10 顺德区政务微信托管运维情况表

序号	政务微信号	所属政府部门	运维部门	托管单位
1	顺德民生保障	顺德区民政局	采访中心	《珠江商报》
2	求学顺德	顺德区教育局	采访中心	《珠江商报》
3	财富顺德	顺德区经济促进发展局	采访中心	《珠江商报》
4	旅游在顺德	顺德区旅游局	采访中心	《珠江商报》
5	顺德下一代	顺德区关工委	采访中心	《珠江商报》
6	开放顺德	顺德区政府办	采访中心	《珠江商报》
7	顺德易买房	顺德区国土城建水利局	采访中心	《珠江商报》
8	公益顺德	顺德区慈善基金会	采访中心	《珠江商报》
9	影像顺德	顺德区文化联合会	采访中心	《珠江商报》
10	顺德市监	顺德区市场监督管理局	采访中心	《珠江商报》
11	顺德教育在线	顺德区教育局	采访中心	《珠江商报》
12	爱在中欧	顺德区中德工业服务区	采访中心	《珠江商报》
13	佛山新城乐从镇	佛山新城管委会	社区生活部	广佛都市网
14	新城物业导览	佛山新城物管公司	社区生活部	广佛都市网
15	中欧中心	中欧中心	社区生活部	广佛都市网
16	宜居伦教	伦教镇宣传办	社区生活部	广佛都市网
17	顺德区第一人民医院	顺德区卫生和计划生育局	佛山新闻部 三水融媒中心	《南方日报》三水站

与南海、顺德区有所不同，三水区的政务微信号基本上是由《南方日报》三水站在运维管理。《南方日报》三水站的高层管理者告诉笔者：

“目前三水区政务微信大部分是由《南方日报》三水站在托管，《南方日报》三水站目前新招了5个刚毕业的大学生担任新媒体运营助理，新媒体项目团队由记者团队和新媒体团队协同作战、共同管理，进行项目统筹。三水区的政务微信开通主要是走两种途径：1. 招投标程序（10万元以上财政预算的项目）；2. 领导班子集体决策（10

万元以下财政预算的项目)。一般来说,10 万元以下的项目,由分管宣传的主要领导上会,领导班子全体同意,即可通过。如果该政府部门有钱,主管宣传的领导可以直接拍板决定,由于开通政务微信耗资不多,一般主管宣传的领导同意即可开通,有些部门连办公室主任都可以决定开通。但是对于一些特殊的政务微信托管项目,如果没有纳入年初政府的财政预算,属于临时追加项目,则需要领导班子集体上会商议。总之,具体情况具体对待。”(受访者 19,2015 年 7 月 15 日访谈笔记)

那么,为什么《南方日报》三水站能够托管运维三水区的政务微信公众号呢?这里面原来还有一个有趣的背景故事。知情人士告诉笔者:

“三水区的生态就是媒体跟政府的关系是非常好的,《南方日报》三水站为什么跟三水区宣传部的关系那么好呢?这是因为当时《南方日报》三水站的站长是 J 省人,而当时三水区宣传部有一个副部长也是 J 省人,因为有个老乡背景在啊,所以《南方日报》三水站和三水区宣传部关系一直都很好,关系走得特别近。《南方日报》三水站为什么当初能够顺利创办下来呢?主要也是这个原因,关系就是这么好啊。”(受访者 9,2015 年 9 月 13 日访谈笔记)

此外,《南方日报》三水站的记者还告诉笔者:

“目前三水区的政务微信基本上有两种运营模式,一种是委托我们《南方日报》三水站新媒体运营部管理(项目经费 10 万元左右),一种是自己运营管理,当然,由我们委托运营管理的政务微信运营效果和综合影响力肯定要好很多。目前委托我们运营的三水公安和三水教育有个专门团队和我们项目组对接,他们思维比较开放,初步具备了沟通协商意识。三水区的政务微信之所以做得比较有特色,除了区委区政府领导的重视和推动之外,宣传部的领导和干事也都在力推。”(受访者 22,2015 年 7 月 15 日访谈笔记)

表 3-11 三水区政务微信托管运维情况表

序号	政务微信号	所属政府部门	托管单位	运维部门
1	三水发布	三水区委宣传部	广佛都市网	社区生活部
2	三水旅游	三水区文体旅游局	广佛都市网	社区生活部
3	三水环保	三水区环保局	《南方日报》三水站	佛山新闻部 三水融媒中心
4	三水教育	三水区教育局	《南方日报》三水站	佛山新闻部 三水融媒中心
5	健康三水	三水区卫生和计划生育局	《南方日报》三水站	佛山新闻部 三水融媒中心
6	三水经科	三水区经济与科技促进局	《南方日报》三水站	佛山新闻部 三水融媒中心
7	三水公安	三水区公安局	《南方日报》三水站	佛山新闻部 三水融媒中心
8	畅享乐平	乐平镇政府	《南方日报》三水站	佛山新闻部 三水融媒中心
9	云东海发布	云东海街道	《南方日报》三水站	佛山新闻部 三水融媒中心
10	白坭发布	白坭镇政府	《南方日报》三水站	佛山新闻部 三水融媒中心
11	三水职教联盟	三水区教育局	《南方日报》三水站	佛山新闻部 三水融媒中心

根据前文对“接合”理论和“行政接合”概念的分析，本书提出的理论假设二为：当社会系统中的媒介 / 中间人——创新代理人（腾讯公司与其他代理机构）之间在行政管理（服务）的操作层面（后期运营阶段）分工协作达成“行政接合”时，政务微信会在该地区优先扩散，并迅速开启创新扩散的机会之窗，这是政务微信创新扩散的必要条件。故此，本章的理论假设二也得到了实证检验。笔者经过考察发现，政务微信的创新代理人在实践操作情境中由腾讯公司置换成了地方党媒（如《南方日报》记者站、广佛都市网、《珠江商报》）等代理机构。

第四节 一个反例的说明：以广州市越秀区为例

一、广州市越秀区政务微信发展概况

广州市越秀区作为广东省政府和广州市政府的办公所在地，是广州市的政治、经济、科教、文化和信息中心，其电子政务发展起步很早，早在二十世纪末越秀区电子政务服务中心就成为广东省远近闻名的红旗单位和学习标兵。随着政府信息技术 web2.0 的发展，越秀区的政务微博和政务微信也得到了很大程度的推广和应用。总体来说，在广州市的同级区政府序列中，越秀区的政务社交媒体打出文化品牌，做得有声有色，可圈可点。如越秀发布的政务微信运维人员告诉笔者：

“我们区有一个文化品牌——广府庙会，过完年之后一直持续到正月十五闹元宵，在这个过程当中我们策划了一个节目，因为我们区推广广府文化嘛，我们今年用微信的平台来做广府庙会，并且持续推出了这方面的宣传和策划，这个相对来说也算是一个重大策划。”（受访者 14，2015 年 9 月 10 日访谈笔记）

尽管越秀区的政务微信做得比较具有文化底色，但是它与佛山各区政务微信的发展规模和扩散效应相比较而言还是较为逊色。截止到 2015 年 6 月 30 日，越秀区的政务微信开通情况如下表所示：

表 3-12 越秀区政务微信开通情况表

序号	政务微信公众号	主管单位	公众号类别	开通时间
1	广州市越秀区妇幼保健院	广州市越秀区卫计局	订阅号	2013/05/22
2	广州市越秀区文化馆	广州市越秀区文体局	订阅号	2014/12/11
3	广州市越秀区图书馆	广州市越秀区文体局	订阅号	2015/05/26
4	广州市越秀区总商会	广州市越秀区总商会	订阅号	2014/01/31

续表

序号	政务微信公众号	主管单位	公众号类别	开通时间
5	广州越秀消防	广州市越秀公安消防支队	订阅号	2015/03/06
6	广州越秀发布	广州市越秀区委宣传部	订阅号	2015/01/12
7	越秀检察	广州市越秀区检察院	订阅号	2014/11/17
8	越秀青年正能量	广州市越秀共青团区委	订阅号	2012/12/17
9	越秀法院	广州市越秀区司法局	订阅号	2015/01/12
10	越秀区金融	广州市越秀区金融办公室	订阅号	2014/11/06
11	越秀民政	广州市越秀区民政局	订阅号	2014/11/06
12	越秀人社	广州市越秀区人社局	订阅号	2014/11/06
13	越秀建设水务	广州市越秀区建设水务局	订阅号	2014/12/04
14	越秀教育	广州市越秀区教育局	订阅号	2014/11/06
15	越秀市政维护	广州市越秀区市政局	订阅号	2015/01/30
16	广州越秀国税	广州越秀区国家税务局	订阅号	2015/06/29
17	越秀环保	广州市越秀区环保局	服务号	2014/05/30
18	广州市越秀区少年宫	广州市越秀区文体局	服务号	2014/11/25
19	越秀政务	广州市越秀区人民政府办	服务号	2014/11/06
20	越秀信访	广州市越秀区信访局	服务号	2014/09/25
21	越秀经贸	广州市越秀区经济贸易局	服务号	2014/11/06

二、媒体腔≠政府味——断裂的政媒关系

“在传播中，权力与其说是一种本质，不如说是一种关系，在每一个具有生产性关系的环节中，都可能隐藏着权力关系。”[①]“事实上，任何传播现象或传播行为都无法回避存在于一个社会当中的信息传递逻辑，传播本身从来就不是透明的，传播总是在一个具体的社会环境和生产场合的结构当中的一种行为的整合。没有一个信息本身能够脱

① 陈卫星．传播的观念 [M]. 北京：人民出版社，2004：144.

离信息传播者和信息接受者共处的具体环境所产生的社会结构。信息的存在方式决不仅仅是信息本身：被接受到的信息总是处在传播者和接受者双方的互动关系当中。”[①] 对此，布尔迪厄进一步认为：“社会行动者是有认知能力的行动者，甚至在他们受制于社会决定机制时，他们也可以通过型塑那些决定他们的社会机制，对这些机制的效力‘尽’自己的一份力。而且，几乎总是在各种决定因素和将人们构成社会行动者的那些感知范畴之间的‘吻合’关系中，才产生了支配的效果。”[②] 由此可见，政府场域内信息技术的创新扩散实质上都是各种权力关系交锋和互动的结果。因此，政务微信能否顺利进入一个政治传播的机会结构和流通管道，本身就折射出各种权力关系的博弈、较量以及“适配”和“吻合”关系的支配与被支配效果。

广州市拥有和佛山市大体相同的电子政务和经济基础，然而在政务微信的创新扩散过程中却明显地落在佛山梯队的后面，本书认为，其主要原因在于没有形成足够高效的“行政接合”机制。一方面，政治精英的执政思路没有完全打开，一些政府领导仍然停留在传统媒体的治理思维，没有充分意识到当下政务社交媒体对于改善公共服务质量和完善政民沟通渠道的强大中介力量，而是把政务新媒体看成是可有可无的装饰品和点缀品，当成是政府形象传播的美化工具。因此，尽管越秀区客观的历史条件和技术条件完全具备，但是由于政治行动者没有主观意愿花大力气去推动、去传播，故而无法形成所谓的精英连接机制（政务微信创新扩散的充分条件）和创新代理人的分工协作机制（政务微信创新扩散的必要条件）。此外，广州市目前还没有开启类似于佛山市的“领导微访谈”活动，尽管越秀区也曾主办过一些政务新媒体培训活动，但其培训数量、培训质量以及培训规模都无法

① 陈卫星．传播的观念 [M]. 北京：人民出版社，2004：286.

② 布尔迪厄．实践与反思 [M]. 华康德，译．北京：中央编译出版社，1998：221.

与佛山模式相提并论。

“我们会有一些定期的业务培训，由宣传部牵头的业务培训和新媒体培训，请那些区属各单位运营政务新媒体的这些人，属于经验分享的形式。有时候我们也请老师来指导，有时候可能是对案例的分析吧。我们一般会请那些做得比较优秀的，运营得比较好的政府单位，比如说省的、市的，我们之前有请广州公安类似那些做得比较好的部门，这是一方面。另外就是请媒体这边，如新浪、腾讯专门负责培训的这些人员。他们主要就是讲怎么样利用他们的平台来办事，主要是推广自己的技术平台，或者是推广一个什么样的线上产品。因为我们做政务新媒体主要也就是做政府形象传播嘛，我们政府也可以利用这些线上产品往下扩散，具体会加入一些新的推广策略，我们会把自己的一些东西和他们的东西纳入一起来做。”（受访者 13，2015 年 9 月 10 日访谈笔记）

越秀发布的政务微信运维人员还告诉笔者：

“我们都在慢慢学习，目前越秀发布就我们两个人在做。两个人一个负责做微博，一个负责做微信，一些策划就一起来商量，每天推送 3—4 条，每周 5 天，还要策划一些重大的节庆和活动，其次就是我们提供政务服务的一些宣传。”（受访者 14，2015 年 9 月 10 日访谈笔记）

可见，在广州市越秀区，政府界与学术界以及媒体界还没有形成一种水乳交融的良好合作关系，以至于政务微信的创新扩散无法在思想观念和内容实操层面达成有效的“行政接合”机制。并且，媒体腔毕竟不等同于政府味，越秀区政府对地方媒体的传播风格亦有所顾忌和抵触（南方媒体向来以大胆、敢言而著称，尽管近几年来锋芒大为收敛），导致政媒关系出现阻隔和断裂的迹象。目前，越秀区的政务微信基本上都是由政府单位自己关起门来做，与地方媒体开发合作或外包出去的微信业务几乎还没有。

“当然，我们也想外包出去，但是一方面有经费的考虑吧，另外一方面我们也考虑到，如果完全由媒体来代运营的官微就会感觉到媒体的色彩太浓了一点，政府色彩弱了一些。一看就知道是媒体的风格，媒体那种语言确实很活，但是感觉离政务的这一块有点偏差。还有就是领导的思路吧，你这个团队搞得掂就不一定需要这么多外力吧。就我们自己来说，我们也希望有适度的合作。因为一旦说外包，领导就会觉得我们是依赖，希望包出去，我们更多的希望还是一种合作。思路、策划这方面是以咱们为主，但是我们希望借助他们在美编、技术层面的支持。当然，广州市也会有一些这样的新媒体培训，比如到各高校，到复旦、清华、中大等名校培训。领导也很重视，当然很重视，还要求很高，咱们确实也面临很多的限制，我们自己在做这些事情，但是用媒体做的政务微信和我们自己做的还是有明显差异的，因为领导的要求会很严很高。”（受访者 13，2015 年 9 月 10 日访谈笔记）

第五节　本章小结

综上所述，本章以媒介 / 中间人（agent）为考察视角，通过对广东省四个区级政府案例的比较分析，试图说明转型中国政务微信创新扩散的外部影响机制。研究发现，在当下转型中国的政治语境下，由于佛山市（包括南海区、顺德区和三水区）保留有一个相对开放的政治机会空间和类似于联邦体系的分权的政治结构，上级政治权力没有那么高度地干预与集中，相对分散和自治化（小政府—大社会），因而给予了基层政府更多的政治选择自由和行政裁量空间。在佛山市的政治场域中，研究者发现，有各种不同类型的社会力量在竞逐、碰撞和接力，各种政治、社会、历史和技术条件的相生相遇激活了两种“行政接合”机制：其一是精英连接机制（这是政务微信创新扩散的充分条件）；其二是创新代理人的分工协作机制（这是政务微信创新扩散的必要条件）。而相反，在广州市越秀区，尽管前期电子政务基础良好，而且财政、经济资源比较充裕，但是上级政治权力过度集中，导致上层政治精英的思想观念不够开放，因此作为媒介 / 中间人的社会精英群体难以穿透职业的藩篱和场域的壁垒渗入到行政管理（服务）的实践层面来达成各种“行政接合”，故而不能形成充分的精英连接机制和必要的创新代理人协作机制，于是也就难以企及理想中的创新扩散规模和创新扩散效应。同样，鉴于广州市和深圳市的政治社会结构高度同构（上级权力结构高度收拢和集中），于是，同样的故事脉络和理论逻辑也适应于对深圳各区政务微信创新扩散案例的分析过程当中。

行文至此，在第二章和第三章本体论研究的基础上，本书尝试搭建一个影响转型社会基层政府政务微信创新扩散的影响因素和影响机制的综合性的理论模型，并希冀这个理论模型能够整合与涵括本书研究所涉及的所有内生性解释变量（内部原因变量）和外生性解释变量（外部原因变量）。本书所建构的理论模型如图 3-10 所示。

由此可见，转型社会政务微信的创新扩散是由内部因素和外部力量相互搭桥借力形成对冲与合力的结果。尽管内部因素起到决定性影响作用，外部因素只是起到催化与助推作用，然而在现实情境中，我们往往会发现，当政务微信创新扩散的应用效果发生时，这两股力量往往是相互纠缠和连接在一起的，难分彼此；而当创新扩散的应用效果没有发生时，这两股力量往往处于相对原子化的隔离分散状态。研究最终发现，只有当政治场域的内部因素和社会系统的外部力量有效连接并达成“行政接合”机制时，才能够迅速打开转型社会基层政府政务微信的创新扩散局面。

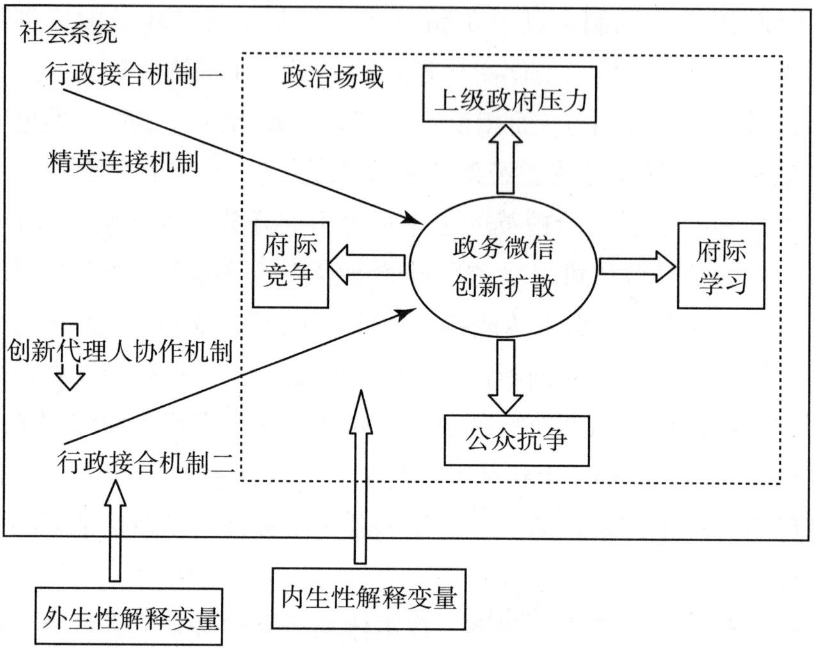

图 3-10　转型社会政务微信创新扩散的影响因素与影响机制模型

本章内容突破了政策扩散的研究范式，在前期实证研究了政务微信创新扩散影响因素的基础上，进一步以社会系统中媒介 / 中间人（agent）等外部社会行动者为考察视角，通过对四个案例进行比较论证和理论分析，最终提炼出两种“行政接合”机制——精英连接机制和创新代理人协作机制。可以说，在当下转型中国的政治语境中，这两种机制既能够较为合理地说明佛山市政务微信创新扩散集群现象出现的问题，同样，也能够较为科学地解释广深（广州 / 深圳）两地为何没有出现与佛山相类似的创新扩散集群现象的问题。

第四章

讨论与建议

第一节 研究结论

本书通过对政务微信在转型中国基层政府内部的创新扩散现象的理论分析和实证研究，构建了转型社会政务微信创新扩散的影响因素和影响机制的研究模型，并通过政务微信这一类典型的政府信息技术创新的扩散对理论假设进行了实证检验，推进和拓展了创新扩散理论在中国地方政府场域的应用，并且为国际上的政府创新扩散研究提供了来自中国方面的实证证据。

本书首先对政府创新扩散的影响因素和影响机制等相关实证研究领域的研究状况进行了文献综述和评析，指出了当前研究的不足和尚待攻克的难题。目前整合性的理论分析和跨学科的学术研究相对匮乏，已有的实证研究主要集中于对个别的政府创新扩散案例的考察，往往失之片面，难以进行深入系统的分析。并且这些研究往往局限于单一的理论框架，即政治场域内部决策者的研究视角，对转型中国的时代语境以及媒介 / 中间人的外部连接视角缺乏足够的关注和重视。

在既有文献的研究基础上，本书从上级政府压力、府际竞争、府际学习、组织资源和能力、公众压力等五个方面考察了政治场域内影响基层政府政务微信创新扩散的决定因素，并提出了相应的理论假设，可资未来研究进行发展和检验。基于对广东省 121 个区县级政府的实证考察，本书发现影响基层政府政务微信创新扩散的重要因素包括：上级政府压力、府际竞争、府际学习和公众抗争指数，而政府的组织资源与能力以及电子政务发展水平对基层政府政务微信创新扩散的影响效果并不显著。本书在公众压力指标中发展出公众抗争指数研究假设，并且通过了实证检验，此研究命题在转型中国具备进一步纵深挖掘的理论潜力。

此外，为了合理解释政务微信创新扩散集群现象出现的问题，本书在“接合”理论的基础上大胆提出了“行政接合”的概念，并以媒介 / 中间人（agent）为中心的外部视角考察了广东省区县级政府的四个比较案例，最终发现了转型社会基层政府政务微信创新扩散的两种“行政接合”机制：精英连接机制（政务微信创新扩散的充分条件）和创新代理人协作机制（政务微信创新扩散的必要条件）。研究发现，尽管当下转型中国处于高度行政主导型状态，中央政治权力相对集中，然而在不同地方不同辖区的政治社会结构并非铁板一块，其间保留了不同的政治机会结构与空间。因此，在政务微信创新扩散的早期阶段，只有在那些结构比较松散、分权和自治化的政治社会体系里，才有可能更好地开启并达成“行政接合”机制，进而推动政务微信创新扩散机会之窗的顺利开启。

第二节 研究创新

本书对中国地方政府信息技术的创新扩散进行了带有理论导向的实证研究，并且运用了跨学科的研究视角提出问题并开展研究，呈现出问题的现实性和阐释的新颖性。具体来说，本书在以下方面开展了有益探索并产生了颇有价值的创新亮点。

第一，本书最大的创新亮点是基于已有的相关文献和中国本土化的政治和社会实践，建构并验证（证实）了一个较为科学合理地解释转型社会基层政府政务微信创新扩散影响因素和影响机制的研究模型，为信息技术在转型社会政府系统内部的创新扩散实践提供了新的理论分析框架和解释范式。

第二，本书转换和拓展了政务微信创新扩散研究的视角，开创性地从政治场域的外部考察了作为外部社会行动者和政治实践的传播要素——媒介 / 中间人（agent，包括社会精英和创新代理人）——在信息技术政治化运用上的社会功能和历史作用，从而首创了以媒介 / 中间人为本位的政务微信创新扩散外部影响机制的研究。

第三，本书提出了一个新的理论概念“行政接合”（包括精英连接和创新代理人协作两个方面），并指出当下的“行政接合”是一种外部性接合向内部性接合的转变，代表了国家与社会在行政层面的互动互嵌，具备一种发展的特质。此概念对揭示转型社会政务微信创新扩散的影响机制具有较强的解释力和说服力，蕴含着较大的理论潜力和学术价值。

第四，本书所提出的关于政务微信创新扩散的研究模型和理论框架可为未来中国政府创新公共管理决策提供较为有效的理论指引，而本书较为扎实的实证研究则可为中国制度维稳目标的实现和社会管理的创新提供具体可操作的政策建议。这是本书学术成果的现实参考价值所在。

最后，本书认为，由于社交媒体技术不仅具备相容性、复杂性和可观察性，而且还具备压缩性时空的“象征有效性”①，基于可连接性、交互性和对信息传播的放大效应和加速效应，不可避免地增加了其在政府组织使用过程中的不确定性。而政治场域内部不同层级政治行动者基于对这种不确定性的主观认知，形成对创新扩散机遇和约束的判断。这个过程经过既有权力和利益关系（上级政府压力 / 府际竞争 / 府际学习 / 公众抗争指数）的过滤之后，转化为合作、共谋、妥协、接合等各种复杂的策略互动，在综合考虑到可行性、实操性的基础上，最终选择和塑造了政务微信的应用效果。在此基础上，本书将

① 陈卫星 . 关于中国传播学问题的本体性反思 [J]. 现代传播，2011（2）：44.

生发于社会系统中的两种“行政接合”机制纳入作为统一考量，最终总结出基层政府政务微信应用过程中的政府采纳机制，这种有益探索不但增进了我们对中国基层政府决策过程的深入了解，同时还可为公共管理领域的政府过程理论增添新的理论内涵与学养厚度。综上，中国基层政府政务微信应用过程中的政府采纳机制如图 4-1 所示：

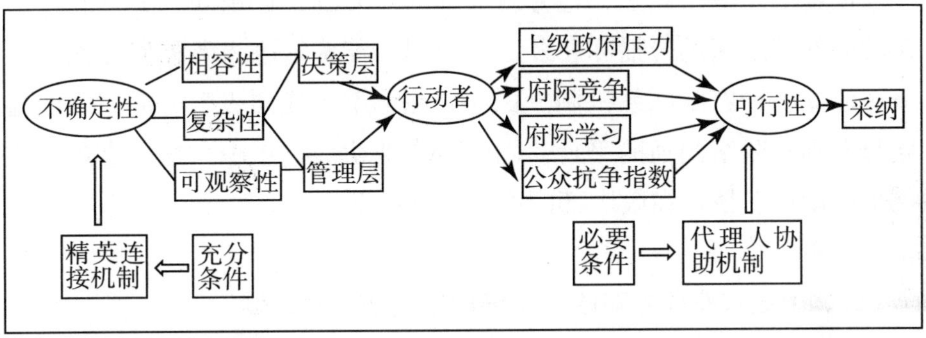

图 4-1 转型中国基层政府政务微信应用过程中的政府采纳机制图

第三节 管理启示与政策建议

一、府际关系对政务微信创新扩散相当重要

以往的政府信息技术创新扩散研究并没有深刻认识到府际关系的重要作用，而本书增进了这一认识，丰富理论研究的同时，在实践层面如政府信息技术管理也有所启发。本书对可以控制或影响的关键因素的识别，对信息技术的进一步创新扩散提供了经验依据。例如，来自邻近地区政府的影响是政府信息技术创新扩散的主要因素之一，而基于这种视角制定的政策措施将有助于加快政务微信的扩散和推广。本书的实证研究表明，在影响政务微信创新扩散的主导因素中，不仅

应关注政府自身及其所在辖区的特征或属性，而且还应该关注其纵向与横向的府际关系对政府信息技术创新扩散的重要影响。由此可见，对于政府而言，今后适当学习和模仿其他政府部门的信息技术应用实践，可以降低学习的成本和失败的风险。因此，制定一些带有府际关系特征的政策工具组合，能够帮助政府部门有效推动或抑制某些信息技术创新的扩散。总之，地方政府如果想要加快创新观念和创新实践在政府部门之间的传播和普及，可以尽可能多地融入各种府际沟通渠道并建立各种府际联系机制。比如，在上下级或同级政府部门之间建立起有利于联络沟通的平台、网络或专业协会、组织，这样有助于进一步推动信息技术在政府部门中的创新扩散。

二、上级政府压力对政务微信创新扩散依然关键

为了加快信息技术创新在政府部门中的推广程度和扩散速度，上级政府通常会通过适当地激励或授权，为下级政府提供足够的制度合法化支持，并且这种举措可以为下一步更大范围的创新推广积累经验，所以中央或上级政府会有意通过局部试点来规避大规模实验的政策风险。从已有的大量研究和本书的研究结果来看，上级政府部门的态度、立场和行为对下级政府政务微信的创新扩散依然具有至关重要的作用。当创新趋势日益明朗时，适时出台鼓励性的政策举措，必然有利于地方政府统一思想并加快创新扩散的步伐，进而为提高区域治理绩效保驾护航。本书研究的实践和理论启示还在于，在转型社会的政治背景下，政务微信作为一种新生事物，在中国政治体系中具有很强的自我扩散潜力，但是来自中央高层的政策指示等上级政府压力依然是主导政府信息技术创新扩散的决定因素。此外，在行政主导型国家里，政治逻辑和技术逻辑如影随形，始终保持着一种共生和追逐的关系，然而技术逻辑必须依附于政治逻辑而生长。换言之，技术逻

辑必须在特定的政治社会结构里找到一个与之相契合的“接合”点或“接合”机制，才能够得到自由生长。

三、公众抗争改变政务微信创新扩散的制度基础

本书研究显示，公众压力指标中的公众抗争指数是推动政务微信创新扩散的主要因素。当公民抗争达到一定程度时，就会对现有制度的合法性基础造成压力并形成持续合围。这时的公众抗争势必倒逼政务信息的公开化、透明化和民主化，从而对政府运用信息技术的能力提出了更高的要求，推动新的信息技术在政府部门的应用，并加速这一过程的产生和完成。“对消费者和企业的研究已经证实了网络基础和网络外部性对信息技术创新扩散的关键作用”[①]，本书对中国基层政府的研究则进一步证实了这一效应的存在。当下新兴社交媒体技术的发展和普及为公众参与的政府创新提供了更加强有力的平台支持，因为来自公众的及时反馈、应用体验、网络讨论和抗争活动等，都为政府创新和治理完善提供了宝贵的经验。公民、企业和社会组织等作为政务微信的服务对象，他们的压力与需求均会在很大程度上刺激和推动政府提供更加优质的公共信息与公共服务。因此，对于政府来说，公众抗争和社会动员在某种程度上为政府信息技术的创新扩散提供了重要的制度保证和群众基础。

四、媒介 / 中间人是政务微信创新扩散的核心外源

既有研究文献长期忽视了社会系统中的外部社会行动者——媒介 /

① VON HIPPEL E. Democratizing innovation: The evolving phenomenon of user innovation[J]. International Journal of Innovation Science, 2009, 1 (1) : 29-40.

中间人（agent）作为核心的外部源头和推动力量在政府信息技术创新扩散过程中的主导作用。本书通过比较案例分析发现，在政治机会并不均等的地方政治场域内，“行政接合”机制已然成为政务微信创新扩散的充分必要条件。所谓的“行政接合”机制，其一是精英连接机制（这是政务微信创新扩散的充分条件），其二是创新代理人分工协作机制（这是政务微信创新扩散的必要条件），这两种“接合”机制是转型社会政务微信创新扩散的重要外部影响机制。同样，这两种机制也可以较为科学合理地解释转型中国基层政府政务微信创新扩散集群现象和集群效应出现和未能出现的根本原因。由此可见，扩大政治机会空间，解放政治精英思想，打破行业和专业壁垒，开放政治社会场域，加强社会精英和政治精英之间的互动和连接，将是进一步推动包括政务微信在内的政府信息技术创新扩散和发展应用的重要举措。

第四节　研究局限与展望

一、研究局限

本书对中国转型社会政务微信创新扩散的现象进行了系统的研究，并从不同场域探讨了政府创新扩散的影响因素和影响机制。在得出一系列研究发现的同时，本书也存在若干局限需要指出，以便在研究结果推论和未来研究中加以注意。

首先，鉴于微信社交媒体的兴起与发展时间较短且还在继续变化当中，故对政务微信的创新扩散过程进行纵贯式的解剖和研究将是比较困难的，由于技术获取的难易程度受限，本书研究最终选取的只是截面数据，此种数据取径必将舍弃和遮蔽掉一部分过程研究的丰富性和延绵性，期望未来研究能够采用追踪数据或面板数据对本书的研究假设进行更加稳健的检验。另外，由于受到搜索技术和舆情监测系统碎片化的限制，笔者难以获取中国所有区县级政府政务微信的基础数据，而只是选取了广东省的区县级政府作为本书研究的实证考察对象。一方面，由于观测数值较少，因此本书的研究发现是探索性和先行性的，将来的研究可以针对本书所提出的研究假设进一步进行检验。另一方面，由于广东省所处的特殊地理位置和社会经济条件，因此，本书研究结论的适用范围仅谨慎地推论到中国沿海地区的经济发达省份，另不做出过度的推论。

其次，本书的量化研究部分重点在于考察政府辖区属性、政府特征和府际关系等政治因素对政务微信创新扩散的影响，而不在于作一个全景式的、无所不包的分析。其他政治因素如“政府内部结构、运作过程与政府官员的作用，以及政党属性和竞争程度、立法机构特征、意识形态等”[①]，因难以操作化和资料获取不易而没有在本书中加以讨论。此外，本书的量化研究部分“也没有充分考虑到地方政府官员的特征，如年龄、任期、职业背景、价值取向等，这些都有待于未来研究的继续深化”[②]。另外，“所谓的‘意见领袖’，他们对政府创新的影响也值得进一步考察”[③]。简而言之，未来研究的方向在于对那些不但重要，而且尚未得到系统性检验的理论假设进一步开展考察，而

① TOLBERT C J, MOSSBERGER K, MCNEAL R. Institutions, policy innovation, and e-government in the American states [J]. Public administration review, 2008, 68（3）: 549-563.

② MOON M J, NORRIS D F. Does managerial orientation matter? The adoption of reinventing government and e-government at the municipal level[J]. Information systems journal, 2005, 15（1）：43-60.

③ 陈雪莲，杨雪冬．地方政府创新的驱动模式：地方政府干部视角的考察 [J]. 公共管理学报，2009，6（3）：1-11.

对于那些已经获得检验的理论假设进行拓展，同时有必要将这些理论假设在其他场域和其他类型中反复检验。只有这样，创新扩散研究才能不断地往纵深发展。

再次，本书提出的理论假设和理论命题都是基于已有文献和主流的理论逻辑，而不是对所有影响因素和影响机制进行全景式的分析。显然，影响政府创新扩散的因素和机制多如牛毛，本书目前还难以穷尽并对其做出客观全面的解释。本书的理论框架主要是基于已有的理论和既有研究的积累，代表了较为一般性的研究进路，而有待未来研究进行知识创新的重要方向则是对其他重要影响因素和影响机制的识别和检验。比如本书仅仅是考察了同一地市内区县之间的相互竞争和相互学习，进一步打开区域扩散效应的“黑箱”是未来研究的重要方向。此外，本书对政务微信创新扩散网络的研究仍然局限于区位因素和政治因素，而较少涉及社会因素，如社会网络等。

最后，囿于经验数据的案例限制，本书未能对质化研究部分（比较案例分析）的理论命题进行可操作化和量化的实证检验和处理，这些只能留待未来研究加以探索。本书提出的一些影响因素在转型中国基层政府政务微信创新扩散的案例研究中得到了实际验证，如上级政府压力、府际竞争、府际学习和公众压力等指标；但本书提出的以媒介 / 中间人（agent）为考察中心的外部影响机制的研究实属首创，故还未能得到其他相关研究的实证检验。有待未来研究进一步量化和细分本书所提出的经验命题（两种“行政接合”机制）：精英连接机制和创新代理人协作机制，以便增进人们对政府创新扩散领域中媒介 / 中间人所起到的核心外源作用的突破性理解与实质性认识。

二、研究展望

鉴于政府创新扩散的理论发展与中国地方政府创新扩散实践蓬勃

发展的现状存在较大差距，今后的研究还有许多工作需要进行。首先，本书考察了“单个变量如何影响政务微信的创新扩散，但却没有分析这些变量之间可能存在的交互效应”[①]。有学者指出，组织创新的影响因素之间并非独立效应而是交互效应，而组织创新对这些自变量的函数也是乘积函数而非加总函数。已有研究也指出，“政府创新的扩散不仅受到单个变量的线性或非线性影响，而且变量之间会形成较为复杂的互动关系并对政府创新扩散产生交互效应”[②]。“与单变量的独立效应分析相比，多变量的交互效应研究虽然更加符合政府创新扩散的影响因素的实际情况，但其实证分析却面临一些技术难题。”[③]未来研究值得在此方向继续进行探索，以便揭示政府信息技术创新扩散更为复杂也更加符合实际的影响机制及运作机理。

其次，领导者对政府创新扩散的影响已经得到了许多研究的关注，也是未来研究值得考察的重要方向之一。“来自‘中国地方政府创新奖’的调查显示，领导干部是驱动政府创新的关键因素”[④]，而以行政首长负责制为特色的“一把手体制”进一步加剧了领导者对政府创新扩散的影响。一些研究考察了官员任期对政府创新扩散的影响[⑤]，

---

① MOHR L B. Determinants of innovation in organizations[J]. American political science review,1969, 63（1）: 111-126.

② BERRY F S, BERRY WD. State lottery adoptions as policy innovations: An event history analysis[J]. The American political science review, 1990, 84（2）: 395-415.

③ BERRY W D, DEMERITT J H R, ESAREY J. Testing for interaction in binary logit and probit models: is a product term essential?[J]. American journal of political science, 2010, 54（1）: 248-266.

④ 陈雪莲，杨雪冬.地方政府创新的驱动模式：地方政府干部视角的考察[J].公共管理学报，2009，6（3）：1-11.

⑤ BERRY F S. Innovation in public management: The adoption of strategic planning[J]. Public administration review, 1994, 54（4）: 322-330.

但尚未对领导者的人口统计特征、态度、心智模式和行为倾向等进行更加深入的研究。“对美国警察局和税务局的一项研究表明，‘空降兵’（外部调任）和‘直升机’（内部晋升）作为职业流动的两种模式，会对创新的扩散产生截然不同的影响。与‘直升机’相比，‘空降兵’的政府官员更加倾向于推动政府创新扩散。”① 此外，县（区）委书记是县（区）域治理的关键行动者，通过对一把手的行动考察，更能折射出社会表象背后的政治隐秘。然就本书研究所涉及的内容而言，首先需要分别考察基层区县级政府的领导者和创新关涉的职能部门的领导者。对于前者，由于组织创新的联动性和连带性，辖区政府领导者的影响不容忽视，需要分别对党委书记和行政一把手进行分析，因为二者虽然同为辖区政府的党政首要领导，但是对组织创新可能会产生不同的影响。对于后者，由于特定创新项目的专业性较强，受到所属职能部门领导者的影响也更为强烈（如公安、消防和共青团系统等）。即使属于不同的序列，但也可以从领导者的年龄、学历、职业背景、任期等方面加以考察。

最后，本书对转型社会基层政府政务微信创新扩散的实践的研究，尚未获得有关政府信息技术创新扩散的一般结论。这一点是多数创新扩散研究的“通病”，也是该领域亟待突破的范式危机。恰如 Boehmke 和 Skinner（2011）所指出的那样，关于政策创新扩散的研究需要回归到 Walker 早期的研究传统，即从单个或少数几个案例的研究转向大样本的宏观趋势研究，以期解释一般性的政策创新扩散的特征和影响因素。改革开放以来，中国地方各级政府涌现并推广的大量技术创新即为这一方向的研究提供了可能，然而如何构建一个系统性的中国地方政府创新扩散的精密数据库对其进行跟踪、记录和累积

① TEODORO M P. Bureaucratic job mobility and the diffusion of innovations[J]. American journal of political science, 2009, 53（1）: 175-189.

分析，仍然是一个值得努力的研究方向。此外，在本书以媒介 / 中间人（agent）为考察中心的比较案例分析中，由于个案分析的情境依赖因素较强，如何使社会科学研究挣脱少数个案的拘囿以适应大样本量化分析的需要，也是下一个值得进一步探索的方法论问题。

第五章

结语

本书重点关注转型中国的政治—技术关系命题，进而希冀能够在一个具体的实践场域中探微到转型国家政治权力与信息技术之间的复杂共生关系。在本书的绪论部分，研究者提出：在一个行政主导型国家里，社会决定论者的学说远远比技术决定论者更具有说服力。因为是社会在塑造技术，技术的历史始终与政治、社会和经济联系在一起。尽管政治逻辑和技术逻辑是一种追逐和共生的关系，其间隐含了种种“互激”模式，然而在一个行政主导型国家里，技术逻辑始终依附于政治逻辑而生长。故此，在当下转型中国的政治语境下，本书把政务微信视为转型国家为化解当前的政府公信力危机而推行的一种社会控制和政治策略手段，其间隐含了技术治理的逻辑，即通过社交媒体的技术特性来加强政民之间的互动和联系，最终达到意识形态整合并提高政治合法性的目的。由此可见，当下的政务微信是中国政府在数字化治理时代的一种信息技术应用，一方面，它通过信息的交流和传递，给行动者提供了一个既定的社会和政治舞台，并不断地创造和整合出新的社会关系和政治关系；另一方面，它契合了公共行政领域在行政管理（服务）实践层面的刚性需求，较大地提高了公共服务的质量和政民之间的沟通效率，在客观上达到了提高政治效能和形塑政治合法性的目的。

“从重新塑造社会生态和产业结构开始，当今时代的新媒体正在对社会生产和社会生活进行全面介入。新媒体不仅仅是一种信息生产方式，更是围绕着它所依托的介质和载体所产生的组织性、结构性的活动，重新结构社会性的生产关系。”[①] 诚然，媒介不仅是一种技术体系和文化载体，更是一种深层次的历史结构。在某种程度上，技术逻辑并非完全受控于政治逻辑的规制，与之同时，技术逻辑也会反作用并反规制于政治权力。换言之，权力驾驭技术，技术也适应权力，权力与技术之间始终存在着一种互动和互激的“复合相互依赖”关系。政治逻辑在驾驭和使用技术逻辑的同时，技术逻辑也在潜移默化地改造并重塑原有的政治权力结构。在当下转型中国的政治语境中，这种改造属于一种外生性转向内生性的渐进式改造，因而具备一种契合信息社会发展的特质与潜力。诚如本书研究所揭示的那样，在一个“小政府—大社会”的转型社会场域中，当技术逻辑与政治逻辑在某一个关键节点上相生相遇并达成“接合”机制时，技术逻辑便会焕发出强大的生命力，进而能够渗透、激活甚至改造原有的政治体制和权力结构。

面对转型中国日益增长的复杂性，对于政治—技术或权力—技术的关系命题来说，研究者不能简单地以决定 / 被决定的单向度逻辑来统而化之，任何单纯的社会决定论或技术决定论都无法涵括政治权力与技术结构之间的多元辩证关系。事实上，政治权力与技术应用之间在不同情势下通常隐匿着各种不同的相互追逐、相互利用并且相互改造的互动潜力和共生关系。因此，本书考察的研究对象——政务微信能否顺利进入一个转型社会的国家政治传播的机会结构和流通管道的问题，本身就取决于各种特殊情势之下政治权力与技术应用之间不同的“适配”和“吻合”之关系。

① 陈卫星．新媒体的媒介学问题 [J]. 南京社会科学，2016（2）：115.

附录

附录一：广东省区县级政府公务员访谈提纲

尊敬的先生 / 女士：

您好！

我是 ××，为了广东省哲学社会科学规划项目《转型社会政务微信创新扩散的影响因素与机制研究——基于广东区县级政府的实证考察》的研究需要，特做此访谈，访谈内容与政务微信在您所在部门的开通与扩散有关。这次调查结果用于学术研究，笔者将对调查结果进行适当保密，请您如实谈出自己的看法和感受，不要有任何的担忧和顾虑。谢谢！

1. 相比前期的电子政务和政务微博，您认为政务微信在技术和传播上具有哪些相对优势？这些技术特性是否影响到政务微信在政府部门中的开通和扩散？

2. 您认为政务微信的技术传播特性与贵地区所在政府部门的行政理念、执政思维是否相吻合？政务微信是否满足了政府部门的治理理念和行政需求？这些因素是否对政务微信的开通和扩散产生重要影响？若有，具体是如何影响的？

3. 您所在单位（或部门）的领导（包括区县级的政府领导）对政务微信的认识是怎样的？他们是否支持开通政务微信？这些因素是否对政务微信的开通和扩散产生重要影响？若有，具体是如何影响的？

4. 中央政府或者上级省市政府的行政命令或激励措施，是否对基层政府政务微信的开通和扩散有影响？若有，具体是如何影响的？

5. 上级政府部门政务微信的开通和扩散态势，是否影响到下级政府部门政务微信的开通和扩散？若有，具体是如何影响的？

6. 您单位电子政务（政务微博）等基础设施的建设情况如何？您认为这

些因素是否影响到政务微信在贵单位（或部门）的开通和扩散？若有，具体是如何影响的？

7. 对于开通政务微信，上级政府部门是否有专项拨款，是否配备相应的人员编制和培训学习制度？这些人力和财力资源的硬件，是否影响到政务微信在贵单位（或部门）的开通和扩散？若有，具体是如何影响的？

8. 您所在单位（或部门）对外交流学习的机会多吗？贵单位（或部门）是否有机会被组织去上级（或兄弟）政府单位（或部门）学习政务新媒体技术（电子政务、电子商务、政务微博和政务微信等）？贵单位（或部门）对政务新媒体的接受程度如何？这是否影响到政务微信在贵单位（或部门）的开通和扩散？若有，具体是如何影响的？

9. 同级政府部门之间政务微信的开通和扩散，是否对贵单位（或部门）政务微信的开通和扩散造成压力或产生影响？若有，具体是如何影响的？基层政府一般在何种情况下会考虑到同级政府之间的竞争压力？

10. 社会公众对开通政务微信的需求大不大？公众的抗争行动（如劳资纠纷事件、土地维权事件、环境抗争事件等）是否对政府治理（要求透明性政府和服务型政府）造成了外部压力？这些因素是否对政务微信的开通和扩散产生了重要影响？若有，具体是如何影响的？

附录二：深度访谈对象编码表

编号	单位	职位	采访时间	访谈方式
1	中山大学传播与设计学院	院长、教授	2016-01-25	面对面
2	华南理工大学公共管理学院	教授	2014-12-25	面对面
3	广东省外语外贸大学新闻传播学院	教授	2015-12-14	面对面
4	广东省委宣传部网宣办	副主任	2015-09-06	面对面
5	腾讯大粤网	编辑	2015-09-20	面对面
6	腾讯大粤网	佛山区负责人	2015-10-13	面对面
7	佛山市委宣传部网信办	科长	2015-09-15	面对面
8	《南方日报》佛山新闻部顺德工作站	站长	2015-09-13	面对面
9	《南方日报》佛山新闻部顺德工作站	副站长	2015-09-13	面对面
10	佛山市顺德区宣传科	科长	2015-09-14	面对面
11	广佛都市网	新闻部总监	2015-09-15	面对面
12	广佛都市网	新闻部副总监	2015-09-15	面对面
13	广州市越秀区新闻科	科长	2015-09-10	面对面
14	广州市越秀区互联网新闻舆情中心	编辑	2015-09-10	面对面
15	佛山市南海区宣传部	副部长	2015-07-17	面对面
16	佛山市南海区网宣科	副科长	2015-07-17	面对面
17	佛山市南海区网宣科	科员	2015-07-17	面对面
18	《南方日报》佛山新闻部南海工作站	编辑	2015-07-16	面对面

续表

编号	单位	职位	采访时间	访谈方式
19	《南方日报》佛山新闻部三水工作站	执行站长	2015-07-15	面对面
20	佛山市三水区宣传科	科长	2015-07-15	面对面
21	佛山市三水区宣传科	干事	2015-07-15	面对面
22	《南方日报》佛山新闻部三水工作站	新媒体总监	2015-07-15	面对面
23	《南方日报》佛山新闻部三水工作站	站长	2015-07-15	面对面
24	佛山市三水区宣传部	部长	2015-07-15	面对面
25	《珠江商报》采访中心	主任	2015-10-21	面对面
26	《珠江商报》融媒部	新媒体总监	2015-09-20	面对面
27	清远市连南县农村工作委员会	主任	2015-01-10	面对面
28	清远市旅游局	主任	2015-07-24	面对面
29	清远市人民医院	政务微信编辑	2015-07-24	面对面
30	汕尾市陆丰市宣传部	副部长	2015-08-25	面对面
31	南海发布	政务微信运维人员	2015-09-25	电话 / 电邮
32	南海行政服务中心	政务微信运维人员	2015-09-25	电话 / 电邮
33	南海民政	政务微信运维人员	2015-09-25	电话 / 电邮
34	南海狮山镇	政务微信运维人员	2015-09-25	电话 / 电邮
35	汕尾市城区人社局	政务微信运维人员	2015-09-26	电话 / 电邮
36	汕尾市海丰县人社局	政务微信运维人员	2015-09-26	电话 / 电邮
37	汕尾市海丰县团县委	政务微信运维人员	2015-09-26	电话 / 电邮
38	汕尾市陆丰市消防大队	政务微信运维人员	2015-09-27	电话 / 电邮
39	汕尾市陆丰市人社局	政务微信运维人员	2015-09-27	电话 / 电邮
40	汕尾市共青团陆丰市委员会	政务微信运维人员	2015-09-27	电话 / 电邮

续表

编号	单位	职位	采访时间	访谈方式
41	汕尾市陆丰市委外宣办“今日陆丰”	政务微信运维人员	2015-09-27	电话 / 电邮
42	汕尾市陆河县卫计局	政务微信运维人员	2015-09-28	电话 / 电邮
43	汕尾市陆河县应急管理办公室	政务微信运维人员	2015-09-28	电话 / 电邮
44	湛江市吴川市宣传部	政务微信运维人员	2015-10-18	电话 / 电邮
45	云浮市郁南县旅游局	政务微信运维人员	2015-10-20	电话 / 电邮
46	阳江市阳东县卫计局	政务微信运维人员	2015-10-20	电话 / 电邮
47	《佛山日报》新媒体运营部	总监	2015-10-25	面对面
48	《南方日报》佛山站	副站长	2015-12-07	面对面
49	清远市清新区宣传部	副部长	2015-07-23	面对面
50	清远市清新发布	政务微信运维人员	2015-07-23	面对面
51	清远市清新电视台	新闻部主任	2015-07-23	面对面

附录三：广东省基层政府县（市、区）一览表

地市	县（市、区）
广州	越秀区、海珠区、荔湾区、天河区、白云区、花都区、番禺区、南沙区、萝岗区黄埔区、从化区、增城区
深圳	福田区、罗湖区、盐田区、南山区、宝安区、龙岗区
惠州	惠城区、惠阳区、惠东县、博罗县、龙门县
佛山	禅城区、南海区、顺德区、高明区、三水区
珠海	香洲区、金湾区、斗门区
江门	蓬江区、江海区、新会区、台山市、开平市、鹤山市、恩平市
肇庆	端州区、鼎湖区、四会市、高要区、广宁县、德庆县、封开县、怀集县
汕头	金平区、龙湖区、澄海区、濠江区、潮阳区、潮南区、南澳县
汕尾	城区、陆丰市、海丰县、陆河县
潮州	湘桥区、饶平县、潮安区
梅州	梅江区、兴宁市、梅县区、平远县、蕉岭县、大埔县、丰顺县、五华县
揭阳	榕城区、普宁市、揭东区、揭西县、惠来县
云浮	云城区、罗定市、新兴县、郁南县、云安区
湛江	赤坎区、霞山区、麻章区、坡头区、雷州市、廉江市、吴川市、遂溪县、徐闻县
茂名	茂南区、茂港区、信宜市、高州市、化州市、电白区
阳江	江城区、阳春市、阳东区、阳西县
清远	清城区、英德市、连州市、佛冈区、清新区、连山壮族瑶族自治县、连南瑶族自治县、阳山县
河源	源城区、东源县、和平县、龙川县、紫金县、连平县
韶光	浈江区、武江区、曲江区、乐昌市、南雄市、仁化县、始兴县、翁源县、新丰县、乳源瑶族自治县
东莞	
中山	

注：东莞、中山两地级市直辖镇，不辖县（市、区）等行政区域。

附录四：因变量与自变量的取值及来源

因变量的取值：

深圳市区县级政府政务微信号：159 个
龙岗区：35 个
宝安区：29 个
福田区：27 个
罗湖区：26 个
南山区：29 个
盐田区：13 个
广州市区县级政府政务微信号：175 个
南沙区：16 个
白云区：16 个
越秀区：21 个
花都区：13 个
海珠区：22 个
天河区：14 个
番禺区：23 个
增城区：11 个
荔湾区：13 个
从化区：9 个
萝岗区：4 个
黄埔区：13 个
佛山市区县级政府政务微信号：175 个
三水区：36 个
顺德区：37 个
南海区：40 个
禅城区：28 个
高明区：34 个
惠州市区县级政府政务微信号：65 个
博罗县：18 个
龙门县：7 个
惠阳区：15 个
惠城区：10 个
惠东县：15 个
江门市区县级政府政务微信号：92 个
新会区：12 个
江海区：6 个
开平市：6 个
台山市：13 个
鹤山区：21 个
恩平市：10 个
蓬江区：24 个
珠海市区县级政府政务微信号：37 个
香洲区：15 个

金湾区：9个

斗门区：13个

肇庆市区县级政府政务微信号：46个

怀集县：5个

四会市：13个

端州区：6个

鼎湖区：5个

封开县：2个

德庆县：3个

高要区：10个

广宁县：2个

韶关市区县级政府政务微信号：66个

南雄市：11个

曲江区：10个

仁化县：10个

乳源县：8个

始兴县：6个

翁源县：5个

新丰县：4个

浈江区：4个

武江区：3个

乐昌市：5个

汕头市区县级政府政务微信号：37个

金平区：7个

龙湖区：4个

濠江区：5个

潮阳区：5个

南澳县：4个

澄海区：7个

潮南区：5个

汕尾市区县级政府政务微信号：22个

海丰县：6个

陆丰市：4个

陆河县：7个

汕尾城区：5个

清远市区县级政府政务微信号：88个

连山县：10个

清城区：8个

英德市：16个

连州市：6个

佛冈县：14个

阳山县：18个

清新区：11个

连南县：5个

梅州市区县级政府政务微信号：43个

梅江区：6个

梅县区：4个

大埔县：5个

平远县：7个

蕉岭县：6个

兴宁市：8个

丰顺县：1个

五华县：6个

河源市区县级政府政务微信号：32个

龙川县：8 个
东源县：8 个
源城区：5 个
紫金县：6 个
和平县：3 个
连平县：2 个
云浮市区县级政府政务微信号：31 个
罗定市：8 个
新兴县：9 个
郁南县：5 个
云城区：3 个
云安区：6 个
湛江市区县级政府政务微信号：37 个
霞山区：3 个
遂溪县：4 个
坡头区：2 个
赤坎区：6 个
麻章区：4 个
雷州市：2 个
廉江市：6 个
吴川市：5 个
徐闻县：5 个
潮州市区县级政府政务微信号：11 个
潮安区：6 个
湘桥区：4 个
饶平县：1 个
阳江市区县级政府政务微信号：18 个
阳春市：9 个
阳东区：5 个
阳西县：4 个
江城区：1 个
茂名市区县级政府政务微信号：36 个
茂南区：5 个
茂港区：1 个
信宜市：7 个
化州市：6 个
高州市：12 个
电白区：5 个
揭阳市区县级政府政务微信号：14 个
榕城区：4 个
普宁市：3 个
揭东县：1 个
揭西县：5 个
惠来县：1 个

自变量一
（上级政府压力）指标的取值：

深圳市政务微信号：79 个
广州市政务微信号：81 个
佛山市政务微信号：72 个
惠州市政务微信号：42 个
肇庆市政务微信号：27 个
珠海市政务微信号：52 个

江门市政务微信号：60 个
汕头市政务微信号：27 个
汕尾市政务微信号：19 个
清远市政务微信号：37 个
梅州市政务微信号：24 个
河源市政务微信号：31 个
湛江市政务微信号：29 个
韶关市政务微信号：22 个
潮州市政务微信号：19 个
茂名市政务微信号：20 个
揭阳市政务微信号：26 个
阳江市政务微信号：23 个
云浮市政务微信号：26 个

自变量二

（辖区居民公民抗争指数）指标的取值：

深圳市区县级政府：
龙岗区：4
宝安区：9
福田区：2
罗湖区：2
南山区：5
盐田区：1
广州市区县级政府：
南沙区：1
白云区：2
越秀区：2
花都区：4
海珠区：2
天河区：3
番禺区：3
增城区：1
荔湾区：0
从化区：0
萝岗区：2
黄埔区：0
佛山市区县级政府：
三水区：1
顺德区：4
南海区：4
禅城区：2
高明区：1
惠州市区县级政府：
博罗县：1
龙门县：0
惠阳区：1
惠城区：2
惠东县：1
江门市区县级政府：
新会区：0
江海区：0
开平市：0
台山市：1

鹤山区：1
恩平市：1
蓬江区：0
珠海市区县级政府：
香洲区：1
金湾区：0
斗门区：0
肇庆市区县级政府：
怀集县：0
四会市：1
端州区：0
鼎湖区：0
封开县：0
德庆县：0
高要区：1
广宁县：1
韶关市区县级政府：
南雄市：0
曲江区：0
仁化县：1
乳源县：0
始兴县：0
翁源县：0
新丰县：0
浈江区：0
武江区：1
乐昌市：0
汕头市区县级政府：
金平区：2
龙湖区：0
濠江区：0
潮阳区：1
南澳县：0
澄海区：1
潮南区：1
汕尾市区县级政府：
海丰县：1
陆丰市：2
陆河县：1
汕尾城区：1
清远市区县级政府：
连山县：0
清城区：1
英德市：1
连州市：0
佛冈县：0
阳山县：1
清新区：1
连南县：0
梅州市区县级政府：
梅江区：0
梅县区：0
大埔县：0
平远县：1

蕉岭县：1
兴宁市：0
丰顺县：0
五华县：0
河源市区县级政府：
龙川县：2
东源县：1
源城区：1
紫金县：1
和平县：0
连平县：0
云浮市区县级政府：
罗定市：0
新兴县：0
郁南县：0
云城区：0
云安区：0
湛江市区县级政府：
霞山区：0
遂溪县：1
坡头区：0
赤坎区：1
麻章区：0
雷州市：1
廉江市：0
吴川市：0
徐闻县：0
潮州市区县级政府：
潮安区：1
湘桥区：0
饶平县：0
阳江市区县级政府：
阳春市：1
阳东区：0
阳西县：0
江城区：1
茂名市区县级政府：
茂南区：1
茂港区：1
信宜市：0
化州市：2
高州市：1
电白区：1
揭阳市区县级政府：
榕城区：0
普宁市：1
揭东县：0
揭西县：1
惠来县：1

自变量三（府际学习指标）的取值及其来源：

广州市：

1. 2014 年 5 月 16 日，番禺区举办 2014 年政务服务工作培训班。

2. 2014 年 3 月 11 日，花都区副区长罗干政率领该区有关部门业务骨干到番禺区政务服务中心调研学习政务服务和信息化建设情况。

3. 2013 年 8 月 7 日，番禺区卫生系统举行医疗卫生行业舆情应对技巧培训班，邀请中山大学传播与设计学院副院长张志安教授主讲，本次培训以“公共危机管理与媒体应对”为主题。

4. 2012 年 10 月 22 日，番禺区大学城管委会、小谷围街举办新媒体应用培训班。邀请北京零点咨询公司冯浠博士做“如何利用政务微博应对突发事件”的专题讲座。

5. 2013 年 5 月 10 日，荔湾区区政府到番禺区调研学习电子政务建设情况，考察学习番禺区电子政务建设情况及与政务办职能机构整合的创新做法。

6. 2012 年 5 月 13 日，番禺区城管综合执法分局举办官方微博运行团队培训班。

7. 2012 年 2 月底，广州市地税局组织主题为“微博时代的舆论引导与舆情管理”的视频专场讲座，邀请中国传媒大学网络舆情研究所总编辑窦含章老师授课。番禺区地税局 200 多名干部通过课程深入了解当前微博时代涉税舆论引导与舆情管理方面的知识。

8. 2013 年 9 月 4 日，荔湾区委宣传部组织召开了“荔湾区官方微博管理人员业务交流会”，区属 60 多名官方微博管理人员参加了会议。

9. 2014 年 3 月 14 日，荔湾区纪委监察局举行了“荔湾清风”政务微博业务培训班，组织区属各单位政务微博管理员（舆情信息员、网评员）近百人参加学习，邀请大洋网党政新闻中心副总监黎建科讲课。

10. 2015 年 3 月 18 日，白云区政务办一行人到荔湾区政务服务中心调研学习荔湾“一窗式”政务服务改革工作。

11. 2015 年 1 月 16 日，南沙区政务办一行人来到荔湾区政务服务中心考察交流信息共享等政务改革。

12. 2015 年 1 月 13 日，从化区人民政府政务管理办公室一行人到荔湾区政务办调研学习政务改革体制机制创新工作。

13. 2015 年 1 月 7 日，天河区政府到荔湾区政务服务中心参观交流学习政务服务工作。

14. 2014 年 12 月 17 日，越秀区区长带领政府办一行人到荔湾区调研学习政务改革工作。

15. 2014 年 11 月 19 日，海珠区政府办、政务服务中心一行人到荔湾区政务办交流学习政务改革工作和网格化工作。

16. 2014 年 9 月 18 日，从化区人民政府政务办一行人到荔湾区政务办调研学习政务改革体制机制创新工作。

17. 2014 年 5 月 22 日，荔湾区政务办一行人到佛山市南海区行政服务中心调研学习交流政务改革工作。

18. 2014 年 5 月 14 日，越秀区政务办一行人到荔湾区政务办调研学习政务改革创新经验。

19. 2014 年 3 月 21 日，番禺区政府办一行人到荔湾区调研政务服务工作。

20. 2013 年 9 月 4 日，越秀区政务办一行人到荔湾区政务服务中心交流学习政务改革工作。

21. 2013 年 7 月 2 日，荔湾区政务办一行人到海珠区政务服务中心交流学习和调研。

22. 2012 年 12 月 13 日，海珠区政务办一行人到荔湾区调研学习街道政务服务中心“六统一”规范化建设工作。

23. 2012 年 8 月 17 日，越秀区纪委监察局一行人到荔湾区政务服务中心调研学习政务改革工作。

24. 2012 年 4 月 25 日，黄埔区政务公开办一行人到荔湾区调研学习政务服务“六统一”规范化建设工作。

25. 2012 年 3 月 16 日，萝岗区政务服务中心一行人到荔湾区调研学习政务服务工作。

26. 2015 年 5 月 7 日，海珠区昌岗街在办事处一楼召开 2014 年信息工作总结暨信息员培训大会。

27. 2014 年 9 月 16 日，市国土房管局海珠区分局举办 2014 年信息宣传业务培训班。

28. 2014 年 4 月 1 日，海珠区昌岗街道在办事处一楼召开 2014 年信息宣传工作会议并针对微博运营情况开展相关业务培训。

29. 2015 年 5 月 6 日，天河区召开 2015 年统战信息调研工作会议暨信息培训会。

30. 2015 年 4 月 27 日，白云区党政考察团一行人到黄埔区学习借鉴网格化服务管理、政务改革经验。

31. 2015 年 4 月—5 月，黄埔区政务办牵头组织举办黄埔区 2015 年网格化工作人员业务培训班。

32. 2014 年 10 月 9 日，白云区举办第 16 期中青年干部培训班，提高新媒体时代行政执行能力。

33. 2012 年 5 月 15 日，南沙区行政服务中心举办第二期网上办事大厅业务培训班。

34. 2015 年 4 月 15 日，增城区召开政府门户网站信息管理员业务培训会。

35. 2014 年 3 月 14 日，增城区在广播电视大楼举行增城大讲堂——专题讲座，学习新媒体时代习总书记的讲话精神。

36. 2015 年 6 月 9 日—10 日，从化区委宣传部举行 2015 年从化区新闻发言人培训班。

37. 2015 年 4 月 24 日，花都区委组织部、宣传部、区委党校共同举办的花都讲坛开讲：互联网+时代的标兵——车联网。

佛山市：

1. 2014 年，顺德区新闻宣传培训班在佛山市委党校举办，两位媒体人（包括《南方日报》佛山记者站副站长何又华）为顺德各级各部门的新闻宣传负责人讲解了新媒体时代下政府部门如何做宣传。

2. 2015 年 5 月 7 日，佛山市禅城区委宣传部召开全区政务微信培训会议，邀请广佛都市网总编辑龙上淳讲课。

3. 2014 年 3 月 12 日，佛山市禅城区政法委在司法局会议室召开“禅城政法”微博业务培训会议。

4. 2013 年 6 月 18 日，佛山市禅城区在区政府岭南大院举办禅城区网络信息及政务微博管理培训班。中国传媒大学网络研究所高级分析师刘蕾围绕“双微”开展讲座。

5. 2012 年 10 月 19 日，佛山市禅城区在区政府岭南大院举办政务微博业务培训班。

6. 2012 年 7 月 3 日，佛山市禅城区行政服务中心在区政府岭南大院 1 号楼电子政务培训室举办专题网站信息员应用技术培训班。

7. 2012 年 10 月 23 日，佛山市禅城区行政服务中心在广东省（佛山）软件产业园培训中心举办了区政府网站及信息公开新平台操作应用培训班。

8. 2014 年 12 月 26 日，佛山市三水区行政服务中心一行人到禅城区开展“一门式”政务服务体系建设情况的参观学习。

9. 2014 年 12 月 15 日，佛山市高明区举办全区新闻发言人培训班，新闻发言人、网络发言人、政务微博、政务微信管理员共 300 余人参加了培训班。媒体人何又华、媒体人胡智勇阐述了如何应对危机舆情和如何提高媒介素养。

10. 2014 年 9 月 3 日，高明区委理论学习中心组举办“加强新闻发布工作，增强舆论引导能力”专题学习（扩大）班，资深媒体人龙建刚做了题为

“舆论场中群众的力量”的讲座。

11. 2012 年 3 月 14 日，高明区举行政务微博应用业务培训班，参加者有新闻发言人、政务微博管理员 180 人。

12. 2015 年 3 月 24 日，佛山市南海区行政服务中心一行人到荔湾区政务办交流政务改革和网格化管理工作。

13. 2015 年 3 月 10 日，佛山市高明区行政服务中心一行人到荔湾区政务服务中心考察交流政务服务、行政审批改革等工作。

14. 2015 年 2 月 13 日，佛山市顺德区行政服务中心一行人到荔湾区政务服务中心考察交流荔湾区政务改革工作以及网格化社会治理工作。

15. 2014 年 12 月 29 日，佛山市三水区行政服务中心一行人到荔湾区政务办调研学习政务改革体制机制创新工作。

16. 2014 年 10 月 10 日，佛山市南海区行政服务中心一行人到荔湾区政务办交流学习政务改革工作情况。

17. 2015 年 1 月 29 日，佛山市南海区行政服务中心一行人到云浮市云安区学习交流。

18. 2015 年 4 月 23 日，顺德区委理论学习中心组专题报告会在顺德召开，中国传媒大学媒介与公共事务研究院院长董关鹏做了“全媒体舆论引导实务”专题讲座。

19. 2014 年 10 月 22 日，2014 年顺德区宣传培训班正式开班，《南方都市报》副总编辑陈文定做了《全民皆记者时代的危机化解之道》的讲座。

20. 2014 年 5 月 21 日—27 日，顺德区委党政办学员走进浙江大学培训，学习互联网时代的领导干部心态与素养以及新闻发言人的语言逻辑素养和创新思维。

21. 2013 年 7 月 16 日，顺德区人社局在区政府会议中心举办了信息和新闻宣传培训班。邀请《珠江商报》新媒体部编辑部主任、采访部副主任黄琨担任主讲嘉宾。

22. 2013 年 5 月 22 日—29 日，“顺德新闻发言人高级研修班”在武汉大学开班，顺德区各单位发言人进行集中培训。

23. 2015 年 5 月 11 日，《南方日报》佛山新闻部新媒体工作室创始人、南方网佛山频道主要设计者黄伟胜来到佛山市三水区西南文化中心，做了《从信息生产者向信息管理者转变》的培训。

24. 2013 年 2 月 25 日，三水区举办干部信息能力提升培训班，重点提升网络时代干部的素质和能力。

25. 2015 年 5 月 19 日，南海区在南海迎宾馆召开了“一窗通办”系列改革工作动员会暨“南海政务通”微信公众平台启动仪式。

26. 2015 年 5 月 22 日，南海区“南商学院”南商企业高管研修班第二期开班，旨在提升南商互联网思维。

27. 2012 年 8 月 5 日，南海区行政服务中心举办首期网上办事大厅业务培训班。

28. 2013 年 6 月 16 日，南海区行政服务中心举办第二期网上办事大厅业务培训班。

深圳市：

1. 2014 年 7 月 23 日，宝安区委理论中心组学习会暨处级干部宝安讲坛邀请中山大学传播与设计学院院长张志安以“新媒体环境下的舆论引导与媒体沟通”为主题进行演讲，宝安区几套班子领导参加学习会。

2. 2012 年 9 月 28 日，宝安区 2012 年新闻发言人培训班课程结束，区宣传部门要求新闻发言人要重视网络微博，提高工作透明度。

3. 2015 年 5 月 26 日，深圳市龙岗区社工委到佛山市禅城区调研“一门式”政务服务改革。

4. 2013 年 9 月 25 日，福田区举办了 2013 年度的福田区微博专员培训会，全区 50 多名微博专员参加。

5. 2014 年 6 月 6 日，盐田区举办了 2014 年政务微博暨政务微信培训班，邀请深圳微博发布厅主任徐迅做专题讲座，微博、微信联络专员到场听取讲座。

6. 2012年3月14日，盐田区委举行中心组学习扩大会议，邀请市委宣传部互联网信息办公室主任钟海帆做《政务微博与网上舆论引导》讲座，武汉大学新闻与传播学院肖珺副教授做《网络时代的新闻执政》讲座。

7. 2014年11月4日，罗湖区在区委党校举办科级干部云计算和大数据与电子政务应用培训班。

8. 2012年7月12日，罗湖区委党校、区委宣传部组织开展了罗湖区网络舆情通气会暨网络队伍培训。

9. 2015年4月1日，罗湖区委宣传部举办“新媒体·新思路”以及“创客的梦想”主题讲座，区委书记、区长几套班子领导以及全区各部门一把手一起聆听互联网公开课，授课者罗湖区委舆情宣传科科长李燕、科员周静雯、创客邓祖云。

10. 2012年9月19日，深圳市药品监督局宝安区分局开展政务微博应用实务培训。

11. 2012年9月5日—6日，福田区依法治区办公室举办2012年度依法治区信息联络员学习培训。

12. 2015年4月1日，福田区总工会邀请深圳市办公厅信息处领导开展福田区工会信息员培训。

13. 2014年7月24日，南山区城管信息采集业务骨干开展数字化城管业务培训。

14. 2014年7月8日，南山区两新工委开展“智慧党建系统操作”业务培训。

15. 2014年4月3日，南山区审计局召开信息写作培训座谈会，邀请市《信息快报》编辑罗修杰授课。

16. 2015年5月5日，龙岗区举办2014—2015年度中青年干部培训班，针对当下的热点时事和新媒体舆情开展专题辅导学习。

17. 2014年3月19日，龙岗区“知网工程”试点学习交流培训会议在南湾街道办召开。

江门市：

1. 2014 年 12 月 30 日，江门市蓬江区考察团到禅城区祖庙街道行政服务中心参观学习“一门式”政务服务体系改革。

2. 2015 年 4 月 8 日，蓬江区副区长文丽带领区人社局、区社保局负责人及业务骨干前往佛山市禅城区祖庙街道行政服务中心学习，实地调研禅城区先行试点“一门式”行政服务改革情况。

3. 2012 年 12 月 9 日，蓬江区委副书记、区长温伟文率考察团到顺德区调研学习社会创新、行政服务改革等工作情况。

4. 2015 年 3 月 26 日，江门市江海区一行人来荔湾区调研学习政务改革工作。

5. 2013 年 9 月 4 日，江海区举办 2013 年新闻发言人、通讯员及网络舆情监督评论员培训班，邀请江门电视台新闻中心主任区昌权、《江门日报》社首席记者张雷、《江门日报》社首席摄影记者周华东授课。

6. 2015 年 4 月 8 日，新会区在新会人民会堂召开专题报告会，邀请广东省委党校社会和文化教研部张求会教授讲述突发事件如何进行“微沟通”，副科级以上干部 700 多人参加了专题报告会。

7. 2013 年 8 月 5 日，新会区宣传文化干部培训班在新会供电局举行，邀请了《江门日报》社社长谭乐生进行专题授课。

8. 2013 年 7 月 22 日，台山市在市经济和信息化局 5 楼培训室举办了“台山市网上办事大厅业务培训”，由珠海同望公司吴清工程师进行统一培训，设置了政务公开、政民互动等栏目。

9. 2013 年 7 月 12 日，台山市经济和信息化局举办两期 OA 系统培训班，来自各单位的公文收发员参加了此次培训。

10. 2012 年 7 月 4 日，台山市委、市政府领导参加了由市委组织部和市经济和信息化局举办的台山市党政领导干部信息化培训班，包括网页搜索、网络问政、微博微信等实用操作技能。

11. 2013 年 5 月 29 日，开平市在市委党校举行“农村信息直通车”工程工作会议暨信息员培训班。

12. 2015 年 2 月 10 日，鹤山市委常委、常务副市长陈常珉带队，市府办、发改局、市行政服务中心一行人到南海区行政服务中心参观学习行政服务信息化建设。

13. 2010 年 10 月 9 日，鹤山市文广新局考察团一行人到新兴县开展文化建设、三网融合等交流学习活动。

14. 2012 年 6 月 12 日—16 日，鹤山市委组织部、市委党校联合主办提高政府服务能力专题培训班。

15. 2014 年 11 月 26 日，恩平市政府行政服务中心考察团前往开平市行政服务中心开展学习交流活动。

16. 2015 年 5 月 29 日，恩平市举行政府网站普查工作培训班，北京蓝太平洋科技股份有限公司华南区副总经理贺有良、技术总监胡灿及全市政府部门、事业单位的信息员参加了培训。

清远市：

1. 2010 年 12 月 1 日，佛冈县工商局举办电子政务外网网站建设信息管理员培训班。

2. 2010 年 7 月 9 日，佛冈县电子政务办联合石角镇政府在佛冈县金博士培训学校举办广东省农村中青年信息能力培训班。

3. 2014 年 8 月 1 日，连南县行政服务中心一行人到越秀区政府政务中心进行交流学习。

4. 2014 年 7 月 31 日，连南县举办网上办事大厅综合办事系统操作培训班。

5. 2011 年 8 月 5 日，阳山县政府组团赴连州市参观学习电子政务系统建设的先进经验和做法。

6. 2011 年 4 月 1 日，阳山县信息中心和电信公司赴连州市学习电子政务移动办公系统建设的先进经验和做法。

7. 2011 年 4 月 18 日—8 月 19 日，阳山县委组织部、经济和信息化局在阳山县职业教育中心举办干部信息能力第一期培训班。

8. 2014 年 7 月 4 日，阳山县信息中心联合阳山县科农局举办“阳山县远程网络试点培训活动”，深入开展农村中青年信息能力培训工作。

9. 2014 年 2 月 19 日，连州市人民政府一行人到荔湾区政务中心考察学习政务改革工作。

10. 2015 年 4 月 2 日，英德市委宣传部组织全市各单位通讯员、信息员近 400 人开展集中培训活动，特邀《南方日报》清远记者站站长梁有华传授地方新闻策划和采写技巧。

11. 2012 年 10 月 27 日—28 日，英德市党政领导干部参加网络信息技术培训班，提高利用网络技术管理和服务社会的能力。

12. 2012 年 8 月 3 日，英德市科技局组织市信息中心的平台管理员进行直通车网站平台的使用培训。

13. 2011 年 2 月 22 日—23 日，英德市科技局、清远电信英德分公司一行人前往连州市、阳山县进行电子政务业务建设交流。

14. 2015 年 4 月份，清城区举办干部网络培训学习班进行干部网络培训。

15. 2010 年 8 月 30 日—2011 年 5 月 27 日，清城区举办全区干部信息能力培训班。

16. 2014 年 6 月 27 日，清新区在区党校 5 楼电脑室举办区网上办事大厅综合办事系统培训班。

17. 2013 年 4 月 3 日，连州市为加强新时期的信息报送和新闻报道工作召开了新闻信息员座谈会，邀请了连州市的新闻信息工作人员、连州市电视台、《连州报》资深记者授课。

18. 2015 年 5 月 18 日，佛冈县团县委联合金博士培训学校举办青年电商创业培训班。

19. 2014 年 11 月 25 日，连山县党务系统综合业务培训班在区委党校举办，全区信息员参加了培训。

20. 2014 年 9 月 3 日，连山县在区委党校举办了网络时代公务员基本训练培训班，全区公务员参加了培训。

21. 2015 年 3 月 6 日，清新区领导干部综合素质首期提升培训班在武汉大学开班，培训网络时代的领导执政能力。

22. 2012 年 3 月 13 日—15 日，清新区第一期领导干部现代产业知识研修班在香港开班，相关部门领导人参加了培训，培训内容涵盖网络时代行政的各个方面。

珠海市：

1. 2015 年 3 月 27 日，珠海市金湾区行政服务中心一行人到荔湾区政务办交流学习荔湾“一窗式”政务服务工作。

2. 2012 年 7 月 17 日，香洲区举行 2012 年度新闻发言人培训班，培训邀请了《珠海特区报》编委、政经中心主任陈惠贤以及珠海电视台新闻中心副主任、《新闻搜寻》栏目负责人扶志新前来授课。

3. 2011 年 4 月 15 日，香洲区行政服务中心一行人到斗门区行政服务中心交流学习。

4. 2010 年 10 月 12 日，斗门区举办 2010 年新闻通讯员业务培训班，邀请暨南大学新闻学院教授陈伟军授课，讲授网络时代的新闻写作。

5. 2014 年 6 月 12 日，金湾区组织 150 余人新闻发言人集中培训，邀请中山大学公共传播研究所研究员、管理学院教授林景新博士作为主讲嘉宾。

6. 2015 年 4 月 24 日，为提高信息员的综合素质和业务水平，斗门区总工会举办工会信息员培训班。

阳江市：

1. 2014 年 10 月 24 日，阳春市行政服务中心一行人来到香洲区行政服务中心学习交流。

2. 2014 年 6 月 17 日，阳春市委在会议中心举办了党委信息业务培训班，全市分管领导、信息员参加了业务培训。

3. 2012 年 7 月 18 日，阳春市在电大举行首期行政机关单位现代信息技术应用培训班。

4. 2010 年 3 月 19 日，阳东区科技局率领信息中心工作人员前往鹤山市信息产业局信息中心考察、交流经验、学习。

5. 2012 年 12 月 13 日，阳西县举办了新闻发言人培训班，邀请了省委宣传部互联网新闻信息中心主任曾胜泉讲课，提升政府主动引导舆论和政府危机公关能力。

6. 2013 年 11 月 22 日，阳西县举办第二次新闻发言人培训班，邀请中共广东省委党校，广东行政学院社会文化教研部副教授张任明和《阳江日报》原副主编陈宗辉一同讲课。

7. 2015 年 5 月 15 日，中央党校举办阳东区领导干部专题培训班，培训互联网环境公共危机的信息管理策略等内容。

肇庆市：

1. 2011 年 3 月 10 日，鼎湖区委组织部、鼎湖区科学技术局联合举办鼎湖区干部信息能力提升工程培训班。

2. 2013 年 12 月 31 日，四会市委办、市委宣传部在市委党校举办全市首期新闻发言人培训班。省政协常委、新闻工作者协会主席杨兴峰做了题为《把握新闻传播规律，提高新闻执政能力》的专题辅导，主办方邀请南都全媒体运管委委员苟骅，《南方日报》编委段功伟等省内传媒界的专家为学员授课，提升新闻发言人与媒体打交道的能力。

3. 2015 年 3 月 16 日，怀集县党委政府考察团到高要区学习交流宣传工作经验。

4. 2010 年 12 月 6 日—7 日，封开县举办 2010 年干部信息能力提升工程管理员培训班，党政机关和企事业相关单位负责人参加了培训。

5. 2012 年 2 月 29 日，端州区一行人赴佛山市三水区交流学习行政服务改革工作。

6. 2014 年 8 月 1 日，德庆县行政服务中心举办网上办事大厅第二期培训班。

7. 2015 年 5 月 11 日，高要区新闻中心积极探索新媒体宣传并举行相关培训。

8. 2013 年 3 月 7 日，高要区党政代表团赴广宁县、怀集县学习交流城市建设、工业发展、政务改革等发展经验。

9. 2010 年 4 月 9 日，四会市党政考察学习团赴三水区参观学习城市规划、社会管理、真武改革等经验。

10. 2013 年 11 月 5 日，四会市委组织部、市委党校联合举办 2013 年科级干部培训班，增强学员的行政能力和信息化水平。

茂名市：

1. 2013 年 5 月 17 日，信宜市国土资源局在信宜市理想电脑公司培训教室举办信宜市国土资源系统新媒体培训班。

2. 2012 年 3 月 29 日—30 日，信宜市举办全市宣传干部培训班，各单位宣传委员、文化站长、舆情信息员 200 多人参加了培训。特邀省委宣传部省互联网新闻信息中心主任曾胜泉，广东石油化工学院思想政治理论课教学部副主任唐少莲博士授课，就网络时代舆情危机公关，突发事件新闻应对等内容进行讲解。

3. 2012 年 5 月 28 日，高州市宣传文化工作业务培训班在人民会堂开班，全市网络舆情信息员都参加了培训。

4. 2014 年 7 月 3 日—4 日，高州市在中山纪念堂和人民会堂举办新闻发言人及舆情应对业务培训班，开展了三个专题报告，分别为：省委党校社会和文化教研部主任、教授张求会讲授的“新闻发言人业务知识”，中山大学传播与设计学院副院长、博士生导师张志安讲授的“如何与媒体沟通”，南方新闻网副总编辑柳剑能主讲的“网络舆情监控与管理”。

5. 2011 年 2 月 28 日—3 月 28 日，高州市在市信息化培训中心举办全市干部信息能力提升工程培训班。

6. 2014 年 8 月 7 日，化州市在良光镇三楼会议室召开了化州市电子政务信息管理平台推行使用培训会，全市信息管理员参加了业务培训。

7. 2013 年 8 月 6 日，化州市在市第二中学电教室举办网上办事大厅业务培训班，全市网上办事大厅系统管理员和业务员 120 多人参加了业务培训。

8. 2015 年 1 月 15 日—16 日，电白区政府由副区长丘伟清同志带队的学习考察团一行人来到顺德区行政服务中心和珠海市行政服务中心考察学习。

云浮市：

1. 2012 年 3 月 30 日，云城区邀请暨南大学公共管理学院副院长、教授、李伟权博士做“数字云城”专题讲座，区四套班子、领导干部等听取了讲座。

2. 2015 年 4 月 24 日，新兴县举办宣传业务培训班，特邀《南方日报》新兴视窗主编赵威，新兴县广播电视台资深记者曾炳辉讲授新闻采写技巧和处理公共突发事件的应对措施。在培训互动环节，为了加深对新媒体的认识，授课老师和学员面对面交流建立了新兴宣传微信群。

3. 2012 年 11 月 13 日，新兴县举办了政务公开信息采集和基层便民服务系统培训班，政务公开信息采集人员和便民服务工作人员参加了培训，中山大学的工程师就系统操作使用进行详细讲解。

4. 2013 年 6 月 8 日，郁南县举办网上办事大厅业务培训班。

5. 2010 年 11 月 15 日—18 日，郁南县经济和信息化局举办提升干部信息能力培训班。

6. 2013 年 8 月 6 日，云安区网建办举办了网上办事大厅业务操作培训班，中山大学软件研究所的软件开发人员进行授课。

7. 2010年6月29日，云安区在大会堂举办领导干部突发事件的新闻应对专题讲座，邀请省委外宣办副主任莫高义做题为《如何提高同媒体打交道的能力》的专题报告。

8. 2010年10月20日—21日，云安区委组织部和县信息产业局联合在县委党校举办干部信息能力提升工程管理员培训班。

9. 2015年4月14日，罗定市行政服务中心一行人在禅城区行政服务中心领导的陪同下进行参观、学习、交流。

10、2012年6月16日，罗定市行政服务中心举办网上办事大厅业务培训班。

汕尾市：

1. 2013年9月22日—23日，汕尾城区委组织部、区人事局联合举办国家公务员公共危机管理培训班，全区全体公务员约1000人参加培训。

2. 2011年10月9日，陆河县委书记李庆新率领县四套班子领导组成员到汕尾城区交流学习城市建设、政务改革和社会管理工作。

3. 2011年12月15日，陆河县宣传文化系统干部培训班在陆河县电大举行，全县宣传文化系统干部参加培训，强化新形势下舆论宣传工作。

4. 2015年4月30日，海丰县组团到博罗县行政服务中心考察学习行政审批电子监察系统等政务服务工作。

5. 2015年11月3日，陆丰市委组织部举办全市组织系统调研信息工作培训班，以提高信息员、通讯员的写作能力和报道质量。

6. 2015年10月15日，海丰县委组织部在县委党校举办全县组工调研信息专题培训班，县直单位组工干事和通讯员参加。

汕头市：

1. 2014年11月21日，汕头市金平区在区政府办公大楼14楼举行信息公开技术培训，区政府直属部门、相关单位信息公开专职、兼职工作人员参加培训会。

2. 2014 年 8 月 25 日，资深媒体人，锦绣麒麟传媒控股有限公司创办人兼董事长杨锦麟来到汕头金平区，讲授《城市媒体 2.0 的创意与思考》，阐述如何利用新媒体打造城市品牌，提升领导干部对城市宣传的认知水平，加快推进城市品牌建设。

3. 2013 年 7 月 29 日，汕头市龙湖区举办政府网站信息工作暨业务培训会，全区信息员参加培训。

4. 2014 年 7 月 2 日，汕头市澄海区委宣传部邀请副区长林军强（新华社汕头支社记者，粤东新闻信息中心主任）对全区新闻宣传业务骨干进行业务培训，在新时期发挥舆论引导的作用。

5. 2011 年 12 月下旬开始，汕头市濠江区举办全区公务员信息能力提升工程培训班，用现代信息技术掌握信息，进行科学决策。

6. 2014 年 7 月 28 日，汕头市潮南区委中心组召开“危机管理与媒体沟通”专题学习会，邀请中山大学传播与设计学院院长、教授张志安开讲《危机管理与媒体沟通》课程，阐述了公众赋权网络时代的舆情情况和危机传播。

7. 2015 年 4 月 17 日，潮阳区组织全区党政办公室系统的干部集中培训学习，进一步提高党政干部在网络时代的综合素质。

8. 2014 年 11 月 3 日—4 日，澄海区在区委党校举办党委办公室系统业务培训班，进一步提升党政干部在新媒体时代的业务水平。

9. 2014 年 10 月 22 日，南澳县在县委党校召开 2014 年第二期科级干部培训班，专家讲授了潮文化和新海丝门户空间的塑造等。

梅州市：

1. 2015 年 5 月 22 日，梅江区委宣传部和梅江区民政局特邀广州市穗协社会工作资源中心朱静君教授做客梅江讲坛，在区委区政府礼堂举办“新媒体时代社会工作与社会治理的关系”专题讲座。

2. 2010 年 4 月 19 日，兴宁市举办政务办公自动化系统操作培训班，市五套班子领导成员、市委办和市府办干部得到轮训。

3. 2010 年 4 月 29 日，全国市长研修学院、清华大学应急管理研究中心与兴宁市共同举办突发事件应急管理高级研修班，兴宁市相关单位负责人参加了培训。

4. 2013 年 11 月 6 日，为响应市委、市政府互看互学互比的号召，兴宁市组团到梅县行政服务中心考察、学习、交流。

5. 2013 年 8 月 31 日，梅县组织网上办事大厅系统应用操作培训班。

6. 2011 年 9 月 24 日—25 日，梅县举办梅县干部信息能力提升工程培训班。

7. 2012 年 7 月 27 日，平远县在县委党校举办党政领导班子成员网络信息技术实操技能培训班。

8. 2014 年 5 月 21 日，平远县常务副县长温助民率县政务中心一行人到梅县区政务中心参观、学习、交流。

9. 2012 年 9 月 13 日—14 日，平远县委组织部和县经信局联合举办了平远县计算机和网络应用技能培训班。

1. 2012 年 8 月 15 日，蕉岭县举办学习讲坛报告会，邀请中国浦东干部学院王石泉教授做《公共行政与媒体关系——领导干部媒体沟通的智慧》专题报告。

11. 2015 年 3 月 27 日，《梅州日报》在大埔县举行了 2015 年度新闻业务培训会暨表彰大会，邀请《南方日报》视觉新闻部主任张翼飞和《南方日报》地方新闻部主任练学华等资深媒体人开设专题讲座。

12. 2015 年 4 月 9 日，五华县委常委、宣传部部长张爱芳率领该县宣传系统一行人到大埔县考察和交流宣传文化工作，如广电网络改革，客家香格里拉政务微信运营等工作情况。

13. 2012 年 8 月 3 日，大埔县在田家炳职校举行全县领导干部计算机和网络应用技能培训班。

14. 2013 年 12 月 17 日，五华县举办综合办公信息系统培训工作，涵盖网络时代信息采编、信息服务、宣传管理等内容。

15. 2012 年 6 月 12 日，蕉岭县行政服务中心举办网上办事大厅业务培训班。

揭阳市：

1. 2014 年 3 月 26 日—29 日，揭阳市榕城区组织考察团到浙江省义乌市考察和学习城市建设、政务服务和商品市场打造的先进经验。

2. 2014 年 10 月 13 日，普宁市举办电子商务“一旬一讲堂”第一期领导干部专题培训班，邀请华南理工大学经济与贸易学院现代服务业研究院副院长、博士生导师祁明教授为学员授课。

3. 2015 年 2 月 16 日，揭西县电商举办电商迎春座谈会及相关培训，一部分电商培训机构和青年电商精英参加。

4. 2014 年 8 月 13 日，揭西县启动以农业考察为主题的“电商去哪儿”的系列活动及相关培训。

河源市：

1. 2011 年 4 月 15 日，紫金县党政考察团到龙川县行政服务中心参观、学习、交流。

2. 2013 年 12 月 24 日，东源县委书记叶少军率领东源县考察团到龙川县行政服务中心参观、学习、交流。

3. 2014 年 11 月 25 日，龙川县在县技工学校举办第二期网上办事大厅操作培训班，培训操作人员 200 多人。

4. 2014 年 12 月 3 日，龙川县全面开展龙川县全县干部网络学习培训工作，分管领导和网络培训管理员参加培训。

5. 2010 年 9 月 8 日，龙川县干部信息能力提升专题培训班在龙川县进修学校开班，培训干部的网上技能。

6. 2014 年 3 月 6 日，源城区行政服务中心一行人来到紫金县行政服务中心参观、交流、考察。

7. 2010 年 12 月 20 日，紫金县举办突发事件信息员培训班。

8. 2012 年 8 月 27 日，连平县举办为期两天的党政领导班子成员网络信息技术实操培训班。

9. 2015 年 3 月 29 日—4 月 4 日，和平县委组织部组织全县基层文化宣传干部远赴浙江大学进行信息化知识的集中培训充电。

10. 2015 年 6 月 8 日，东源县举行“东源发布”政务微信平台上线仪式暨首届新媒体培训班。

湛江市：

1. 2015 年 1 月 12 日，吴川市委常委、宣传部部长招励一行人到博罗县行政服务中心考察学习社会服务、文明创建宣传工作。

2. 2013 年 8 月 27 日，为提高干部职工的网络应用水平，赤坎区民主街道举办微博、微信培训班。

3. 2012 年 9 月 26 日，赤坎区党政领导班子成员网络信息技术技能培训班在丽华电脑公司举行，党政班子成员进行了集中培训学习、辅导操作、网络考试。

4. 2010 年 6 月 30 日，麻章区委区政府邀兰州大学管理学院院长助理、荷兰莱顿大学管理学博士何文盛老师做了题为“新形势下提高政府执行力”的专题讲座。

5. 2012 年 12 月 21 日，遂溪县邀请了浙江大学教授鲁柏祥授课主讲“国学智慧与现代管理”专题讲座。

6. 2011 年 5 月 31 日，为切实提高领导干部的管理水平和执政能力，徐闻县领导干部华南理工大学高级培训班开班，在华南理工大学公共管理学院报告厅举行。

7. 2010 年 7 月 8 日，湛江市各县、市、区行政服务中心工作会议暨业务培训班在徐闻县举行。

8. 2010 年 10 月 22 日，吴川市举办“OA 系统”及“无线城市”培训班。

9. 2010 年 11 月 11 日，吴川市信息办举办计算机基础应用能力培训班。

10. 2013 年 8 月 8 日，为加强通讯员队伍的建设，廉江市举办网络时代新闻发言人培训班。

11. 2011 年 10 月 5 日，为提高一线人员的实际操作能力，廉江市政府举办政府信息公开培训班。

韶关市：

1. 2011 年 6 月 23 日，武江区召开了全区新闻、信息工作会议和培训，全区新闻、信息通讯员 100 多人参加了会议和培训，邀请了《韶关日报》社新闻采访部主任、首席记者石黎星授课。

2. 2015 年 7 月 2 日—3 日，曲江区举办 2015 年全区宣传文化干部培训班，来自区直各单位宣传文化干部参加了培训，就新时期舆情工作增强了宣传文化干部的实践操作能力。

3. 2014 年 4 月 20 日，曲江区邀请省委党校段华明、岳芳敏两位教授在区政府会议大厅为第一期科级干部集中培训做专题辅导，段教授围绕主题《加强和创新社会治理》授课。

4. 2014 年 12 月 20 日，始兴县组织开展重点领域信息公开平台操作培训在县委党校举行，县行政服务中心组织了这次培训。

5. 2013 年 5 月 21 日，始兴县组织开展了新闻宣传业务培训，邀请《南方日报》驻韶关记者站站长、《韶关日报》副总编辑谷立辉针对当前新媒体时代为各单位通讯员作专题辅导。

6. 2015 年 5 月 21 日，仁化县政协在县委党校举办“委员之家”网络互动平台培训班。

7. 2014 年 7 月 30 日，仁化县政协在县委党校举办“委员之家”网络互动平台使用培训班。

8. 2010 年 8 月 11 日，仁化县组织 100 多名县直机关和办公室人员，开展了电子政务办公 OA 系统应用技术培训。

9. 2011 年 5 月 12 日，翁源县统计局举办计算机技能全员培训班。

10. 2012 年 5 月 30 日，翁源县举办了全县 2012 新闻宣传业务培训班，邀请《南方日报》驻韶关站站长谷立辉授课。

11. 2015 年 10 月 26 日，乳源县纪委、组织部、旅游局联合举办信息员综合业务培训班。

12. 2014 年 8 月 20 日，乳源县政法委机关信息员接受邮件系统和即时通信系统操作使用培训。

13. 2015 年 10 月 9 日，南雄市召开政务微信应用管理工作会议，相关单位微信管理员参加了会议。

14. 2014 年 4 月 25 日，新丰县党政考察团一行人到南雄市参观、学习、交流，考察南雄市的城镇化建设和政务改革建设。

15. 2013 年 3 月 11 日，乳源县行政服务中心到南雄市行政服务中心参观、交流、学习政务服务工作。

16. 2011 年 4 月 8 日，南雄市政府办、市纪委、市行政服务中心、市信息中心联合在市委党校举办了“两公开”和网上行政审批知识培训。

17. 2010 年 10 月—11 月，南雄市举办干部信息能力科级、处级领导干部培训班。

18. 2011 年 3 月 22 日，乐昌市举办干部信息能力科级领导干部培训班。

惠州市：

1. 2012 年 7 月 2 日，惠州市惠阳区政府绩效管理考察团到鹤山市学习交流政府绩效管理政务改革的工作经验。

2. 2015 年 5 月 28 日，惠州市惠城区在西湖大剧院四楼会议室举办了全区网络问政工作综合培训班，培训内容涉及网络问政、舆情应急管理、官方微博微信、政务信息公开等业务知识。

3. 2013 年 6 月 14 日，惠州市惠城区在区行政中心组织召开区网上办事大厅审批系统应用操作培训。

4. 2013 年 3 月 28 日，惠州市惠城区在区行政中心组织召开网络问政综合业务培训班，分管领导、联络员参加培训。

5. 2010 年 10 月 13 日，惠城区委组织部牵头组织举办干部信息能力提升工程强化培训班。

6. 2014 年 10 月 28 日，惠州市惠阳区举办领导干部行政执行力提升培训班。

7. 2014 年 10 月 27 日，惠阳区举办宣传舆论工作培训班，邀请南方舆情副总经理蓝云做专题授课。

8. 2014 年 9 月 3 日，惠阳区举办全区突发公共事件基层信息员培训班，提高广大信息员信息报送工作水平。

9. 2014 年 4 月 3 日，惠东县举办网络文明传播工作培训班，相关单位负责人和信息员参加此次培训。

10. 2012 年 12 月 27 日，惠东县网上信访工作管理平台操作使用培训班在惠东县委党校开班。

11. 2010 年 12 月 27 日，惠东县举办网络问政平台操作培训班。

12. 2014 年 12 月 2 日，博罗县党政代表团到韶关市乳源县行政服务中心交流、学习、考察。

13. 2014 年 12 月 22 日，博罗县举办网络舆情工作培训班，邀请了暨南大学公共管理学院、应急管理学院李伟权博士做了以《网络时代突发事件应对处置与舆情导控》为主题的专题培训。

14. 2014 年 11 月 20 日，惠阳区党政考察团到仲恺高新区行政服务中心交流学习政务改革工作。

15. 2014 年 5 月 9 日，龙门县党政考察团一行人到仲恺高新区行政服务中心交流学习政务改革、经济社会发展工作。

16. 2015 年 1 月 6 日，博罗县举办新任副科级领导干部领导提升力培训班，要求适应新常态的领导工作。

17. 2015 年 7 月 20 日，博罗县召开政府信息公开工作业务培训会，相关单位信息员参加培训学习。

潮州市：

1. 2014 年 5 月 22 日，潮安县委常委、宣传部部长黄得兴带领学习考察团前往博罗县学习考察文化教育、政务服务等工作。

2. 2015 年 1 月 21 日，湘桥区组织全区消防安全基层“网格员”培训，学习安全网格化职能管理系统。

附录五：广东省区县级政府的财政基础数据表

广东省区县政府	常住人口（万）	财政支出（万元）	财政收入（万元）	GDP（亿元）
荔湾区	88.92	536,167	407,649	871.49
越秀区	114.09	663,072	468,831	2384.71
海珠区	158.34	637,725	466,288	1142.75
天河区	148.43	669,090	581,816	2781.61
白云区	226.57	667,509	519,531	1329.35
黄埔区	46.67	287,061	171,448	704.03
番禺区	144.86	836,563	729,836	1353.23
花都区	96.48	659,630	664,287	902.14
南沙区	62.51	712,448	525,772	908.03
萝岗区	39.61	1,046,751	1,098,127	1892.14
增城区	105.18	687,600	629,948	866.51
从化区	61.02	385,216	296,720	284.15
武江区	30.38	67,831	33,700	188.79
浈江区	39.83	76,744	36,162	179.91
曲江区	31	126,009	65,377	141.98
始兴县	24.978	108,577	30,151	58.65
仁化县	20.54	119,543	52,557	84.86
翁源县	33.89	131,808	32,601	71.5
乳源瑶族自治县	18.15	123,232	43,192	58.17
新丰县	21.09	107,131	28,803	53.01
乐昌市	40.66	178,164	52,654	95.38
南雄市	32.6	162,590	47,568	100.79
罗湖区	94.15	684,949	600,833	1488.43
福田区	133.95	1,056,306	970,300	2700.3
南山区	111.91	1,142,749	1,000,528	3206.57
宝安区	270.38	2,505,390	2,424,920	2033.09

续表

广东省区县政府	常住人口（万）	财政支出（万元）	财政收入（万元）	GDP（亿元）
龙岗区	194.47	1,873,570	1,599,251	2143.48
盐田区	21.39	251,951	233,528	408.51
香洲区	91.6	274,412	228,171	1053.93
斗门区	41.93	215,295	201,394	238.45
金湾区	25.51	158,160	159,469	370
龙湖区	54.49	165,687	106,789	231.47
金平区	82.33	179,841	91,965	319.85
濠江区	27.21	99,555	51,026	318.04
潮阳区	165.34	390,042	176,155	285.78
潮南区	131.24	281,675	101,028	257.61
澄海区	81.18	258,979	168,411	318.04
南澳县	6.12	64,465	16,358	13.33
禅城区	110.68	619,525	479,704	1342.35
南海区	263.9	1,392,991	1,461,291	2172.44
顺德区	249.34	1,496,255	1,541,369	2556.78
三水区	63.13	347,166	320,171	840.52
高明区	42.52	259,468	232,706	558.72
蓬江区	73.09	198,209	154,673	454.35
江海区	25.85	86,381	60,725	129.64
新会区	85.93	430,111	383,004	491.78
台山市	94.79	355,162	203,256	313.41
开平市	70.37	266,357	188,469	260.23
鹤山市	49.99	217,056	188,757	217.59
恩平市	49.74	183,463	84,286	133.25
赤坎区	29.13	78,747	42,530	219.97
霞山区	42.61	121,279	65,151	329.75
坡头区	34.25	94,420	40,285	248.42
麻章区	26.81	79,390	35,820	89.72

续表

广东省区县政府	常住人口（万）	财政支出（万元）	财政收入（万元）	GDP（亿元）
遂溪县	90.92	249,188	58,193	231.65
徐闻县	71.47	216,957	38,977	131.45
廉江市	147.7	404,300	81,608	305.57
雷州市	146.27	340,839	53,393	200.98
吴川市	95.13	228,014	53,326	175.87
茂南区	83.99	154,051	67,398	180.39
茂港区	40.84	101,168	50,155	146.66
电白区	124.31	365,747	125,918	345.47
高州市	134.01	385,601	108,421	408.87
化州市	122.94	320,849	96,952	355.35
信宜市	95.16	334,374	75,462	328.94
端州区	48.94	159,145	120,527	162.09
鼎湖区	16.96	72,426	53,033	81.13
广宁县	43.32	163,642	69,083	111.74
怀集县	83.38	261,555	105,012	191.92
封开县	40.66	166,344	66,016	115.02
德庆县	34.89	156,811	75,271	103.4
高要区	77.43	326,612	230,460	346.08
四会市	48.34	274,255	210,598	278.05
惠城区	118.75	391,269	271,589	501
惠阳区	58.8	345,810	279,116	290.44
博罗县	105.75	423,490	273,250	445.34
惠东县	91.3	414,017	232,642	383.32
龙门县	31	180,725	77,215	115.71
梅江区	41.66	112,216	58,025	179.05
梅　县	53.55	279,956	143,784	150.53
大埔县	37.88	191,503	51,296	58.52
丰顺县	48.53	204,520	44,011	75.62

续表

广东省区县政府	常住人口（万）	财政支出（万元）	财政收入（万元）	GDP（亿元）
五华县	107.14	331,860	33,726	100.81
平远县	23.24	123,737	41,825	60.07
蕉岭县	20.84	114,388	45,302	53.19
兴宁市	97.86	328,760	57,130	132.44
城区	51.72	102,508	52,223	197.47
海丰县	80.82	227,856	132,107	221.67
陆河县	28.49	118,611	32,125	40.86
陆丰市	137.59	391,506	140,011	201.18
源城区	47.88	136,450	70,427	86.06
紫金县	65.79	257,698	45,872	93.45
龙川县	71.57	311,883	44,261	115.88
连平县	34.68	184,870	58,190	94.09
和平县	38.54	197,236	32,932	67.27
东源县	45.3	231,619	60,272	86.37
江城区	53.58	125,712	50,197	271.2
阳西县	46.03	193,103	51,388	140.55
阳东区	45.2	204,198	101,161	230.54
阳春市	86.53	300,392	100,349	303.02
清城区	76.24	255,631	151,147	640.5
佛冈县	31.05	142,302	82,841	84.3
阳山县	36.51	159,317	44,748	75.1
连山壮族瑶族自治县	9.29	61,398	12,205	25.8
连南瑶族自治县	13.25	81,081	15,653	29.8
清新区	71.61	264,705	118,009	186
英德市	96.56	386,044	166,380	200.1
连州市	37.72	158,321	58,448	109.1
湘桥区	60.02	67,947	32,388	133.02

续表

广东省区县政府	常住人口（万）	财政支出（万元）	财政收入（万元）	GDP（亿元）
潮安区	121.39	280,897	109,280	477.84
饶平县	89.8	260,986	57,095	190.26
榕城区	96.82	122,097	86,936	397.97
揭东县	96.75	259,475	97,478	321.57
揭西县	84.19	235,291	39,491	183.5
惠来县	112.05	270,634	51,374	211.01
普宁市	209.66	455,234	179,365	504.76
云城区	32.32	98,613	51,831	81.43
新兴县	44.06	216,646	110,579	192.04
郁南县	39.99	166,568	49,484	83.33
云安区	27.76	103,894	37,605	66.22
罗定市	98.71	337,931	85,586	134.14

注：财政基础数据的获取得到了华南理工大学公共管理学院郑方辉教授研究团队的支持。

参考文献

〔1〕 钟智锦，曾繁旭 . 十年来网络事件的趋势研究：诱因、表现与结局 [J]. 新闻与传播研究，2014(4)：53.

〔2〕 哈贝马斯 . 公共领域的结构转型 [M]. 曹卫东，王晓珏，刘北城，宋伟杰 , 译 . 北京：学林出版社，2002.

〔3〕 夏倩芳，强月新，张明新 . 中国内地党报中社会冲突性议题的党政形象建构分析 : 以《人民日报》“三农议题”为例 [C]. 2006 第四届亚洲传媒论坛——大众传媒与和谐社会论文集 . 北京 ,2006：198.

〔4〕 张志安，曹艳辉 . 政务微博微信实用手册 [M]. 广州：南方日报出版社，2014.

〔5〕 朱坚强 . 论行政管理效率观 : 兼谈我国行政管理效率的现状及其改观对策 [J]. 东南大学学报（哲学社会科学版），2000(2)：67.

〔6〕 郑方辉，张兴 .2013 中国政府绩效评价红皮书 [M]. 北京：新华出版社，2014.

〔7〕 朱友红 . 刍议政务微信的功能与定位 [J]. 山西师大学报（社会科学版），2013(9): 43-44.

〔8〕 郭泽德 . 政务微信助力社会治理创新：以上海发布为例 [J]. 电子政务，2014(4): 76-83.

〔9〕 王则柯 . 对付欺诈的学问 : 信息经济学平话 [M]. 北京：中信出版社，2001.

〔10〕 希汝 . 我国移动电子政务发展机制研究 [D]. 北京：北京邮电大学，2010.

〔11〕 刘波，孙林岩 . 需求流动网：供应链创新模式 [M]. 北京：清华大学出版社，2005.

〔12〕 张志安，吴涛 . 政务微博与社会治理 [J]. 新闻与写作，2014(8):62.

〔13〕 周雪光 . 权威体制与有效治理：当代中国国家治理的制度逻辑 [J]. 开放时代，2011(10)：67-85.

〔14〕郁建兴，高翔 . 地方发展型政府的行为逻辑及制度基础 [J]. 中国社会科学，2012(5)：95.
〔15〕周黎安 . 转型中的地方政府：官员激励与治理 [M]. 上海：格致出版社，2008.
〔16〕何显明 . 市场化进程中的地方政府角色及其行为逻辑 : 基于地方政府自主性的视角 [J]. 浙江大学学报（人文社会科学版），2007(6).
〔17〕杨雪冬 . 后市场化改革与公共管理创新 : 过去十多年来中国的经验 [J]. 管理世界 , 2008(12): 51-63.
〔18〕陈雪莲 , 杨雪冬 . 地方政府创新的驱动模式 : 地方政府干部视角的考察 [J]. 公共管理学报 ,2009,6(3):1-11.
〔19〕马亮 . 政府 2.0 的扩散及其影响因素 : 一项跨国实证研究 [J]. 公共管理学报，2014，11(1)：127-144.
（20）曾茜 . 中国互联网监管政策分析：一种开发型威权主义模式 [D]. 广州：中山大学，2014.
〔21〕金江军，潘懋 . 电子政务数据资源的开发利用 [J]. 地理与地理信息科学，2003，19(6)：42-46.
〔22〕吴云，胡广伟 . 政务社交媒体研究进展 [J]. 电子政务，2013(5)：44.
〔23〕熊彼特 . 经济发展理论 : 对于利润、资本、信贷、利息和经济周期的考察 [M]. 北京：商务印书馆，1990.
〔24〕祝建华，何舟 . 互联网在中国的扩散现状与前景 :2000 年京、穗、港比较研究 [J]. 新闻大学，2002(2)：21-31.
〔25〕刘德寰 . 中国互联网发展的创新与扩散 [J]. 广告大观（理论版），2007(2)：66-70.
〔26〕段京肃，王锡苓，李惠民 . 对落后地区农村互联网发展的制约因素的探讨 : 以西部农村的一些现象为例 [J] . 新闻学论集，2007(19)：210-223.
〔27〕郝晓鸣，赵靳秋 . 从农村互联网的推广看创新扩散理论的适用性 [J]. 现代传播，2007(6)：102-104.
〔28〕焦硕，徐飞 . 中国新技术普及过程的特异性分析 : 关于罗杰斯创新扩散理论的一个补充 [J]. 中国科技论坛，2004(2)：119-123.
〔29〕徐博艺，高平 .ERP 实施环境中的技术采纳模型及实证研究 [J]. 工业工程与管理，2006(4)：63-69.

〔30〕张明新，韦路．移动电话在我国农村地区的扩散与使用 [J]. 新闻与传播研究，2006(1)：10-23.

〔31〕张珂珂．移动互联业务使用意愿的影响因素研究 [J]．价值工程，2009(8)：104-106.

〔32〕王立华，覃正．中国地级城市行政环境与政府门户网站绩效关系的实证研究 [J]. 当代经济科学，2006, 28 (3): 102-107.

〔33〕马亮．政府创新扩散视角下的电子政务发展：基于中国省级政府的实证研究 [J]. 图书情报工作，2012,04:117-124.

〔34〕马亮．电子政务发展的影响因素：中国地级市的实证研究 [J]. 电子政务，2013(9)：50-63.

〔35〕马亮．公安微博的扩散研究：中国地级市的实证研究 [J]. 甘肃行政学院学报，2012(6)：4-14.

〔36〕马亮．政务微博的扩散：中国地级市的实证研究 [J]. 复旦公共行政评论，2013(2)：169-191.

〔37〕罗雪圆．政务微信的扩散路径及影响因素研究：以广东省市级以上政务微信为例 [D]. 广州：中山大学，2015.

〔38〕王清．从权宜之计到行政吸纳：地方政府回应社会方式的转型 [J]. 中国行政管理，2015(6)：77.

〔39〕孙少晶．传播学研究的五个转向（上）[Z]. 复旦引擎，2015.

〔40〕李怀祖．管理研究方法论 [M]. 西安：西安交通大学出版社，2004.

〔41〕吴建南．公共管理研究方法导论 [M]. 北京：科学出版社，2006.

〔42〕李永刚．我们的防火墙：网络时代的表达和监管 [M]. 桂林：广西师范大学出版社，2009.

〔43〕杨善华，孙飞宇．作为意义探究的深度访谈 [J]. 社会学研究，2005(5)：53-68.

〔44〕李侃如．治理中国：从革命到改革 [M]. 北京：中国社会科学出版社，2010.

〔45〕孙立平，晋军，何江穗，毕向阳．动员与参与：第三部门募捐机制个案研究 [M]. 杭州：浙江人民出版社，1999.

〔46〕孙立平．断裂：20 世纪 90 年代以来的中国社会 [M]. 北京：社会科学文献出版社，2003.

〔47〕于建嵘．抗争性政治：中国政治社会学基本问题 [M]. 北京：人民出版

社，2010.
〔48〕王健，鲍静，刘小康，王钿利．“复合行政”的提出：解决当代中国区域经济一体化与行政区划冲突的新思路 [J]. 中国行政管理，2004(3)：44-48.
〔49〕荣敬本．变零和博弈为双赢机制：如何改变压力型体制 [J]. 人民论坛，2009(2)：28.
〔50〕马亮：府际关系与政府创新扩散：一个文献综述 [J]. 甘肃行政学院学报，2011(6)：33-41.
〔51〕张志安，贾佳．中国政务微博研究报告 [J]. 新闻记者，2011(6)：34-39.
〔52〕人民网舆情监测室．中国党政机构和官员微博发展报告 [EB/OL]. 人民网，http://politics.people.com.cn/GB/30178/14242811.html,2011.
〔53〕李艳红．以社会理性消解科技理性：大众传媒如何建构环境风险话语 [J]. 新闻与传播研究，2012(3)：22-33.
〔54〕周裕琼，齐发鹏．策略性框架与框架化机制：乌坎事件中抗争性话语的建构与传播 [J]. 新闻与传播研究，2014(8)：46-69.
〔55〕张宁．政治时间与冲突现场：外压型议题如何进入政策视野 [J]. 新闻与传播研究，2014(10)：66-77.
〔56〕曾繁旭．环境抗争的扩散效应：以邻避运动为例 [J]. 西北师大学报（社会科学版），2015,52(3)：110-115.
〔57〕裴宜理．崛起的意义：把人的尊严带给底层社会 [N]. 社会科学报，2013-04-25.
〔58〕WILSON J Q. Bureaucracy: what government agencies do and why they do it[M]. New York: Basic Books, 2000.
〔59〕OSBORNE D,GAEBLER T. Reinventing government: how the entrepreneurial spirit is transforming the public sector[M]. Reading, Mass.: Addison-Wesley, 1992.
〔60〕BORINS S. Innovating with integrity: how local heroes are transforming American government[M]. Washington, DC: Georgetown University Press, 1998.
〔61〕BORINS S, ed. Innovations in government: research, recognition, and replication [M]. Washington, DC: Brookings Institution Press, 2008.

〔62〕WALKER R M. An empirical evaluation of innovation types and organizational and environmental characteristics: towards a configuration framework[J]. Journal of public administration research and theory, 2008, 18 (4): 591-615.
〔63〕WALKER R M. Innovation type and diffusion: an empirical analysis of local government[J]. Public administration, 2006, 84 (2): 311-335.
64〕DAMANPOUR F, SCHNEIDER M. Phases of the adoption of innovation in organizations: effects of environment, organization and top managers[J]. British journal of management, 2006, 17 (3): 215-236.
〔65〕MOHR L B. Determinants of innovation in organizations[J]. American political science review, 1969, 63 (1): 111-126.
〔66〕BALDRIDGE J V, BURNHAM R A. Organizational innovation: individual, organizational, and environmental impacts[J]. Administrative science quarterly, 1975, 20 (2): 165-176.
〔67〕KIMBERLY J R, EVANISKO M J. Organizational innovation: the influence of individual, organizational, and contextual factors on hospital adoption of technological and administrative innovations[J]. The academy of management journal, 1981, 24 (4): 689-713.
〔68〕WALKER J L. The diffusion of innovations among the American states[J]. The American political science review, 1969, 63 (3): 880-899.
〔69〕BERRY F S, BERRY W D. Innovation and diffusion models in policy research[M]//SABATIER P A. Theories of the policy process. Boulder: Westview Press, 1999: 169-200.
〔70〕BERRY F S, BERRY W D. State lottery adoptions as policy innovations: an event history analysis[J]. The American political science review, 1990, 84 (2): 395-415.
〔71〕DALEY D M, GARAND J C. Horizontal diffusion, vertical diffusion, and internal pressure in state environmental policymaking, 1989—1998[J]. American politics research, 2005, 33 (5): 615-644.
〔72〕BERRY F S. Innovation in public management: The adoption of strategic planning[J]. Public administration review, 1994, 54 (4): 322-330.
〔73〕LEE C P, CHANG K, BERRY F S. Testing the development and diffusion

of e-government and e-democracy: a global perspective[J]. Public administration review, 2011, 71 (3): 444-454.

〔74〕 DAMANPOUR F, SCHNEIDER M. Characteristics of innovation and innovation adoption in public organizations: assessing the role of managers[J]. Journal of public administration research and theory, 2009, 19 (3): 495-522.

〔75〕 BORINS S. Public management innovation: toward a global perspective[J]. American review of public administration, 2001, 31 (1): 5-21.

〔76〕 CAI H, TREISMAN D. Political decentralization and policy experimentation[J]. Quarterly journal of political science, 2009,4(1): 35-58.

〔77〕 ZHANG Y, YANG K. What drives charter school diffusion at the local level: educational needs or political and institutional forces?[J]. Policy studies journal, 2008, 36 (4): 571-591.

〔78〕 EGGERS W D. Government 2.0: using technology to improve education, cut red tape, reduce gridlock, and enhance democracy[M]. Lanham: Rowman & Little field Publishers, Inc.,2007.

〔79〕 REDDICK C G, WIGAND F D L. Adoption of Web 2.0 by Canadian and US Governments[M]//SHARDA R, VOß S. Comparative e-government. New York: Springer, 2010:161-181.

〔80〕 CHAVEZ C, REPAS M A, STEFANIAK T L. A new way to communicate with residents: local government use of social media to prepare for emergencies[M]. Washington, DC: International City/County Management Association,2010.

〔81〕 CHOI S M, KIM Y, SUNG Y, SOHN D. Bridging or bonding? a cross-cultural study of social relationships[J]. Social networking sites. information, communication & society, 2011:107-129.

〔82〕 DAWES S S, CRESSWELL A M, PARDO T A. From “need to know” to “need to share” : tangled problems, information boundaries, and the building of public sector knowledge networks[J]. Public administration review, 2009:392-402.

〔83〕GOLBECK J, GRIMES J, ROGERS A. Twitter use by the U.S. congress[J]. Journal of the American Society for Information Science and Technology, 2010,61(8):1612-1621.
〔84〕MERGEL I. The use of social media to dissolve knowledge silos in government[M]// O' LEARY R, KIM S, VANSLYKE D. The future of public administration, public management, and public service around the world. Washington, DC: Georgetown University Press,2011.
〔85〕MORGESON F V, VANAMBURG D, MITHAS S. Misplaced trust? exploring the structure of the e-government-citizen trust relationship[J]. Journal of public administration research and theory, 2011,21(2): 257-83.
〔86〕NYE J R, J S. Introduction: The decline of confidence in government[M]// NYE J S,J R,ZELIKOW P D, KING D C. Why people don' t trust government. Cambridge: Harvard University Press,1997.
〔87〕WELCH E W, HINNANT C C, MOON M J. Linking citizen satisfaction with e-government and trust in government[J]. Journal of public administration research and theory, 2005, 15(3): 371-391.
〔88〕PARK K. Citizen satisfaction with e-government services and trust in government: the case of Kangnam-Gu[J]. Research of Korean local government,2009,10(4):213-231.
〔89〕CHO S E, PARK H W. Government organizations' innovative use of the internet: the case of the Twitter activity of South Korea' s Ministry for Food, Agriculture, Forestry and Fisheries[J]. Scientometrics, 2012,90(1): 9-23.
〔90〕HINCHCLIFFE D. Architectures of Participation: The Next Big Thing [EB/OL]. (2006-08-27)[2007-06-04]. http://kaboomsun. new.newsvine. com /_news/ 2006/08/ 27/341913 -architectures -of- participation-the-next-big-thing.
〔91〕WIGAND F D L. Twitter in government: building relationships one tweet at a time[C]. The Seventh International Conference on Information Technology: New Generations (ITNG), Las Vegas, NV, 2010(4):12-14.
〔92〕WEST D M.E-government and the transformation of service delivery and citizen attitudes[J]. Public administration review,2004,64(1):15-27.

〔93〕TOLBERT C J, MOSSBERGER K.The effects of E-government on trust and confidence in government[J]. Public administration review,2006,66(3):354-369.

〔94〕WONG W, WELCH E.Does E-government promote accountability? A comparative analysis of website openness and government accountability[J]. Governance,2004,17 (2): 275-297.

〔95〕MING-HSUAN LEE, MON-CHI LIO. The impact of information and communication technology on public governance and corruption in China[J]. Information development, 2014(4):1-15.

〔96〕JEFFREY W. SEIFERT, JONGPIL CHUNG, Using E-government to reinforce government–citizen relationships comparing government reform in the United States and China[J]. Social science computer review, 2009,27(2): 3-23.

〔97〕JIANG M, XU H. Exploring online structures on Chinese government portals: Citizen political participation and government legitimation[J]. Social science computer review,2009, 27 (2): 174-195.

〔98〕ZHENG Y N. De facto federalism in China: reforms and dynamics of central-local relations[J]. Singapore: World Scientific Publishing Co.Pte. Ltd,2007.

〔99〕ALBERT M,MARCEL T. Social media strategies: understanding the differences between North American police departments[J]. Government information quarterly,2013(30):343.

〔100〕FOUNTAIN J E. Building the virtual state: information technology and institutional change[M]. Washington, D.C.: Brookings Institution Press, 2001.

〔101〕BRYNJOLFSSON E, HITT L M. Beyond computation: Information technology, organizational transformation and business performance[J]. The journal of economic perspectives, 2000, 14 (4): 23-48.

〔102〕WEST D M.Digital government: technology and public sector performance[M]. Princeton: Princeton University Press,2005.

〔103〕TOLBERT C J, MOSSBERGER K, MCNEAL R S. Institutions policy innovation and e-government in the American states[J]. Public

administration review, 2008,68(3):594-663.
〔104〕MA L, CHUNG J, THORSON S. E-government in china: bringing economic development through administrative reform[J]. Government information quarterly, 2005, 22 (1): 20-37.
〔105〕MCAFEE A.Enterprise 2.0：new collaborative tools for your organization' s toughest challenges[M]. Boston: Harvard Business School Press,2009.
〔106〕MERGEL I.Social media in the public sector：a guide to participation，collaboration and transparency in the net-worked world[M]. San Francisco,CA:Jossey-Bass,2012.
〔107〕ZAVATTARO S M.Social media in public administration ' s future：a response to farazmand[J]. Administration & society,2013,45（2）：242-255.
〔108〕BERTOT J C, Jaeger P T, Grimes J M.Using ICTs to create a culture of transparency：e-government and social media as openness and anti -corruption tools for societies[J]. Government information quarterly,2010,27（3）:264-271.
〔109〕ROGERS E M. Diffusion of innovations[M]. New York: Free Press,2003.
〔110〕WOLFE R A. Organizational innovation: review, critique and suggested research directions [J]. Journal of management studies, 1994,31(3):405-431.
〔111〕RAINEY H G. Understanding and managing public organizations[M]. San Francisco, CA: John Wiley & Sons,Inc.,2009.
〔112〕FICHMAN R G, KEMERER C F. The illusory diffusion of innovation: an examination of assimilation gaps[J]. Information systems research,1999,10(3):255-275.
〔113〕MINTROM M. Policy entrepreneurs and the diffusion of innovation[J]. American journal of political science,1997, 41(3).
〔114〕BALLA S J. Interstate professional associations and the diffusion of policy innovation[J]. American politics research,2001,29(3).
〔115〕HASS P M. Epistemic Communities and International Policy Coordination[J]. International organization,1992,46(1).

〔116〕CRANE D. Invisible colleges[M]. Chicago:University of Chicago Press,1972.

〔117〕LAM D , BOYMAL J,MARTIN B.Internet diffusion in Vietnam [J]. Technology in society, 2004(26):39-50.

〔118〕RHEE K Y, KIM W. The adoption and use of the Internet in South Korea[J]. Journal of computer-mediated communication,2004,9(4).

〔119〕MANZOOR A. Investigating the factors affecting residential consumer adoption of broadband in India[J]. SAGE Open October-December 2014: 1-17.

〔120〕ZHU J J H, ZHOU H.Diffusion, use and impact of the internet in Hong Kong: a chain process model[J]. Issue journal of computer-mediated communication,2002,7(1) .

〔121〕TEOFILOVIC N. The reality of innovation in government[J]. Innovation journal, 2002,7(3): 45- 61.

〔122〕TUNG F C, CHANG S C.An extension of trust and TAM model with IDT in the adoption of the electronic logistics information system in HIS in the medical industry [J]. International journal of medical informatics,2008(77):324-335.

〔123〕DORNER D G.Public sector readiness for digital preservation in New Zealand:the rate of adoption of an innovation in records management practices[J]. Government information quarterly,2009(26):341-348.

〔124〕MCNEAL R S, TOLBERT C J, MOSSBERGER K, DOTTERWEICH L J. Innovating in digital government in the American States[J]. Social science quarterly, 2003,84（1）:52-70.

〔125〕MOON M J, NORRIS D F.Does managerial orientation matter? The adoption of reinventing government and E-government at the municipal level[J]. Information systems journal, 2005, 15 (1):43-60.

〔126〕JUN K-N,WEARE C.Institutional motivations in the adoption of innovations:the case of E-government[J]. Journal of public administration research and theory,2011， 21 (3):495-519.

〔127〕FRANZEL J M.Urban government innovation: identifying current innovations and factors that contribute to their adoption[J]. Review of policy research,2008,25(3): 253-277.

〔128〕HO A T-K, NI A Y. Explaining the adoption of e-government features: a case study of Iowa County Treasurers' Offices[J]. The American review of public administration, 2004, 34(2): 164-180.

〔129〕KORTELAND E,BEKKERS V.The diffusion of electronic service delivery innovations in Dutch E-policing[J]. Public management review,2008,10 (1):71-88.

〔130〕REDDICK C G.A two-stage model of E-government growth: theories and empirical evidence for U.S.cities[J]. Government information quarterly,2004,21 (1) : 51-64.

〔131〕AZAD B, FARAJ S, GOH J M, et al. What shapes global diffusion of e-government: comparing the influence of National Governance Institutions[J]. Journal of global information management, 2010,18(2):85-104.

〔132〕GALLEGO-ÁLVAREZ I, RODRÍGUEZ-DOMÍNGUEZ L, GARCÍA-SÁNCHEZ I-M. Are determining factors of municipal e-government common to a worldwide municipal view ? an intra-country comparison[J]. Government information quarterly, 2010,27(4): 423-430.

〔133〕WU Y H, BAUER J M.E-government in China: deployment and driving forces of provincial government portals[J]. Chinese journal of communication,2010,3(3): 290-310.

〔134〕MCAFEE A, ANDERSON P.Web2.0 and beyond: principles and technologies [M]. Boca Raton,FL:CRC Press,2012.

〔135〕MERGEL I, BRETSCHNEIDER S. A three-stage adoption process for social media use in government[J]. Public administration review,2013, 73(3) :390-400.

〔136〕Kim S K, Park M J, Rho J J. Effect of the government' s use of social media on the reliability of the government: focus on Twitter[J]. Public management review,2013.

〔137〕MEIJER A, THAENS M. Social media strategies: understanding the differences between North American police departments[J]. Government information quarterly,2013(30): 343-350.

［138］SCHLAGER J, JIANG M.Official microblogging and social management by local governments in China[J]. China information,2014,28(2): 189-213.

［139］GRAHAM E R, CHARLES R, SHI P, VOLDEN C. 2013. The diffusion of policy diffusion research in political science[J]. British journal of political science 2013,43 (3):673-701.

［140］BERRY F S, BERRY W D. Tax innovation in the states: capitalizing on political opportunity[J]. American journal of political science,1992,36(3):715-742.

［141］MIKESELL J L. 1978. Election periods and state tax policy cycles[J]. Public choice,1978, 33 (3): 99-106.

［142］MINTROM M.. Policy entrepreneurs and the diffusion of innovation[J]. American journal of political science,1997:738-770.

［143］GUZMAN A T. Competing for capital: the diffusion of bilateral investment treaties, 1960—2000[J]. International organization,2006(60):811-846.

［144］ELKINS Z, SIMMONS B. The globalization of liberalization: policy diffusion in the international political economy[J]. American political science review,2004(98): 171-190.

［145］PETERSON P E, MARK C R. Welfare magnets: a new case for a national standard[M]. Washington: Brookings Institution Press,1990.

［146］GRAY V. Competition, emulation, and policy innovation[M]// DODD L C, JILLSON L C C. New Perspectives on American politics, Washington DC: Congressional Quarterly Press, 1994: 230-248.

［147］GILARDI F. Who learns from what in policy diffusion processes? [J]. American journal of political science,2010, 54 (3):650-666.

［148］GLICK H R., SCOTT P H. Innovation and reinvention in state policy making: theory and the evolution of Living Will Laws[J]. The journal of politics,1991, 53 (3):835-850.

［149］BERRY F S, BERRY W D. 2014. Innovation and Diffusion Models in Policy Research[M]//SABATIER P A,WEIBLE C M. Theories of the policy process, Colorado: Westview. 2014:307-359.

〔150〕WALKER R M, AVELLANEDA C N, BERRY F S. Exploring the diffusion of innovation among high and low innovative localities: a test of the Berry and Berry model [J]. Public management review, 2011, 13 (1):95-125.
〔151〕SHI P, CHARLES R, CRAIG V. Bottom- Up federalism: the diffusion of antismoking policies from US cities to states[J]. American journal of political science,2006, 50 (4): 825-843.
〔152〕BERRY F S, BERRY W D. State lottery adoption as policy innovations: an event history analysis.[J]. American political science review,1990, 84(2):395-415.
〔153〕GRAY V. Competition, emulation and policy innovation[M]// DODD L, JILSON C. New perspectives in American politics. Washington, DC: Congressional Quarterly Press,1994.
〔154〕GLICK H R, HAYS S P. Innovation and reinvention in state policymaking: theory and the evolution of Living Will Laws[J]. Journal of politics, 1991,53(3) :835-850.
〔155〕SIMMONS B A, ELKINS Z. The globalization of liberalization: policy diffusion in the international economy[J]. American political science review, 2004,98(1):171-189.
〔156〕COVADONGA M. Learnning and economic policy choices[J]. European journal of political economy,2006,22.
〔157〕SHIPAN C R, VOLDEN C. Policy diffusion: seven lessons for scholars and practitioners[J]. Public administration review,2012(72):788-796.
〔158〕FÜGLISTER K. Where does learning take place? the role of intergovernmental cooperation in policy diffusion[J]. European journal of political research, 2012,51(3)316-349.
〔159〕GRAY V. Innovation in the states: a diffusion study[J]. American political science review,1973, 67(4):1174-1185.
〔160〕FOSTER J. Regionalism and innovation in the American States[J]. Journal of politics, 1978,40(1):179-187.
〔161〕GRUPP F W, RICHARDS A. R. Variations in elite perceptions of American States as referents for public policy making[J]. American

political science review, 1975,69(3) :850-858.
〔162〕Walker J L. Comment: problems in research on the diffusion of policy innovations[J]. The American political science review, 1973,67(4):1186-1191.
〔163〕BOEHMKE F J, WITMER R. Disentangling Diffusion: The Effects of Social and Economic Competition on State Policy Innovation and Expansion. Political Research Quarterly,2004, 57(1): 39-51.
〔164〕Drezner D W.Globalization,harmonization,and competition:the different pathways to policy convergence[J]Journal of European public policy, 2005(12).
〔165〕FORDHAM B O, VICTOR A.Billiard Balls or Snowflakes?[J]. International studies quarterly, 2007(51).
〔166〕GILARDI F.Who learns from what in policy diffusion processes?[J]. American journal of political science,2010,54(3).
〔167〕KARCH A. Emerging issues and future directions in state policy diffusion research[J]. State politics & policy quarterly, 2007, 7 (1): 54-80.
〔168〕KIEWIET D R, MCCUBBINS M D.Congressional appropriations and the electoral connection[J]. Journal of politics, 1985,47(1): 59-82.
〔169〕HAYS S P, GLICK H R. The role of agenda setting in policy innovation: an event history analysis of Living Will Laws[J]. American politics quarterly,1997, 25(4):497-516.
〔170〕NEWMAN J, RAINE J, SKELCHER C. Innovation and best practice in local government[M]. London: The Stationery Office,2000.
〔171〕NUTLEY S, DOWNE J, MARTIN S, GRACE C. Policy transfer and convergence within the UK: the case of local government performance improvement regimes[J]. Policy & politics, 2012,40(2):193-209.
〔172〕MOON M J, BRETSCHNEIDER S. Can state government actions affect innovation and its diffusion? an extended communication model and empirical test[J]. Technological forecasting and social change,1997, 54(1):57-77.
〔173〕WELCH S, THOMPSON K.The impact of federal incentives on

state policy innovation[J]. American journal of political science, 1980,24(4):715-729.

〔174〕Martin L L. Interests,power and multilateralism[J]. International organization,1992(46).

〔175〕TOLBERT P S,L G ZUCKER. Institutional sources of change in the formal structure of organizations: the diffusion of civil service reform[J]. Administrative science quarterly,1983, 28 (1): 22-39.

〔176〕BOUSHEY G. Policy diffusion dynamics in America[M]. Cambridge University Press, 2010.

〔177〕MOONEY C Z, LEE M H. Morality policy reinvention: state death penalties[J]. The Annals of the American academy of political and social science,1999, 566 (1):80-92.

〔178〕VOLDEN C. States as policy laboratories: emulating success in the children' s health insurance program[J]. American journal of political science,2006, 50 (2):294-312.

〔179〕BIRKLAND T A. The world changed today: agenda- setting and policy change in the wake of the september 11 terrorist attacks[J]. Review of policy research,2004, 21 (2): 179-200.

〔180〕ORENSTEIN M A. Pension privatization in crisis: death or rebirth of a global policy trend? [J]. International social security review, 2011, 64(3): 65-80.

〔181〕XUE L, ZHONG K. Turning danger to opportunities: reconstructing China' s National System for Emergency Management After 2003[M]// KUNREUTHER H, USEEM M. Learning from catastrophes: strategies for reaction and response. Wharton School Publishing, 2009:190-210..

〔182〕WELCH S, THOMPSON K. The impact of federal incentives on state policy innovation[J]. American journal of political science, 1980,24(4):715-729.

〔183〕NUTLEY S, DOWNE J, MARTIN S, GRACE C. Policy transfer and convergence within the UK: the case of local government performance improvement regimes[J]. Policy & politics ,2012,40 (2):193-209.

〔184〕KARCH A. Democratic laboratories: policy diffusion among the

American States[M]. Ann Arbor, MI: University of Michigan Press,2007.

〔185〕GRAHAM E R, SHIPAN C R, CRAIG V. The diffusion of policy diffusion research in political science[J]. British journal of political science,2013, 43 (3):673-701.

〔186〕HOWE K R.Against the guantitative incompatibility thesis or dogmas die hard[J]. Educational researcher,1988(17):10-16.

〔187〕CHERRYHOLMES C C.(1992).Notes on pragmatism and scientific realism.[J]. Educational researcher,1992(21):13-17.

〔188〕MURPHY J P. Pragmatism: from Peirce to Davidson[M]. Boulder,CO: Westview,1990.

〔189〕ARKSEY H, KNIGHT P.Interviewing for social scientists[M]. London:Sage Publications,1999.

〔190〕WENGRAF T.Qualitative research interviewing biographic narrative and semi-structured methods[M]. London:SAGE Publications,2001.

〔191〕BRANDEIS L D.New State Ice Co. v. Liebmann (dissenting) 285 U.S. 262. [EB/OL]. [2012-07-15]. http://caselaw.lp.findlaw.com/scripts/getcase.pl?court=US&vol=285&invol=262.

〔192〕GREVE M S. Laboratories of democracy: anatomy of a metaphor[EB/OL]. [2012-07-15]. http://www.aei.org/article/politics-and-public-opinion/elections/laboratories-of-democracy/.

〔193〕BULMER S, DOLOWITZ D, HUMPHREYS P, PADGETT S. Policy transfer in European Union Governance:regulating the utilities[M]. London: Routledge, 2007.

〔194〕COLLIER D, MESSICK R E. Prerequisites versus diffusion: testing explanations of social security adoption[J]. American political science review,1975, 69(4):1299-1315.

〔195〕DERTHICK M. The influence of federal grants: public assistance in Massachusetts[M]. Cambridge, MA: Harvard University Press, 1970.

〔196〕HOBERG G. Sleeping with an elephant: the American influence on Canadian environmental regulation[J]. Journal of public policy,1991, 11(1):107-131.

〔197〕NEDERGAARD P. Policy learning processes in international committees:

the case of the Civil Servant Committees of the Nordic Council of Ministers[J]. Public management review, 2009,11(1):23-37.
〔198〕OAKLEY A. Public policy experimentation: lessons from America[J]. Policy studies, 1998,19(2):93-114.
〔199〕RADAELLI C M.Policy transfer in the European Union: institutional isomorphism as a source of legitimacy[J]. Governance, 2000, 13(1):25-43.
〔200〕RADAELLI C M. Europeanization, policy learning, and new modes of governance[J]. Journal of comparative policy analysis, 2008,10(3):239-254.
〔201〕RADAELLI C M. Measuring policy learning: regulatory impact assessment in Europe[J]. Journal of European public policy, 2009,16(8):1145-1164.
〔202〕SIGELMAN L, ROEDER P W,SIGELMAN C K. Social service innovation in the American States:deinstitutionalization of the mentally retarded[J]. Social science quarterly,1981(62):503-515.
〔203〕YANG D. Economic transformation and its political discontents in China: authoritarianism, unequal growth, and the dilemmas of political development[J]. Annual review of political science,2006(9):143-164.
〔204〕HEILMANN S, PERRY E J. Mao’s invisible hand: the political foundations of adaptive governance in China[M]. Cambridge, MA: Harvard University Asia Center,2011.
〔205〕HEILMANN S. Policy experimentation in China’s economic rise[J]. Studies in comparative international development,2008, 43(1):1-26.
〔206〕WANG S. Adapting by learning: the evolution of China’s rural health care financing[J]. Modern China,2009,35(4):370-404.
〔207〕ROSE-ACKERMAN S. Risk taking and reelection: does federalism promote innovation? [J]. Journal of legal studies,1980(9):593-616.
〔208〕STRUMPF K S. Does government decentralization increase policy innovation?[J]. Journal of public economic theory, 2002,4(2):207-241.
〔209〕MONTINOLA G, QIAN Y, WEINGAST B R. Federalism, Chinese style: the political basis for economic success in China[J]. World politics,

1996,48(1):50-81.

〔210〕SHIRK S J. The political logic of economic reform in China[M]. Berkeley, CA: University of California Press,1993.

〔211〕OI J C. Fiscal reform and the economic foundations of local state corporatism in China[J]. World politics,1992,45(1):99-126.

〔212〕TSUI K Y. Local tax system, intergovernmental transfers and China' s local fiscal disparities[J]. Journal of comparative economics, 2005,33(1):173-196.

〔213〕CAULFIELD J L. Local government reform in China: a rational actor perspective[J]. International review of administrative sciences, 2006,72(2) :253-267.

〔214〕CHOU B K P. Does 'good governance' matter? Civil service reform in China[J]. International journal of public administration, 2008,31(1):54-75.

〔215〕CHUNG J H.Studies of central-provincial relations in the People' s Republic of China: a mid-term appraisal[J]. The China quarterly,1995(142):487-508.

〔216〕FOSTER K W. Improving municipal governance in China: Yantai' s pathbreaking experiment in administrative reform[J]. Modern China, 2006,37(2):221-250.

〔217〕ZHOU X. Partial reform and the Chinese bureaucracy in the Post-Mao Era[J]. Comparative political studies,1995,28(3):440-468.

〔218〕CHAN H S, GAO J. Performance measurement in Chinese local governments[J]. Chinese Law & Government, 2008,41(2–3):4-9.

〔219〕GAO J. Governing by goals and numbers: a case study in the use of performance measurement to build state capacity in China[J]. Public administration and development, 2009,29(1):21-31.

〔220〕LI H, ZHOU L A.Political turnover and economic performance: the incentive role of personnel control in China[J]. Journal of public economics, 2005, 89(9–10):1743-1762.

〔221〕Maskin E, Qian Y, Xu C. Incentives, scale economies, and organization forms[J]. Review of economic studies, 2000,67(2):359-378.

〔222〕WHITING S. Power and wealth in rural China: the political economy of institutional change[M]. Cambridge:Cambridge University Press,2001.
〔223〕KUNG J K-S, CHEN S. The tragedy of the nomenklatura: career incentives and political radicalism during China' s great leap famine[J]. American political science review, 2011, 105(1):27-45.
〔224〕XUE L, ZHONG K. Domestic reform and global integration: public administration reform in China over the last 30 years[J]. International review of administrative sciences, 2012,78(2):284-304.
〔225〕CAI H, TREISMAN D. Did government decentralization cause China' s economic miracle[J]. World politics, 2006,58(4):505-535.
〔226〕HEILMANN S. From local experiments to national policy: the origins of China' s distinctive policy process[J]. The China journal, 2008(59):1-30.
〔227〕LANDRY P F. Decentralized authoritarianism in China: the communist party' s control of local elites in the Post-Mao era[M]. Cambridge, UK: Cambridge University Press,2008.
〔228〕XU C G. The fundamental institutions of China' s reforms and development[J]. Journal of economic literature,2011:1076-1151.
〔229〕HEILMANN S, SHIH L, HOFEM A. 2013. National planning and local technology zones: experimental governance in China' s torch program[J]. The China quarterly,2013(216): 896-919.
〔230〕OI J C. The role of the local state in China' s transitional economy[J]. The China quarterly,1995, 144 (1):1132-1149.
〔231〕YANG D L. Governing China' s transition to the market[J]. World politics,1996, 48(3):424-52.
〔232〕RITHMIRE M E. China' s 'new regionalism' : subnational analysis in Chinese political economy[J]. World politics,2014, 66 (1):165-194.
〔233〕ZHU X F. Mandate versus championship: vertical government intervention and diffusion of innovation in public services in authoritarian China[J]. Public management review,2014,16(1): 117-139.
〔234〕Mei C Q, Pearson M M. Killing a chicken to scare the monkeys? deterrence failure and local defiance in China[J]. The China journal,

2014(72): 75-97.

〔235〕LI H B, ZHOU L A. Political turnover and economic performance: the incentive role of personnel control in China[J]. Journal of public economics,2005, 89(9):1743-1762.

〔236〕ZHANG J, GAO Y. Term limits and rotation of Chinese governors: do they matter to economic growth?[J]. Journal of the Asia Pacific economy,2008, 13(3):274-297.

〔237〕ZHANG P, ZHAO G C, LUO Z. Sources of central officials and local economic growth[J]. China economic quarterly ,2012(11):613-634.

〔238〕SHIPAN C R, VOLDEN C. The mechanisms of policy diffusion[J]. American journal of political science, 2008, 52 (4): 840-857.

〔239〕SUGIYAMA N B. Bottom-up policy diffusion: national emulation of a conditional cash transfer program in brazil [J]. Publius: the journal of federalism, 2011.

〔240〕GILARDI F. The institutional foundations of regulatory capitalism: The diffusion of independent regulatory agencies in western Europe[J]. Annals of the American academy of political and social science, 2005, 598: 84-101.

〔241〕VOLDEN T, CARPENTER.The politics and administration of privatization: contracting out for corrections management in the United States[J]. Policy studies journal,2008, 32(1):41-57.

〔242〕GRAY V. Expenditures and innovation as dimensions of progressivism: a note on the America States[J]. American journal of political science,1974, 18(4):693-699.

〔243〕DAMANPOUR F.Organizational innovation: a meta-analysis of effects of determinants and moderators[J]. Academy of management journal, 1991, 34(3):555-590.

〔244〕AHN M J.Adoption of e-communication applications in U.S. municipalities: the role of political environment, bureaucratic structure, and the nature of applications[J]. The Amercian review of public adminis tration,2011,41(4):428-452.

〔245〕EYERMAN R, JAMISON A. Social movements: a cognitive

approach[M]. University Park: Penn State Press,1991.

〔246〕LI H, ZHOU L-A.Political turnover and economic performance: the incentive role of personnel control in China[J]. Journal of public economics,2005,89(9-10):1743-1762.

〔247〕BERRY W D, LOWERY D.Understanding United States government growth:an empirical analysis of the postwar era[M]. New York: Praeger Publishers,1987.

〔248〕INGRAM H M, MANN E.Why policies succeed or fail[M]. London:Sage publications,1980.

〔249〕TSAI L L. Constructive noncompliance[J]. Comparative politics,2015, 47(3):253-279.

〔250〕GEL’MAN V, LANKINA T. Authoritarian versus democratic diffusions: explaining institutional choices in Russia’s local government[J]. Post-Soviet affairs,2008, 21 (1): 40-62.

〔251〕MARTINEZ-BRAVO M. The role of local officials in new democracies: evidence from Indonesia[J]. American economic review, 2014, 104(4): 1244-1287.

〔252〕COASE R, WANG N. How China became capitalist?[M] New York: Palgrave Macmillan,2013.

〔253〕JAMES W. DOUGLAS R R, HARTLEY R E. Shifting constellations of actors and their influence on policy diffusion: a study of the diffusion of drug courts[J]. The policy studies journal, 2015,43(4).

致谢

本书稿脱胎成型于本人的博士论文基础之上。回湘蛰伏七年之久，再次南下广州求学，也许这是人生的宿命和轮回。在中山大学有幸遇到恩师陈卫星教授，他的博学宏思，他的洞明世事，让我深深感受到了大师思想的魅力和学术的智慧。在陈老师悉心指导下，我逐步领略到了学术研究的真谛，并得以在学术的海洋中迅速找到航行的方向。陈老师春风化雨般的教诲往往能够让学生醍醐灌顶，茅塞顿开。诚然，名师的指导和点拨可谓字字珠玑，余音绕梁，让学生终身受益。在中山大学读博士的三年时间为我的学术研究奠定了较为扎实的理论功底和方法基础。此外，我要特别感谢中山大学传播与设计学院张志安院长、教授，志安老师对学术和工作的热忱一直鼓舞并激励着我。在我学术研究的过程中，他常常以敏锐的理论洞察力和对业界、政界、学界睿智贴身的观察和慎思给我提出了不少宝贵的意见，为我在黑暗中的摸索指明了方向，使我“行至山穷水尽处”，也能等到“坐看风起云涌时”，领略到学术沿途不一样的风景。他敬业勤学、乐观豁达、世事洞明、不与浮沉，以“德才兼备、领袖气质、家国情怀”为价值追求，以“人文新媒体、融创传播学”为专业追求，深刻影响到我对学术世界的认知。

在中山大学求学期间，我还在学术上不同程度地受惠于詹小美教授，李艳红教授、张宁教授、钟智锦教授、展江教授、杨小彦教授、聂静虹教授、吴飞教授、王海燕教授、吴予敏教授、杨魁教授、梁玉成教授、何艳玲教授以及林功成副教授和张少科博士，此外，我还要特别感谢中国人民大学的马亮副教授。詹小美老师豪迈大气，做学问鞭辟入里，其学术高度和深度令我景仰；李艳红老师一直鼓励我潜心做研究——因为“学术之路充满了魅力”；张宁老师以深厚的学术素养帮助我开拓学术思维，并给我提供了不少宝贵的意见；钟智锦老师如知心朋友一般，每每在我关键时候伸出援手给我以帮助和指引；展江老师的博学多才和铮铮铁骨，让我深刻领略到了学术大师和新闻大侠的风范；杨小彦老师在艺术和人文领域潜移默化的教导，让我如沐春风，获益良多；马亮老师在公共管理领域所开拓的创新扩散研究，使我的学术得到了继续深入探索和灌溉滋养的灵感……感谢各位老师以严谨的治学精神，宽厚的学者风范，深刻激励和鼓舞着我，让我在学术道路上见贤思齐，一步步得以成长。

在书稿成型的过程中，我还要感谢我的博士同学粟幸福、王贺新、曹艳辉、孙炜、吴涛、赵金旭、张婷婷、丁淑娟、孙嘉伟、黄建友、列文淦和陈鹏等默默的陪伴，他们让我在看似枯燥无趣的写作生涯中不再感到孤单。此外，特别感谢我的家人和朋友们一直以来的默默支持、守护和帮助，让我得以顺利并高效完成书稿。感谢我的父亲、母亲对女儿的体贴和信任。我的父母赐予了我宝贵的生命，他们以厚德和无私教会我心怀善意、顽强执着与这个世界相处，忍耐宽容，敢于独立，敢于承担，他们是我的楷模，在我面临人生重大转折点和情绪低落时是我的坚强后盾。感谢我的先生对我的默默支持和守护，感谢我的弟弟对姐姐的无私关心与帮助，弟弟聪颖睿智，年少老成，是我人生途中极为重要的导航者和引路人。姐弟情深，每每在关键时刻弟弟都能出手助我顺利走出人生低谷。感谢弟妹的长情陪伴，一门三博士，甘苦贵自知。感谢我的儿子申期瑜和侄女曾思砚给我带来的人生快乐和写意，是你们让我领略到了与学术不一样的人生至美风景，让我感受到生命和价值延续的暖意，唯愿你们健康、快乐、智慧、从容、恬淡，心怀感恩、知足惜福，不负春光不负己，放飞梦想踏歌行。

博士毕业后，我来到心仪已久的广州大学新闻与传播学院任教，这里有学术精湛的师长前辈以及奋发有为的年轻博士，浓厚的学术氛围使我能够得以继续安心追寻我的学术理想和学术情怀。在这里，我还要感谢我的领导广州大学新闻与传播学院田秋生院长、李雁书记、李春雷副院长、邹军副院长、徐晖明教授、刘雪梅副教授以及其他领导和同事们对我工作上的支持与指导，对我生活上的关心与照顾，你们的学术指导和贴心关怀能够让我在工作上和科研上轻装上阵、快马加鞭、迅速找准自己的定位，并且能够得以一心一意地致力于学术探索与科研写作。我还要感谢我的硕士生导师重庆大学新闻学院的董天策教授对我的耳提面命和悉心教导，感谢北京电影学院的胡智锋教授对后辈的提携关照！感谢中国传媒大学的隋岩教授、张毓强教授和顾洁教授，感谢四川大学新闻与传播学院的蒋晓丽教授和黄顺铭教授，感谢复旦大学新闻学院的张涛甫教授和周葆华教授，感谢重庆大学新闻学院的郭小安教授，感谢云南大学新闻学院的廖圣清教授和孙信茹教授，感谢深圳大学传播学院的吴予敏教授和巢乃鹏教授，感谢上海市社会科学研究院的白红义研究员，他们均在不同程度上给予我以学术上的启迪和灵感。此外，我还要感谢我的访谈对象，是他们让我的书稿得以顺利完成。总之，我要感谢的人太多太多……“但念过往、不畏未来”，感谢您们，您们是我生活和奋斗的全部意义所在。

在此，我还要郑重感谢上海交通大学媒体与传播学院的张国良教授，张老师以博大精深的名家素养和宽泽仁厚的长者之风激励后辈学子在学术上砥砺前行。当我陷入学术的迷惘、焦虑和苦闷时，张老师及时给我以精神上的支持、指导与鼓励。他用人生智慧和学术智慧帮我点灯——拨云见雾，指点迷津，让我初心不改，潜心治学，方能守得云开见月明。

路漫漫其修远兮，吾将上下而求索！既然选择了学术苦旅，吾必将以前辈恩师诤友们为楷模榜样，锲而不舍地追寻下去。

曾丽红

2019 年 8 月 20 日于广州市番禺区大学城墨香南园

图书在版编目(CIP)数据

转型社会政务微信创新扩散研究 : 基于广东区县级政府的实证考察 / 曾丽红著 . -- 北京 : 中国传媒大学出版社 , 2021.3

(“广大新视野”传媒学术前沿丛书)

ISBN 978-7-5657-2852-5

Ⅰ . ①转… Ⅱ . ①曾… Ⅲ . ①电子政务—研究—中国 Ⅳ . ① D63-39

中国版本图书馆 CIP 数据核字(2020)第 230857 号

转型社会政务微信创新扩散研究

——基于广东区县级政府的实证考察

ZHUANXING SHEHUI ZHENGWU WEIXIN CHUANGXIN KUOSAN YANJIU

——JIYU GUANGDONG QUXIANJI ZHENGFU DE SHIZHENG KAOCHA

著　　者 曾丽红

策划编辑 黄松毅

责任编辑 张　静

责任印制 阳金洲

装帧设计 谢定莹

出版发行 中国传媒大学出版社

社　　址 北京市朝阳区定福庄东街 1 号　　**邮　　编** 100024

电　　话 86-10-65450528　65450532　　**传　　真** 65779405

网　　址 http://cucp.cuc.edu.cn

经　　销 全国新华书店

印　　刷 唐山玺诚印务有限公司

开　　本 710mm×1000mm　1/16

印　　张 17

字　　数 220 千字

版　　次 2021 年 3 月第 1 版

印　　次 2021 年 3 月第 1 次印刷

书　　号 ISBN 978-7-5657-2852-5 / D · 2852　**定　　价** 76.00 元